U0481654

中华优秀传统文化在现代管理中的创造性转化与创新性发展工程
"中华优秀传统文化与现代管理融合"丛书

《论语》中的管理学

范式的视角

巩见刚 ◎ 著

企业管理出版社

图书在版编目（CIP）数据

《论语》中的管理学：范式的视角 / 巩见刚著. -- 北京：企业管理出版社，2025.5
（"中华优秀传统文化与现代管理融合"丛书）
ISBN 978-7-5164-3009-5

Ⅰ．①论… Ⅱ．①巩… Ⅲ．①《论语》－管理学－研究 Ⅳ．①B222.25②C93-0

中国国家版本馆CIP数据核字(2024)第001019号

书　　名：	《论语》中的管理学：范式的视角
书　　号：	ISBN 978-7-5164-3009-5
作　　者：	巩见刚
责任编辑：	韩天放　李雪松　宋可力
特约设计：	李晶晶
出版发行：	企业管理出版社
经　　销：	新华书店
地　　址：	北京市海淀区紫竹院南路17号　邮　编：100048
网　　址：	http://www.emph.cn　　电子信箱：emph001@163.com
电　　话：	编辑部（010）68701074　发行部（010）68417763　68414644
印　　刷：	北京联兴盛业印刷股份有限公司
版　　次：	2025年5月第1版
印　　次：	2025年5月第1次印刷
开　　本：	710mm×1000mm　1/16
印　　张：	22.25
字　　数：	276千字
定　　价：	128.00元

版权所有　翻印必究 · 印装有误　负责调换

编 委 会

主　任： 朱宏任　中国企业联合会、中国企业家协会党委书记、常务副会长兼秘书长

副主任： 刘　鹏　中国企业联合会、中国企业家协会党委委员、副秘书长

　　　　　孙庆生　《企业家》杂志主编

委　员：（按姓氏笔画排序）

　　　　　丁荣贵　山东大学管理学院院长，国际项目管理协会副主席

　　　　　马文军　山东女子学院工商管理学院教授

　　　　　马德卫　山东国程置业有限公司董事长

　　　　　王　伟　华北电力大学马克思主义学院院长、教授

　　　　　王　庆　天津商业大学管理学院院长、教授

　　　　　王文彬　中共团风县委平安办副主任

　　　　　王心娟　山东理工大学管理学院教授

　　　　　王仕斌　企业管理出版社副社长

　　　　　王西胜　广东省蓝态幸福文化公益基金会学术委员会委员，菏泽市第十五届政协委员

　　　　　王茂兴　寿光市政协原主席、关工委主任

　　　　　王学秀　南开大学商学院现代管理研究所副所长

　　　　　王建军　中国企业联合会企业文化工作部主任

　　　　　王建斌　西安建正置业有限公司总经理

　　　　　王俊清　大连理工大学财务部长

　　　　　王新刚　中南财经政法大学工商管理学院教授

　　　　　毛先华　江西大有科技有限公司创始人

　　　　　方　军　安徽财经大学文学院院长、教授

　　　　　邓汉成　万载诚济医院董事长兼院长

冯彦明	中央民族大学经济学院教授
巩见刚	大连理工大学公共管理学院副教授
毕建欣	宁波财经学院金融与信息学院金融工程系主任
吕　力	扬州大学商学院教授，扬州大学新工商文明与中国传统文化研究中心主任
刘文锦	宁夏民生房地产开发有限公司董事长
刘鹏凯	江苏黑松林粘合剂厂有限公司董事长
齐善鸿	南开大学商学院教授
江端预	株洲千金药业股份有限公司原党委书记、董事长
严家明	中国商业文化研究会范蠡文化研究分会执行会长兼秘书长
苏　勇	复旦大学管理学院教授，复旦大学东方管理研究院创始院长
李小虎	佛山市法萨建材有限公司董事长
李文明	江西财经大学工商管理学院教授
李景春	山西天元集团创始人
李曦辉	中央民族大学管理学院教授
吴通福	江西财经大学中国管理思想研究院教授
吴照云	江西财经大学原副校长、教授
吴满辉	广东鑫风风机有限公司董事长
余来明	武汉大学中国传统文化研究中心副主任
辛　杰	山东大学管理学院教授
张　华	广东省蓝态幸福文化公益基金会理事长
张卫东	太原学院管理系主任、教授
张正明	广州市伟正金属构件有限公司董事长
张守刚	江西财经大学工商管理学院市场营销系副主任
陈　中	扬州大学商学院副教授
陈　静	企业管理出版社社长兼总编辑
陈晓霞	孟子研究院党委书记、院长、研究员
范立方	广东省蓝态幸福文化公益基金会秘书长

范希春	中国商业文化研究会中华优秀传统文化传承发展分会专家委员会专家
林　嵩	中央财经大学商学院院长、教授
罗　敏	英德华粤艺术学校校长
周卫中	中央财经大学中国企业研究中心主任、商学院教授
周文生	范蠡文化研究（中国）联会秘书长，苏州干部学院特聘教授
郑俊飞	广州穗华口腔医院总裁
郑济洲	福建省委党校科学社会主义与政治学教研部副主任
赵德存	山东鲁泰建材科技集团有限公司党委书记、董事长
胡国栋	东北财经大学工商管理学院教授，中国管理思想研究院院长
胡海波	江西财经大学工商管理学院院长、教授
战　伟	广州叁谷文化传媒有限公司 CEO
钟　尉	江西财经大学工商管理学院讲师、系支部书记
宫玉振	北京大学国家发展研究院发树讲席教授、BiMBA 商学院副院长兼 EMBA 学术主任
姚咏梅	《企业家》杂志社企业文化研究中心主任
莫林虎	中央财经大学文化与传媒学院学术委员会副主任、教授
贾旭东	兰州大学管理学院教授，"中国管理 50 人"成员
贾利军	华东师范大学经济与管理学院教授
晁　罡	华南理工大学工商管理学院教授、CSR 研究中心主任
倪　春	江苏先锋党建研究院院长
徐立国	西安交通大学管理学院副教授
殷　雄	中国广核集团专职董事
凌　琳	广州德生智能信息技术有限公司总经理
郭　毅	华东理工大学商学院教授
郭国庆	中国人民大学商学院教授，中国人民大学中国市场营销研究中心主任

唐少清	北京联合大学管理学院教授，中国商业文化研究会企业创新文化分会会长
唐旭诚	嘉兴市新儒商企业创新与发展研究院理事长、执行院长
黄金枝	哈尔滨工程大学经济管理学院副教授
黄海啸	山东大学经济学院副教授，山东大学教育强国研究中心主任
曹振杰	温州商学院副教授
雪　漠	甘肃省作家协会副主席
阎继红	山西省老字号协会会长，太原六味斋实业有限公司董事长
梁　刚	北京邮电大学数字媒体与设计艺术学院副教授
程少川	西安交通大学管理学院副教授
谢佩洪	上海对外经贸大学学位评定委员会副主席，南泰品牌发展研究院首任执行院长、教授
谢泽辉	广东铁杆中医健康管理有限公司总裁
谢振芳	太原城市职业技术学院教授
蔡长运	福建林业技术学院教师，高级工程师
黎红雷	中山大学教授，全国新儒商团体联席会议秘书长
颜世富	上海交通大学东方管理研究中心主任

总编辑： 陈　静
副总编： 王仕斌
编　辑：（按姓氏笔画排序）

于湘怡　尤　颖　田　天　耳海燕　刘玉双　李雪松　杨慧芳
宋可力　张　丽　张　羿　张宝珠　陈　戈　赵喜勤　侯春霞
徐金凤　黄　爽　蒋舒娟　韩天放　解智龙

序 一

以中华优秀传统文化为源　启中国式现代管理新篇

中华优秀传统文化形成于中华民族漫长的历史发展过程中，不断被创造和丰富，不断推陈出新、与时俱进，成为滋养中国式现代化的不竭营养。它包含的丰富哲学思想、价值观念、艺术情趣和科学智慧，是中华民族的宝贵精神矿藏。党的十八大以来，以习近平同志为核心的党中央高度重视中华优秀传统文化的创造性转化和创新性发展。习近平总书记指出"中华优秀传统文化是中华民族的精神命脉，是涵养社会主义核心价值观的重要源泉，也是我们在世界文化激荡中站稳脚跟的坚实根基"。

管理既是人类的一项基本实践活动，也是一个理论研究领域。随着社会的发展，管理在各个领域变得越来越重要。从个体管理到组织管理，从经济管理到政务管理，从作坊管理到企业管理，管理不断被赋予新的意义和充实新的内容。而在历史进程中，一个国家的文化将不可避免地对管理产生巨大的影响，可以说，每一个重要时期的管理方式无不带有深深的文化印记。随着中国步入新时代，在管理领域实施中华优秀传统文化的创造性转化和创新性发展，已经成为一项应用面广、需求量大、题材丰富、潜力巨大的工作，在一些重要领域可能产生重大的理论突破和丰硕的实践成果。

第一，中华优秀传统文化中蕴含着丰富的管理思想。中华优秀传统文化源远流长、博大精深，在管理方面有着极为丰富的内涵等待提炼和转化。比如，儒家倡导"仁政"思想，强调执政者要以仁爱之心实施管理，尤其要注重道德感化与人文关怀。借助这种理念改善企业管理，将会推进构建和谐的组织人际关系，提升员工的忠诚度，增强其归属感。又如，道家的"无为而治"理念延伸到今天的企业管理之中，就是倡导顺应客观规律，避免过度干预，使组织在一种相对宽松自由的环境中实现自我调节与发展，管理者与员工可各安其位、各司其职，充分发挥个体的创造力。再如，法家的"法治"观念启示企业管理要建立健全规章制度，以严谨的体制机制确保组织运行的有序性与规范性，做到赏罚分明，激励员工积极进取。可以明确，中华优秀传统文化为现代管理提供了多元的探索视角与深厚的理论基石。

第二，现代管理越来越重视文化的功能和作用。现代管理是在人类社会工业化进程中产生并发展的科学工具，对人类经济社会发展起到了至关重要的推进作用。自近代西方工业革命前后，现代管理理念与方法不断创造革新，在推动企业从传统的小作坊模式向大规模、高效率的现代化企业，进而向数字化企业转型的过程中，文化的作用被空前强调，由此衍生的企业使命、愿景、价值观成为企业发展最为强劲的内生动力。以文化引导的科学管理，要求不仅要有合理的组织架构设计、生产流程优化等手段，而且要有周密的人力资源规划、奖惩激励机制等方法，这都极大地增强了员工在企业中的归属感并促进员工发挥能动作用，在创造更多的经济价值的同时体现重要的社会价值。以人为本的现代管理之所以在推动产业升级、促进经济增长、提升国际竞争力等方面须臾不可缺少，是因为其体现出企业的使命不仅是获取利润，更要注重社会责任与可持续发展，在环境保护、社会公平等方面发挥积极影响力，推动人类社会向着更加文明、和谐、包容、可持续的方向迈进。今天，管理又面临数字技术的挑战，更加需要更多元的思想基础和文化资源的支持。

第三，中华优秀传统文化与现代管理结合研究具有极强的必要性。随着全球经济一体化进程的加速，文化多元化背景下的管理面临着前所未有的挑战与机遇。一方面，现代管理理论多源于西方，在应用于本土企业与组织时，往往会出现"水土不服"的现象，难以充分契合中国员工与生俱来的文化背景与社会心理。中华优秀传统文化所蕴含的价值观、思维方式与行为准则能够为现代管理面对中国员工时提供本土化的解决方案，使其更具适应性与生命力。另一方面，中华优秀传统文化因其指导性、亲和性、教化性而能够在现代企业中找到新的传承与发展路径，其与现代管理的结合能够为经济与社会注入新的活力，从而实现优秀传统文化在企业管理实践中的创造性转化和创新性发展。这种结合不仅有助于提升中国企业与组织的管理水平，增强文化自信，还能够为世界管理理论贡献独特的中国智慧与中国方案，促进不同文化的交流互鉴与共同发展。

近年来，中国企业在钢铁、建材、石化、高铁、电子、航空航天、新能源汽车等领域通过锻长板、补短板、强弱项，大步迈向全球产业链和价值链的中高端，成果显著。中国企业取得的每一个成就、每一项进步，离不开中国特色现代管理思想、理论、知识、方法的应用与创新。中国特色的现代管理既有"洋为中用"的丰富内容，也与中华优秀传文化的"古为今用"密不可分。

"中华优秀传统文化与现代管理融合"丛书（以下简称"丛书"）正是在这一时代背景下应运而生的，旨在为中华优秀传统文化与现代管理的深度融合探寻路径、总结经验、提供借鉴，为推动中国特色现代管理事业贡献智慧与力量。

"丛书"汇聚了中国传统文化学者和实践专家双方的力量，尝试从现代管理领域常见、常用的知识、概念角度细分开来，在每个现代管理细分领域，回望追溯中华优秀传统文化中的对应领域，重在通过有强大生命力的思想和智慧精华，以"古今融会贯通"的方式，进行深入研究、探索，以期推出对我国现代管理有更强滋养力和更高使用价值的系列成果。

文化学者的治学之道，往往是深入研究经典文献，挖掘其中蕴含的智慧，并对其进行系统性的整理与理论升华。据此形成的中华优秀传统文化为现代管理提供了深厚的文化底蕴与理论支撑。研究者从浩瀚典籍中梳理出优秀传统文化在不同历史时期的管理实践案例，分析其成功经验与失败教训，为现代管理提供了宝贵的历史借鉴。

实践专家则将传统文化理念应用于实际管理工作中，通过在企业或组织内部开展文化建设、管理模式创新等实践活动，检验传统文化在现代管理中的可行性与有效性，并根据实践反馈不断调整与完善应用方法。他们从企业或组织运营的微观层面出发，为传统文化与现代管理的结合提供了丰富的实践经验与现实案例，使传统文化在现代管理中的应用更具操作性与针对性。

"丛书"涵盖了从传统文化与现代管理理论研究到不同行业、不同

序　一

领域应用实践案例分析等多方面内容，形成了一套较为完整的知识体系。"丛书"不仅是研究成果的结晶，更可看作传播中华优秀传统文化与现代管理理念的重要尝试。还可以将"丛书"看作一座丰富的知识宝库，它全方位、多层次地为广大读者提供了中华优秀传统文化在现代管理中应用与发展的工具包。

可以毫不夸张地说，每一本图书都凝聚着作者的智慧与心血，或是对某一传统管理思想在现代管理语境下的创新性解读，或是对某一行业或领域运用优秀传统文化提升管理效能的深度探索，或是对传统文化与现代管理融合实践中成功案例与经验教训的详细总结。"丛书"通过文字的力量，将传统文化的魅力与现代管理的智慧传递给广大读者。

在未来的发展征程中，我们将持续深入推进中华优秀传统文化在现代管理中的创造性转化和创新性发展工作。我们坚信，在全社会的共同努力下，中华优秀传统文化必将在现代管理的广阔舞台上绽放出更加绚丽多彩的光芒。在中华优秀传统文化与现代管理融合发展的道路上砥砺前行，为实现中华民族伟大复兴的中国梦做出更大的贡献！

是为序。

朱宏任

中国企业联合会、中国企业家协会

党委书记、常务副会长兼秘书长

序 二

/

文化传承　任重道远

财政部国资预算项目"中华优秀传统文化在现代管理中的创造性转化与创新性发展工程"系列成果——"中华优秀传统文化与现代管理融合"丛书和读者见面了。

一

这是一组可贵的成果，也是一组不够完美的成果。

说她可贵，因为这是大力弘扬中华优秀传统文化（以下简称优秀文化）、提升文化自信、"振民育德"的工作成果。

说她可贵，因为这套丛书汇集了国内该领域一批优秀专家学者的优秀研究成果和一批真心践行优秀文化的企业和社会机构的卓有成效的经验。

说她可贵，因为这套成果是近年来传统文化与现代管理有效融合的规模最大的成果之一。

说她可贵，还因为这个项目得到了财政部、国务院国资委、中国企业联合会等部门的宝贵指导和支持，得到了许多专家学者、企业家等朋友的无私帮助。

说她不够完美，因为学习践行传承发展优秀文化永无止境、永远在进步完善的路上，正如王阳明所讲"善无尽""未有止"。

说她不够完美，因为优秀文化在现代管理的创造性转化与创新性发展中，还需要更多的研究专家、社会力量投入其中。

说她不够完美，还因为在践行优秀文化过程中，很多单位尚处于摸索阶段，且需要更多真心践行优秀文化的个人和组织。

当然，项目结项时间紧、任务重，也是一个逆向推动的因素。

二

2022年，在征求多位管理专家和管理者意见的基础上，我们根据有关文件精神和要求，成立专门领导小组，认真准备，申报国资预算项目"中华优秀传统文化在现代管理中的创造性转化与创新性发展工程"。经过严格的评审筛选，我们荣幸地获准承担该项目的总运作任务。之后，我们就紧锣密鼓地开始了调研工作，走访研究机构和专家，考察践行优秀文化的企业和社会机构，寻找适合承担子项目的专家学者和实践单位。

最初我们的计划是，该项目分成"管理自己""管理他人""管理事务""实践案例"几部分，共由60多个子项目组成；且主要由专家学者的研究成果专著组成，再加上几个实践案例。但是，在调研的初期，我们发现一些新情况，于是基于客观现实，适时做出了调整。

第一，我们知道做好该项目的工作难度，因为我们预想，在优秀文化和现代管理两个领域都有较深造诣并能融会贯通的专家学者不够多。在调研过程中，我们很快发现，实际上这样的专家学者比我们预想的更少。与此同时，我们在广东等地考察调研过程中，发现有一批真心践行优秀文化的企业和社会机构。经过慎重研究，我们决定适当提高践行案例比重，研究专著占比适当降低，但绝对数不一定减少，必要时可加大自有资金投入，支持更多优秀项目。

第二，对于子项目的具体设置，我们不执着于最初的设想，固定甚至限制在一些话题里，而是根据实际"供给方"和"需求方"情况，实事求是地做必要的调整，旨在吸引更多优秀专家、践行者参与项目，支持更多优秀文化与现代管理融合的优秀成果研发和实践案例创作的出版宣传，以利于文化传承发展。

第三，开始阶段，我们主要以推荐的方式选择承担子项目的专家、企业和社会机构。运作一段时间后，考虑到这个项目的重要性和影响力，我们觉得应该面向全社会吸纳优秀专家和机构参与这个项目。在请示有关方面同意后，我们于2023年9月开始公开征集研究人员、研究成果和实践案例，并得到了广泛响应，许多人主动申请参与承担子项目。

三

这个项目从开始就注重社会效益，我们按照有关文件精神，对子项目研发创作提出了不同于一般研究课题的建议，形成了这个项目自身的特点。

（一）重视情怀与担当

我们很重视参与项目的专家和机构在弘扬优秀文化方面的情怀和担当，比如，要求子项目承担人"发心要正，导人向善""充分体现优秀文化'优秀'二字内涵，对传统文化去粗取精、去伪存真"等。这一点与通常的课题项目有明显不同。

（二）子项目内容覆盖面广

一是众多专家学者从不同角度将优秀文化与现代管理有机融合。二是在确保质量的前提下，充分考虑到子项目的代表性和示范效果，聚合了企业、学校、社区、医院、培训机构及有地方政府背景的机构；其他还有民间传统智慧等内容。

（三）研究范式和叙述方式的创新

我们提倡"选择现代管理的一个领域，把与此密切相关的优秀文化高度融合、打成一片，再以现代人喜闻乐见的形式，与选择的现代管理领域实现融会贯通"，在传统文化方面不局限于某人、某家某派、某经典，以避免顾此失彼、支离散乱。尽管在研究范式创新方面的实际效果还不够理想，有的专家甚至不习惯突破既有的研究范式和纯学术叙述方式，但还是有很多子项目在一定程度上实现了研究范式和叙述方式的创新。另外，在创作形式上，我们尽量发挥创作者的才华智慧，不做形式上的硬性要求，不因形式伤害内容。

（四）强调本体意识

"本体观"是中华优秀传统文化的重要标志，相当于王阳明强调的"宗旨"和"头脑"。两千多年来，特别是近现代以来，很多学者在认知优秀文化方面往往失其本体，多在细枝末节上下功夫；于是，著述虽多，有的却如王阳明讲的"不明其本，而徒事其末"。这次很多子项目内容在优秀文化端本清源和体用一源方面有了宝贵的探索。

（五）实践丰富，案例创新

案例部分加强了践行优秀文化带来的生动事例和感人故事，给人以触动和启示。比如，有的地方践行优秀文化后，离婚率、刑事案件大幅度下降；有家房地产开发商，在企业最困难的时候，仍将大部分现金支付给建筑商，说"他们更难"；有的企业上新项目时，首先问的是"这个项目有没有公害？""符不符合国家发展大势？""能不能切实帮到一批人？"；有家民营职业学校，以前不少学生素质不高，后来他们以优秀文化教化学生，收到良好效果，学生素质明显提高，有的家长流着眼泪跟校长道谢："感谢学校救了我们全家！"；等等。

四

调研考察过程也是我们学习总结反省的过程。通过调研，我们学到了许多书本中学不到的东西，收获了满满的启发和感动。同时，我们发现，在学习阐释践行优秀文化上，有些基本问题还需要进一步厘清和重视。试举几点：

（一）"小学"与"大学"

这里的"小学"指的是传统意义上的文字学、音韵学、训诂学等，而"大学"是指"大学之道在明明德"的大学。现在，不少学者特别是文史哲背景的学者，在"小学"范畴苦苦用功，做出了很多学术成果，还需要在"大学"修身悟本上下功夫。陆九渊说："读书固不可不晓文义，然只以晓文义为是，只是儿童之学，须看意旨所在。"又说"血脉不明，沉溺章句何益？"

（二）王道与霸道

霸道更契合现代竞争理念，所以更为今人所看重。商学领域的很多人都偏爱霸道，认为王道是慢功夫、不现实，霸道更功利、见效快。孟子说："仲尼之徒无道桓、文之事者。"（桓、文指的是齐桓公和晋文公，春秋著名两霸）王阳明更说这是"孔门家法"。对于王道和霸道，王阳明在其"拔本塞源论"中有专门论述："三代之衰，王道熄而霸术焻……霸者之徒，窃取先王之近似者，假之于外，以内济其私己之欲，天下靡然而宗之，圣人之道遂以芜塞。相仿相效，日求所以富强之说，倾诈之谋，攻伐之计……既其久也，斗争劫夺，不胜其祸……而霸术亦有所不能行矣。"

其实，霸道思想在工业化以来的西方思想家和学者论著中体现得很多。虽然工业化确实给人类带来了福祉，但是也带来了许多不良后果。联合国《未来契约》（2024年）中指出："我们面临日益严峻、关乎存亡的灾难性风险"。

（三）小人儒与君子儒

在"小人儒与君子儒"方面，其实还是一个是否明白优秀文化的本体问题。陆九渊说："古之所谓小人儒者，亦不过依据末节细行以自律"，而君子儒简单来说是"修身上达"。现在很多真心践行优秀文化的个人和单位做得很好，但也有些人和机构，日常所做不少都还停留在小人儒层面。这些当然非常重要，因为我们在这方面严重缺课，需要好好补课，但是不能局限于或满足于小人儒，要时刻也不能忘了行"君子儒"。不可把小人儒当作优秀文化的究竟内涵，这样会误己误人。

（四）以财发身与以身发财

《大学》讲："仁者以财发身，不仁者以身发财"。以财发身的目的是修身做人，以身发财的目的是逐利。我们看到有的身家亿万的人活得很辛苦、焦虑不安，这在一定意义上讲就是以身发财。我们在调查过程中也发现有的企业家通过学习践行优秀文化，从办企业"焦虑多""压力大"到办企业"有欢喜心"。王阳明说："常快活便是功夫。""有欢喜心"的企业往往员工满足感、幸福感更强，事业也更顺利，因为他们不再贪婪自私甚至损人利己，而是充满善念和爱心，更符合天理，所谓"得道者多助"。

（五）喻义与喻利

子曰："君子喻于义，小人喻于利"。义利关系在传统文化中是一个很重要的话题，也是优秀文化与现代管理融合绕不开的话题。前面讲到的那家开发商，在企业困难的时候，仍坚持把大部分现金支付给建筑商，他们收获的是"做好事，好事来"。相反，在文化传承中，有的机构打着"文化搭台经济唱戏"的幌子，利用人们学习优秀文化的热情，搞媚俗的文化活动赚钱，歪曲了优秀文化的内涵和价值，影响很坏。我们发现，在义利观方面，一是很多情况下把义和利当作对立的两个方面；二是对义利观的认知似乎每况愈下，特别是在西方近代资本主义精神和人性恶假设背景下，对人性恶的利用和鼓励（所谓"私恶即公利"），出现了太多的重利轻义、危害社会的行为，以致产生了联合国《未来契约》中"可持续发展目标的实现岌岌可危"的情况。人类只有树立正确的义利观，才能共同构建人类命运共同体。

（六）笃行与空谈

党的十八大以来，党中央坚持把文化建设摆在治国理政突出位置，全国上下掀起了弘扬中华优秀传统文化的热潮，文化建设在正本清源、守正创新中取得了历史性成就。在大好形势下，有一些个人和机构在真心学习践行优秀文化方面存在不足，他们往往只停留在口头说教、走过场、做表面文章，缺乏真心真实笃行。他们这么做，是对群众学习传承优秀文化的误导，影响不好。

五

文化关乎国本、国运，是一个国家、一个民族发展中最基本、最深沉、最持久的力量。

中华文明源远流长，中华文化博大精深。弘扬中华优秀传统文化任重道远。

"中华优秀传统文化与现代管理融合"丛书的出版，不仅凝聚了子项目承担者的优秀研究成果和实践经验，同事们也付出了很大努力。我们在项目组织运作和编辑出版工作中，仍会存在这样那样的缺点和不足。成绩是我们进一步做好工作的动力，不足是我们今后努力的潜力。真诚期待广大专家学者、企业家、管理者、读者，对我们的工作提出批评指正，帮助我们改进、成长。

企业管理出版社国资预算项目领导小组

推 荐 序

/

我和本书作者巩见刚教授是2010年在兰州大学举办的中国管理国际学术论坛上认识的,当时他还在北京大学光华管理学院攻读博士。在那次会议上,他结合荀子的《解蔽》篇做了一场关于企业家认知的报告。他的研究很有见地,令人印象很深,我鼓励他要沿着既有的路子做下去,一定大有可为。

和见刚再次联系已经是最近几年的事情了。其时我已经退休,而他已经在大连理工大学任教多年。令人欣慰的是,虽然这期间遇到了不少困难,但是见刚没有放弃当初的学术志向,一直在传统文化和管理思想领域默默耕耘,而且产出了一系列很有创见的研究成果。

具体到本书,它是见刚多年来在传统文化管理思想领域学术积累的一方呈现,当然也延续了见刚既有的学术风格和特点,是一本很有创造力的学术著作。学术界近年来非常重视将本土管理学与中国优秀传统文化相结合,也出现了很多不错的研究成果,但是这方面的研究通常局限于对传统文化中某一概念或思想的研究与阐述,而见刚的思路和这些研究不太一样,体现为他是从学术范式这样一个比较独特的视角出发来理解传统儒家文化和管理思想的。见刚认为,传统儒家文化思想实际上可以被理解为一种中国古代管理学,体现了儒家先贤对于组织管理的理解,代表了一种不同于现代西方管理学的学术范式。为了更好地表达自己在这方面的一些见解,见刚通过诠释儒家经典——《论语》，向广大读者展现了这样一种学术范式的内涵、其相对于西方主流管理学范式的特点以及对于当前国内管理学研究的理论价值等。该书篇幅并不是很长，但内容很丰富，不但包括了作者对儒家管理学范式的理解，还涉及中西方文化以及传统文化内部儒家与法家、道家等学派之间的一些比较研究。我年纪大些，注意力是在《道德经》。"前后相随"（《道德经》第二章），见刚这本书视野比较开阔，不仅对于深入把握传统儒家管理思想以及厘清未来本土管理学发展方向有帮助，也帮我开阔了眼界。

传统文化中的管理思想博大精深、内涵丰富，对于当前的管理学界来说毫无疑问是一个学术宝矿。一方面，当代本土管理学与传统文化和管理思想的融合极具必要性；另一方面，这种研究是艰巨的、长期的，不是一个人或者几个人就能够完成的，需要一代又一代学人不间断的热忱和努力。

我为见刚喝彩。接下来还需要更多的学者投入其中，形成长时间的学术接力和协作，富有本土特色的中国管理学派才会真正建立起来。希望中国的管理学者特别是青年学者，能够对这方面的研究产生兴趣并加入其中，唯有如此，本土管理学才会更加迅速地发展和进步，才能对现实实践产生更大的影响。我们也相信，借助于当下这个时代所展现出来的文化自信，管理学者在不远的将来一定会交出一份无愧祖先、无愧历史、造福世界的答卷。

周南

香港城市大学市场营销学系退休教授
2007年度教育部企业管理学科长江学者讲座教授
2024年10月于香港

前　言

历时三载，本书终于付梓。本书对于笔者来说算是心血之作了，之所以如此说，乃是因为笔者非常看重此书，而且写作此书也颇费功夫。笔者求学阶段所学专业是经济学和管理学，与传统儒家文化或者管理哲学的领域还是存在一定间隔的，对于传统儒家文化和管理思想的理解，全靠毕业后十几年的自学与苦思所得。一个"苦"字，说明笔者在传统哲学方面并没有太多的灵感与积累，也说明写作这样一本书对于笔者来说难度还是很大的，笔者有自知之明，所以在写作中一直战战兢兢，生怕闹出笑话，贻笑大方。既然如此，为什么还非要班门弄斧，写这样一本书呢？主要是有一种紧迫感和使命感，催促着笔者不断努力去完成这样一件事情。

熟悉中国管理学的朋友都知道，中国当代管理学是改革开放后学习西方科技、与世界接轨的产物。最初的几年里，由于西方科技、经济等方面的成就太过耀眼，再加上中国刚刚探索市场经济，所以整个学界对于西方管理学的怀疑也就不算多见，仅间或有一点未影响大潮流的反思和质疑。然而进入 21 世纪以后，随着国家对科研工作越来越重视，大量科研资金开始投向管理研究领域。这时来自西方的以实证主义为基础的管理学研究范式开始登陆我国。中国本土管理学刚开始起步，借着学者们普遍崇拜西方并急于与国际接轨的学术风气，这一研究范式在国内管理学界大行其道，迅速成为国内管理学的主流研究范式。在当时的管理学界，实证方法就是默认的研究方法。权威的期刊、知名的学者都以科学化为准则倡导各种实证主义研究，有些期刊甚至只接受实证研究论文。

这一时期的管理学研究成果虽越来越多，却没有产生足够的社会效果，与学术规范性较差的时代相比，反而与实践之间出现了越来越大的脱节。管理学是一门实践性很强的学科，如果不能形成基本的社会效应，那么所谓的学术研究就只能是自娱自乐、自说自话而已。正是在这种情况下，国内部分比较敏锐的学者开始反思实证主义研究范式以及西方管理学本身所存在的问题。这在当时所激起的反响还是比较大的，不但一些知名的专家、学者参与了讨论，甚至像笔者这样的在读博士生也参与了进来。这样一种讨论持续至今，已经有十多年的时间了。

在过去的十多年里，管理学者围绕着学术与实践之间的关系，就本土管理学的出路进行了各种各样的讨论，提出了一系列不同的观点与思路。例如有学者认为，学术研究之所以脱离实践，乃是因为没有顾及中国不同于西方发达国家的基本国情，造成相关源自西方的理论被僵化地运用于研究之中。因此，要想达成理论指导实践，就必须联系中国企业所面临的独特情境开展研究。也有学者主张开展案例研究和质性研究，因为这种研究方式能发掘中国情境下中国企业的一些独特做法，进而创建有本土特色的管理学理论，甚至有可能创建出具有世界性影响的普适理论。还有学者主张将管理学从一门科学变成一门技术之学。相关观点很多，这里不再一一赘述。

作为一名备感迷茫的管理学研究者，笔者非常关注这场讨论，在广泛阅读哲学领域的相关著作后，也逐渐形成了自己的一些看法。笔者认为相关讨论虽然热烈，但忽略了一个很重要的问题，即忽略了对"实践"这一概念的讨论。管理学界都在思考学术研究怎样才能更好地指导实践，但对于什么是"实践"、实践的主要特点以及对学术的要求是什么，并不是很清楚，甚至没有基本的讨论。如此一来，很多讨论和研究看似热闹，实际上缺乏一个基本的理论基础，甚至可以说是比较盲目的。基于这样一些看法，笔者在对"实践"之内涵进行研究的基础上，对何为"理论指导实践"进行了探讨。研究显示，以往的管理学研究之所以脱离实践，原因在于受实证主义的影响太深，将科学化、概念化的理论知识当成唯一"合法"的知识类型，追求管理学的科学化，重在研究各种所谓管理现象背后的规律并构建各种理论、模型等。在其看来，似乎只要掌握了这些规律、理论和模型，管理者就把握住了管理的本质，自然就会实现自己的各种目标。

实际上，人的核心重要性决定了对于现实的管理来说，处理好复杂的人际关系、履行好自己的社会角色进而实现组织内外的凝聚和团结才是最重要的。如此一来，各种理性化的概念、理论虽然重要，但很可能还不是最重要的。对于管理来说，最重要的是与目的、"应该做什么"、"知行合一"等联系在一起的人生理想、道德、情感、意志等。管理者只有在这些方面有所建树，各种与人际关系联系在一起的管理问题才会得到比较有效的解决。也就是说，管理实践和管理者真正需要的，是以道德为核心的实践智慧，而非现在主流管理学范式所强调的纯粹理性的概念、理论和模型。认识不到这一点，所谓的管理学无论如何现代、如何科学，都将难以对复杂的现实实践提供有效的指导或帮助。

上述这样一个思考过程对于笔者来说是非常重要的，它使笔者意识到，为了指导实践，管理学应该发展为一门以道德境界为主要追求的智慧之学，而不是仅仅发展成一门以概念、理论和模型为核心追求的科学之学；应该以价值理性驾驭、调控其工具理性，而不是像西方管理学那样片面地以工具理性为主。

笔者在工作后的一段时间里对于传统文化和历史一直比较感兴趣，对于传统儒家的各种经典相对比较熟悉，于是在几年前的某一个时间点突然意识到，管理学并不一定只是近代资本主义大生产的产物。中国古代并非像有些学者认为的那样，因为没有经历工业革命、没有大规模的工业化生产而没有自己的管理学。儒家文化作为一个有着丰富管理学思想的思想体系，应该就是涵盖了一种古代中国的管理学，只不过儒家对于管理的理解根本上不同于现代西方的理解而已。也就是说，儒家文化的背后隐藏了一个完全不同于西方管理学的管理学术范式[1]。西方管理学认为各种管理现象背后有着稳定不变的规律，所以追求科学化，追求建构各种概念、理论和模型。传统儒家则认为世界是复杂的，那种将局部同整体割裂开、主客二元式的研究，从根本上来说是把握不住作为宇宙人生真实本源的"道"的，"道"的把握需要对世界、人生做贯通意义上的理解与把握。把握住"道"这个"体"，各种现实、具体的"用"也就不成为大问题了。形成了这样一些想法后，笔者以前思想上的很多不通之处也就豁然贯通

---

[1] 范式（paradigm）一词是美国著名科学哲学家托马斯·库恩（Thomas Kuhn）提出并在《科学革命的结构》一书中加以系统阐述的。它指的是一个学术共同体所共享的信仰、价值、技术等的集合，体现的是科学家集团所共同接受的一组假说、理论、准则和方法的总和。"范式"之所以重要，在于其体现了学术共同体对于某一学科的根本性理解，也从根本上决定了相关学科的发展型态以及具体理论内容等。

了，各种散碎的思想点开始体系化，开始以一种不一样的眼光打量传统儒家和管理哲学，于是一篇以《传统文化的管理学属性、范式特点及其对本土管理学之价值研究》为题目的文章在很短的时间内迅速完成了。

投稿的过程实在曲折，很多管理学主流期刊纷纷以不符合学术规范为由拒稿。后来还是承蒙新创的《中国文化与管理》期刊不弃，才得以发表。原以为该文不会产生什么显著的学术影响，没想到在后来的一些日子里，一些学界前辈和朋友陆续对文中一些观点做出了肯定，一些专业性的学术网站还进行了转载。这使得笔者对自己的思想和观点有了更多的信心，愈加坚信儒家管理思想及其背后的学术范式才代表了本土管理学的未来方向。鉴于先前相关的研究还是比较粗糙的，特别是论文性的研究受篇幅限制难以充分表达自己的完整观点，于是笔者就有了通过写书表达自己思想的想法，希望通过再次诠释儒家相关经典来充分表达自己的一些思想和观点。

那为什么选择《论语》这样一部经典著作呢？主要有以下几个原因。

第一，《论语》一书充分地体现了儒家在培养管理者或领导者方面的一些思想。很多人认为中国古代没有管理学，实际上对于中国这样历史极为悠久的国家来说，这怎么可能呢？传统儒家文化实际上就是中国古代的管理学。为什么这样说呢？因为儒家本质上以培养君子为目标，而儒家所谓的君子不仅仅意味着一种高尚的道德，还意味着管理和领导。《左传》指出："赏庆刑威曰君。"董仲舒《春秋繁露》认为："君也者，掌令者也。"《荀子·君道》也认为："君者何也？曰：能群也。能群也者何也？曰：善生养人者也，善班治人者也，善显设人者也，善藩饰人者也。"可见儒家并非仅仅是一个文化范畴，本质上还是一门管理学。孔子强调"学而优则仕"，认为"不仕无义"。而"仕"则意味着君子学业有成后出来做官，有义务参与社会各级组织的管理与领导。相当部分的孔门弟子，如冉有、子贡和子路等，也确实都选择了出仕做管理者。这些都进一步说明了传统儒家文化的管理学属性。而《论语》一书作为儒家最重要的经典之一，集中体现了儒家对于管理的独特理解。以之为诠释对象，有利于读者深入理解何为传统儒家之管理学范式。

第二，相对于其他儒家经典，《论语》虽然篇幅不算长，但比较完整而又充分地体现了传统儒家的相关经济和管理思想。《论语》不但涉及治国，还涉及了治身，不但强调"礼"，还强调"仁"；不但强调根源于先天良知的"反思"，还特别重视后天的努力之"学"。《论语》是如此全面，在有限的篇幅里强调了如此多的内容，以至于很多重要的观点，往往是一句话或者几句话就带过了，很少重复。其他一些经典虽然也很深刻，但很难做到《论语》这样一种全面性，往往只是继承了孔子或者《论语》相关思想的某一方面或者某几方面。如此一来，选择《论语》作为诠释对象就是比较合理的了：不但能够更好地展示儒家的相关管理思想，也能更好地解释隐藏于其背后的儒家管理学范式之特点。

第三，《论语》作为"四书"的重要组成部分，在中国民间有着相对较好的社会基础，即使当今社会，很多人对于《论语》还是比较熟悉的，公众对于其中的相关章节甚至还有相当深刻的理解。此种情况下选择《论语》作为诠释对象对于读者来说不至于太陌生，不但有兴趣阅读，也有利于理解本书的相关思想和

前　言

观点。

　　第四，社会大众对于《论语》虽然相对熟悉，但也存在很多误解。由于古汉语和现代汉语存在不小的差异，再加上历史上一些人的曲解，今天很多人在阅读《论语》这样的儒家经典时常常出现各种理解上的错误。例如很多人误读了儒家的"君君臣臣，父父子子"，以为这是在宣扬一种封建专制。此种情况下，选择《论语》进行阐释不仅有助于纠正社会大众甚或一些学者的某些错误理解，也有助于对以《论语》为代表的儒家经典形成更加深入的把握，有利于本土管理学与传统文化的深度融合。

　　当然，《论语》一书的章节太多了，逐一解读的话，篇幅就太长了，而且许多章节与管理学的关系也不是太直接。于是本书在解读的时候，做了有针对性的选择，撷取了其中有代表性的47章进行了管理学意义上的阐释。同时，本书在对相关章节进行诠释的时候，没有将过多的注意力放在文字训诂和含义的解释上，而是更关注其中蕴含的管理思想及其相对于西方文化和西方管理学的特点分析等方面，希望通过这样一种阐释，能够帮助读者更加深入地理解儒家管理思想及其背后的独特学术范式。

　　本书选择《论语》为诠释对象，主要是想实现如下一些目标。

　　第一，解释儒家文化和管理思想背后隐含的儒家管理学范式。

　　中国有着上万年历史的古老文明，漫长的历史实践中，先民产生了对部落、国家、军队等进行管理的现实需要。在历史的早期阶段，管理可能更多的是依靠宗教神权或者武力。随着时间的不断推进，特别是到了孔子时代，中华民族逐渐形成了自己理论化的管理思想体系，即儒家管理思想体系。自此以降，这个思想体系一直被中国人用来治国、治军、治家、治企，且取得不错的社会效果。但是近代以来，西风盛行，人们，特别是文化精英，对传统儒家越来越不了解，越来越疏远。西方文化之民主、科学代表先进，传统儒家代表封建、专制与落后成为一时之识。在这样一种大背景下，西方管理学自然会长驱直入，成为国内管理教育的主流。与此相对应，大多数学者自然而然地意识不到传统儒家文化背后还隐藏了一个不同于现代西方管理学的管理学范式，更意识不到这个范式还有着诸多的优点[1]。在这样一个大的学术背景下，笔者希望通过诠释《论语》相关章节所蕴含的管理思想，能够比较完整、清晰地勾画出这个范式的特点及其相对于西方管理学范式的诸多优点，为迷茫中的、备受西方主流范式拘束的本土管理学提供一个新的管理学视角和路径选择[2]。

第二，阐释儒家文化相对于西方文化的一些特点、优点，有助于纠正管理学界内部太多的对于传统文化的误解。传统儒家文化虽

---

[1] 西方管理学饱受脱离实践之指责，而传统儒家管理思想无论在现实中还是在历史上都有着极为广泛的应用，从未有学术脱离实践之困扰。两相对比，可以看到儒家管理学范式虽然古老，但实际上有着西方范式不具备的重大优点。

[2] 为消除学术与实践之间的鸿沟，本土管理学在过去的十几年中进行了广泛的探索，提出了各种各样的研究方法。然而讨论虽然很热烈，效果却难说满意，学术研究与现实实践之间的脱节并没有得到有效的改观。可以说，本土管理学还没有从根本上脱离困境。本书的写作初衷之一就是有感于这种情况，希望通过重新诠释《论语》以及隐藏其后的儒家管理学范式，为困境中的本土管理学找到一条更好的发展路径。另外，近年来国内有学者提出了"接着传统文化讲"本土管理学的观点。不少学者也纷纷响应这样一个号召。这在大方向上是没错的，问题是大多数研究者的所谓"接着讲"只是把传统文化中的一个观点或者概念拿来，用西式的概念化思维重新包装一下并验证而已。这看似是"接着传统文化讲"本土管理学了，实际上没有领会到儒家对于管理的独特理解，没有理解儒家管理学范式的独特意义。这种做法本质上还是"接着西方讲"，算不上"接着传统文化讲"本土管理学。

前 言

然诞生在两千年前的农业文明时代，但其本身具有高度智慧。后面的工业时代发展出来的各种文明固然璀璨，但本质上却不一定比几千年前的传统文化和思想高明。历史上西方曾经长时间陷于"拜神教"，后来经过一系列启蒙运动有所解放，却因为用力过猛而陷入了追求资本增值的"拜物教"。马克思所批评的"资本来到世间，从头到脚每个毛孔都滴着血和肮脏的东西"，实际上就是对"拜物教"的批判。而传统儒家文化理性早熟，最大的一个优点就是通过强调道德理性而具备"上薄拜神教，下防拜物教"[1]之功用，能够弥补人类现代文明的许多重大缺失。然而对于这样一些优点，本土管理学界是相当陌生的，甚至往往陷于过去对儒家的一些批判论调中不能自拔，例如相当部分学者认为儒家没有发展出近代西方倡导的"自由""人权"这样一些普世价值，因此，本土管理学若要"接着传统文化讲"则会与这些普世价值相抵触。还有一些学者仅仅因为儒家一句"以义制利"就认为儒家不主张求利，也无法求利，从而与市场经济相抵触。这样一些误解不太值得争辩，但凡对儒家有基本的理解也不至于产生这样的误解。但是在管理学界，这样的例子还是太多了，阻碍了本土管理学与儒家文化的结合。此种情况下，确实有必要对儒家思想的特点、优点等进行阐述，纠正一些根深蒂固的误解，帮助管理学界克服文化虚无主义，为本土管理学的未来发展扫清认识和思想上的障碍。

本书在内容上主要由三个部分组成。第一部分是对《论语》中一些章节的管理学解读。希望借助《论语》部分章节的具体内容，对儒

---

[1] "上薄拜神教，下防拜物教"是楼宇烈先生对传统文化的一个简单而又准确的总结，体现了儒家重理性的特点，这一总结可谓非常深刻了。

家管理思想及其范式特点做一个深入、具体的介绍，加深读者对儒家管理思想的理解。第二部分重在解释《论语》相关篇章的含义，纠正管理学界对于传统儒家文化的一些误解，为"接着传统文化讲本土管理学"进一步扫清思想上的障碍。第三部分为延伸阅读，由笔者先前的两篇文章组成。第一篇文章的题目是《传统文化的管理学属性、范式特点及其对本土管理学之价值研究》。该文主要从整体上介绍了儒家管理思想、学术范式的一些特点，以及面向实践的优点等，虽然比较概括，但有助于读者从整体上把握儒家管理思想和学术范式的一些特点。第二篇文章的题目是《国内管理学术脱离实践的原因及发展路径探索：一个基于实践内涵的思考》，主要从理论上解释实践智慧与管理实践之间的密切关系，旨在帮助读者从根本上理解：

（1）什么是实践与指导实践；

（2）西方管理学为什么会面临与现实实践相脱节的重大问题；

（3）作为一种实践智慧的儒家文化为什么重要，为什么儒家管理学范式才是本土管理学应该真正重视的。

鉴于以上原因，笔者将这两篇文章合在一起作为本书的第三个组成部分，意在进一步帮助读者理解本书的第一部分。

《论语》这样一部伟大的经典，几千年来一直为中国人所重视，历代也已经有像何晏、朱熹、钱穆这样一些杰出的学者为之注解，可以说，这些注解已经达到了非常完美的程度，形成了博大精深的思想体系。本书对《论语》的注解相当程度上借鉴了历代大师特别是"二程"、朱熹为代表的宋明理学之传统解释。当然，笔者才疏学浅，本书也是万万不敢和历代儒家大师的传世作品相提并论的。但是本书也有一些自己的特点。

（1）借鉴了近些年学术界的一些最新研究成果，弥补了已有注疏在某些方面的不足。历代大师的注释是非常深刻的，但受限于各自时代，相关注释也都存有一定的局限性。近几十年来，随着学术研究的不断进步，特别是考古学及文字训诂学等方面的不断进步，人们对《论语》相关内容的解读又有了很多新的学术成果。笔者觉得这些成果很重要，有利于我们更深入地理解儒家管理思想及其范式特点，所以就将其融合进本书的写作中来。书中的"性相近，习相远"章就是在借鉴近些年相关研究成果的基础上完成的，体现了近年来学界关于《论语》研究的最新进展。

（2）在继承传统注释的基础上，在对相关章节进行诠释时有意识地从文化比较的视角出发，对中西方文化的异同点以及各自的优点、缺点进行了解释[1]。

作为儒家经典，《论语》在历史上有着数不清的注释版本，但是以往的版本多限于对文本的解释。这在当时应该是非常合理的，但是今天还停留在这个层面上恐怕就不够了。今天是中西文化相互冲突和融合的时代，也是中华民族亟须建立文化自信的时代。这就要求我们在对传统经典进行诠释的时候不能止步于文字训诂和章节解释，还要能够从中西文化比较的角度出发进行引申与比较，以此来阐明新时代背景下中华优秀传统文化的特点及优势，从而为新时代弘扬优秀传统文化及推动本土管理学与传统文化相融合奠定必要的理论基础。本书自

---

[1] 从文化比较的视角出发对中西文化各自之特点进行研究、比较是当前学术界的一个重要任务，而这样一个任务是以前的学术界不太需要面对和承担的。而且这样一种比较也有利于今天的人们更加清楚地理解传统文化的深刻性、普适性及其对于当代中国的独特价值。

觉地顺应了这样一个时代要求，在对《论语》相关章节进行基本解释的基础上，还从文化比较的视角出发，对相关章节之含义进行了进一步的发掘。

自由、民主、科学一直以来被很多人看作普世价值，是西方文化普适性、先进性的重要标记。而传统文化因为没有产生自由、民主、科学这些价值观念而被很多人诟病，甚至被贴上了过时的标签。本书在对西方自由、民主、科学等概念进行辨析的基础上，结合西方资本主义社会历史及现实中的种种问题，对自由、民主、科学本身所具有的缺点或者局限进行了探究，以此对比说明传统儒家文化所具有的价值。特别是，对科学所具有的问题和缺陷进行揭示与讨论，为其适用范围划定了界限，说明管理学作为一门与人有着密切关系的学科不应该止步于成为一门科学。过去一百年里传统文化也因为不够"科学"遭受了很多的指责和批评。此种情况下揭示自由、民主、科学等西方普世价值的缺陷以及传统文化的当代价值，不仅有利于全面认识中西方文化，树立时代呼唤的文化自信，也有利于本土管理学与传统管理思想的融合。

（3）重视挖掘优秀传统文化与马列主义、毛泽东思想间的关系。一段时间内，受某种思潮的影响，有些学者忽略毛泽东思想与优秀传统文化间的继承和发展关系。实际上，毛泽东本人是在优秀文化和传统经典的滋养中成长起来的。本书注意到了这一点，故而在已有研究的基础上，对这种关系进行了阐述[1]。

---

[1] 党中央和习近平主席近年来在多个重要场合下强调要把马克思主义思想精髓同中华优秀传统文化精华贯通起来，党的二十大报告提出"坚持和发展马克思主义，必须同中华优秀传统文化相结合"。本书虽非以此为主题，但也作为一个重要的问题加以讨论。

前　言

　　本书在写作中得到很多师友的鼓励和帮助。华东师范大学贾利军教授、东北财经大学胡国栋教授、兰州大学贾旭东教授、华南理工大学晁罡教授都在本书的成稿和出版过程中给予了不少的帮助。长江学者，曾任武汉大学董辅礽讲座教授的周南先生在听了本书的写作计划后，也爽快地答应了笔者的作序请求。对于诸位师友的帮助和提携，笔者不胜感激。此外，还要感谢大连理工大学科管所的同事们。在这个学术考评极为苛刻的时代，非主流的我能够在这样一个高教体制内生存下来，潜心做着自己喜欢的学问，离不开诸位同事的关心、提携与帮助。

　　当然，还要特别感谢我的家人，感谢他们多年来的默默付出，感谢我的爱人对我满身不合时宜的体谅与支持。没有这种体谅与支持，我也不可能有足够宽松的时间和物质条件去做自己喜欢与认可的研究。

　　当前针对《论语》或者儒家其他经典的管理学诠释不算少见，但这些著作更多的是在解释、阐发《论语》一书中的管理思想，没有从根本的范式角度出发加以诠释。本研究主要是从学术范式的层面进行诠释的，由此揭示儒家管理学不同于西方管理学的诸多根本之处，其中涉及了中西方文化本质比较等诸多问题，构成了本书相对于其他一些著作的显著不同。这样一个特点决定了本书更适合管理学研究者、企业管理者、传统管理哲学爱好者阅读。当然笔者也非常希望管理学领域年轻的研究生乃至青年教师能够对本书讨论的话题产生兴趣，这样儒家对于管理的本质性认知才能更好地传递并延续下去，本土管理学中一些根本性的问题才会得到更加充分的关注和有效的解决。

最后需要表达的是，笔者才疏学浅，能力有限，书中讨论的一些问题又是在一个比较哲学的宏大层面上展开的，涉及的问题很多，因此难免挂一漏万，有各种不当之处，还请各位学者、专家多多批评指正。

目 录

第一部分 《论语》中的管理学范式 1

1.1 "学而时习"章解（1.1） 3

1.2 "吾日三省吾身"章解（1.4） 10

1.3 "为政以德"章解（2.1） 14

1.4 "《诗》三百"章解（2.2） 19

1.5 "道之以政，齐之以刑"章解（2.3） 25

1.6 "孟懿子问孝"章解（2.5） 31

1.7 "至于犬马，皆能有养"章解（2.7） 35

1.8 "视其所以，观其所由"章解（2.10） 39

1.9 "攻乎异端，斯害也已！"章解（2.16） 43

1.10 "举直错诸枉"章解（2.19） 47

1.11 "使民敬、忠以劝"章解（2.20） 53

1.12 "子奚不为政"章解（2.21） 59

1.13 "人而不仁"章解（3.3） 62

1.14 "朝闻道，夕死可矣"章解（4.8） 67

1.15 "一箪食，一瓢饮"章解（6.11） 75

1.16 "三人行，必有我师"章解（7.22） 81

1.17 "子温而厉"章解（7.38） 85

1.18 "仰之弥高，钻之弥坚"章解（9.11） 91

1.19 "未可与权"章解（9.30） 97

1

1.20 "闻斯行诸？"章解（11.22） 106

1.21 "子路、曾皙、冉有、公西华侍坐"章解（11.26） 110

1.22 "年饥，用不足"章解（12.9） 117

1.23 "必也使无讼乎"章解（12.13） 123

1.24 "樊迟问仁"章解（12.22） 126

1.25 "富之教之"章解（13.9） 131

1.26 "何如斯可谓之士矣"章解（13.20） 136

1.27 "善人教民七年"章解（13.29） 142

1.28 "修己以安百姓"章解（14.42） 145

1.29 "性相近也，习相远也"章解（17.2） 149

1.30 "割鸡焉用牛刀？"章解（17.14） 156

1.31 "天何言哉？"章解（17.19） 160

1.32 "长沮、桀溺"章解（18.6） 166

1.33 "不知命，无以为君子"章解（20.3） 171

第二部分 《论语》与现代管理释疑 179

2.1 "十世可知"章解（2.23） 181

2.2 "八佾舞于庭"章解（3.1） 185

2.3 "吾道一以贯之"章解（4.15） 189

2.4 "敬鬼神而远之"章解（6.22） 195

2.5 "钓而不纲，弋不射宿"章解（7.27） 201

2.6 "民可使由之，不可使知之"章解（8.9） 205

2.7 "叩其两端而竭焉"章解（9.8） 210

2.8 "季氏富于周公"章解（11.17） 216

2.9 "君君，臣臣，父父，子子"章解（12.11） 221

2.10 "名不正则言不顺"章解（13.3） 226
2.11 "君子和而不同"章解（13.23） 233
2.12 "乡人皆好之"章解（13.24） 237
2.13 "卫灵公问陈于孔子"章解（15.1） 241
2.14 "四体不勤，五谷不分"章解（18.7） 245

第三部分　阅读延伸 251

3.1 传统文化的管理学属性、范式特点及其对本土管理学之价值研究 253

3.2 国内管理学术脱离实践的原因及发展路径探索：一个基于实践内涵的思考 279

主要参考文献 306

第一部分
《论语》中的管理学范式

1.1 "学而时习"章解（1.1）[1]

原文、注释及翻译

子曰："学而时习之，不亦说乎？有朋自远方来，不亦乐乎？人不知而不愠，不亦君子乎？"

习：本意是鸟儿练习飞翔，此处是实践、练习的意思。

孔子说："学到的东西在恰当的时机去实践和练习，不也很高兴吗？有朋友从很远的地方来，不也很快乐吗？别人不了解自己，自己却不生气，不也是一位有修养的君子吗？"

管理学解释

这一章是《论语》开篇首章，可谓浓缩了儒家思想之精华，历代大家关于此章的注解很多，对于我们从整体上把握此章以及整体的儒家思想已经足够了，所以此处我们更想从一个中西比较的视角出发，阐释儒家管理学与以西方管理学、领导学等为代表的现代社会科学体系之间的一些不同，从而加深对儒家管理学及其独特管理范式的理解。之所以做这样一种比较，乃是因为与现代管理学、领导学等为代表的西方人文社会科学一样，儒家也是以培养各种管理者、领导者为己任，但是在具体的培养模式、理念等方面体现出很大的差别。这可从此章所强调的"学""习""时""乐"等概念上体现出来。

1. 学

《论语》作为儒家的一部经典，分为20篇，每一篇都有一个篇名，而每一篇的篇名都不是随便起的，往往体现了深刻的用意。《论语》开篇就是"学而"，实际已经点出儒门重学的特点。儒家认为，一个人只

---

[1]（1.1）为《论语》章节序号，下同。

有经过艰苦的、持之以恒的学习才能成为道德高尚的君子。当然也有一部分人是不学而能的天才，但这样的人现实生活中太少了。所以后来的荀子特地写了《劝学》篇以劝勉世人。现代社会在培养领导者时亦重学，可以说延续了传统儒家重学的优良传统，但传统儒家所讲的"学"与现代所讲的"学"在内容指向上已经有了很大的差别。现代社会重学，在于重视通过教育和学习来培养未来的领导者、管理者。那么他们在校学些什么呢？主要是各种概念、理论、原则、模型乃至技术等。例如现代西方管理学、领导学等开篇就要讲授什么是管理、领导，管理者承担的职能有哪些等这样一些概念和理论问题。而传统儒家也重视通过学习培养社会的管理者（即"君子"），但并非如现代管理学、领导学那样强调学习各种概念化和理论化知识，其所重视的主要是修习各种道德义理，体现的是对人生大"道"的把握。所谓道德义理是人在处理自己与其他道德主体之间社会关系时需要遵守的当然之则。例如父母对待子女应该"慈"，子女对于父母则应该"孝"。这些体现为当然之则的义理，合而言之就是人生应该选择的大道。应该说，义理也是知识，但它不同于现代管理学所看重的、纯理性层面上的概念化和理论化知识。后者主要描述各种现象或者变量之间的逻辑关系，重在解释"事实是什么"，属于"闻见之知"的范畴，而义理则是用来说明具体情况下"应该做什么"的行为规则，属于"德性之知"的范畴。具体来说，儒家所要学习的就是西周以来的各种典章制度和经典著作，如《尚书》《诗经》《易经》等。这在现在看来是比较荒谬的：学习这些怎么就能培养出优秀的管理者、领导者乃至政治家呢？实际上，这在古人看来并不难理解。因为《尚书》《诗经》《易经》等本质上都是在讲义理。以《诗经》为例，《诗经》中的大量篇章往往以叙事的方式表达人的某种真诚的情感以及对于事物的看法，学习这样一些诗篇，人们在情感上产生共鸣的同时也理解并把握了其中所包含的各种义理和当然之则。

学习内容上的不同也体现了中西方在根本的学术范式上的不同。以管理学、领导学为代表的西方现代学术，希望通过学习将学习者培养成一个基础知识扎实、理论水平高的博学之人；而儒家管理学作为一门心性之学不否认知识的重要性，但本意则是在于通过学习促使学习者早日觉悟而复其本有之善。一个关注的是形而上的道，一个关注的形而下的理论知识。前者不重视分科研究，立意于做整体之把握，因为道本身不可再分，只能从整体上把握；后者则非常重视分科，因为理论概念需要在将局部与整体分离的基础上通过主、客二分式的研究才能建构起来。

2. 习

"习"也是此处一个非常重要的概念，表示"实践""练习"之意，不是现代人所说的复习。现代人上学期间所学的主要是各种理论知识，学后要不断复习以准备考试。儒门士君子所学的是各种做人做事的义理，而对于义理的掌握不能仅停留在口头上，要知行合一、学以致用，要体现在实践中。例如，学习了"孝"的相关道理，回家后一定要将其应用于与父母的具体相处中，否则就变成了一种说辞，没有任何意义。从另外一个角度讲，纸上得来终觉浅，绝知此事要躬行，一些道理限于知道是一回事，是否真知又是另一回事。实践时，人的情感投入其中，亲身经历很多事情，对于相关道理的理解也会更加深刻与全面，是单纯学习课本知识没法比的。此时，作为管理者的君子不但理解了相关义理的内涵，也会将之化作自我内在精神的一部分，人生的境界因此又前进了一重，内心自然因为有所得而充满喜悦之感。所以说以儒家为代表的传统管理思想在重"学"之外还特别重"习"。

相比较而言，现代管理学、领导学等更多地关注"知"，不怎么强调"行"之必要性，在其字典里也没有"知行合一"这样一个概念。之所以如此，是因为其重视的乃是各种概念和理论知识，这些知识本质上不属于义理性知识，更多是在描述人文社会中的一些所谓规律，因此也就无需考虑"行"的问题。这也从另外一个方面体现了中西方学术范式的一个根本差别。

3. 时

除了"学"和"行"，"时"也是本章值得一说的概念。对于这个"时"字，古人多理解为时时之意。例如朱熹《四书章句集注》的解释即是"时时复习"。"时"的确有"时时"之意，此处解作"时时复习"也并非不通，但是"时"在先秦时代主要还是合适的时机之意。古代教学很讲究"时"，例如一生当中不同的年龄阶段有不同的学习内容，一年之中不同季节有不同的学习内容，甚至一日之中不同的时辰也有不同的学习内容。而且"时"在儒家经典中也是一个经常出现的概念。《中庸》强调"君子之中庸也，君子而时中"，即是强调君子做事要根据具体的情形做出合乎道义的选择。孟子评价孔子"圣之时者也"，因为孔子既不像伯夷那样教条地非其君不事，也不像伊尹那样不加选择，孔子总是"可以速而速，可以久而久，可以处而处，可以仕而仕"（《孟子·万章下》），即孔子之行为总是不脱离具体的时机，总是根据实际情况决定什么该做、什么不该做。所以，此处之"时"应该理解为恰当的时机之意，即学习了相关知识之后要在一个恰当的时机将之付诸实践。否则，就会犯教条主义的错误，义理的内涵与价值也就难以得到体现。

与儒家不同，现代西方学术对于"时"这样一个概念的强调是不够的，而是受牛顿机械主义世界观的影响比较大，意在追求各种单一普适性的规律和理论。如此一来，也就缺少"时"的概念了。例如，政治学强调三权分立、自由民主等的普世性，占据主流的新自由主义经济学强调自由市场、自由贸易、金融自由化的普世性等。随着量子力学的发展，20世纪六七十年代复杂世界观开始在西方出现，导致了权变思想率先在管理学中出现，西方管理学、领导学等开始强调要根据情境的变化采取不同的管理措施，这标志着西方学术体系认识到了"时"的重要性。但是，"时"这样一种观念只是在西方管理学、领导学中比较受重视，经济学、政治学等其他领域似乎还是不怎么重视"时"，仍然强调普适化的理论和规律。当然，中西方对于"时"的认识并不仅仅体现为以上这些。即使是同样强调权变，传统儒家对于"时"或者权变的强调仍然有着很强的道德伦理色彩，是在义理的层面上展开的，体现为一种对价值的灵活选择，本质乃是求善与合道。而现代西方管理学对于"时"或权变的讨论完全是在工具理性层面展开的，体现为一种对工具、技巧的选择，本质乃是求得利润最大化。

4. 悦、乐与不愠

儒家以追求义理为人生目标，在其看来，义理乃是天赋于人的本性，代表了人生存于世间的当行之路与人生意义，从而必然与人生幸福联系在一起。"学而时习之，不亦说乎"讲的是随着人对义理的把握不断加深，此时对于很多以前看不透、想不明白的问题会有一个更加透彻、通达的看法，不再受其迷惑，心底自然会生出一种拨云见日的欣喜之感。"有朋自远方来，不亦乐乎"讲的是将毕生所学传递给下一代，意味着"得天下英才而教之"，自然也是一件人生乐事。之所以可乐，乃是因为顺应了人之"天命"与本性，体会到人生的价值与意义。而之所以"人不知而不愠"，乃是因为君子在深刻意识到自己的"天命"与本性后，自然会以成德和完善自我为根本目标。此目标只求在我者，和他人无关，故而别人知与不知也就不是自己所关心的事情了，自然也就不会因为人不知己而有所怨怼了。

孔子一生以行道为志业，但也是很不得志的。有人以"累累若丧家之犬"来形容之，虽然不太好听，但也是反映了实情。但孔子面对困境从不怨天尤人，达到了"乐以忘忧，不知老之将至"的境界。孔子之所以能够如此，本质上乃是因为其对天道、人道有着深刻的体悟和把握，有着很高的内在修养和人生智慧，从而不需要像一般人那样执着于世俗的幸福和快乐。

孔子和儒家所体现出来的此种"悦"与"乐"之气象，蕴含了一种现代西方学术体系不具有的自由与解放之特征。西方现代学术体系更加关注的是建构各种理论知识，没有意识到人的精神解放和自由的重要性，也就没有将之放在一个重要的位置上。这也就意味着其外在形式虽然看起来很科学，但总体上属于"闻见之知的范畴"，对于人的精神解放和自由没有什么实质性的帮助。以主流的西方管理学为例，其重视的是各种概念和理论，希望以此实现组织利润最大化的目的。但是，市场经济下利润能不能得到，能够得到多少，是一件非常不确定的事情。如此一来，不但广大被管理者背负了沉重的压力，管理者自己也背负了沉重的压力，甚至很可能异化为金钱的奴隶。而各种理论知识本质上是在描述、解释现象之间的关系，实际上无助于解决这种精神层面的自由问题。如此一来，管理者很容易陷入各种焦虑和矛盾引发的抑郁之中。也就是说，西方现代学术体系下培养出来的管理者、政治家等号称能管理、领导他人，实则可能连自己都管理不好。而儒家则不但能与天和、与地和、与人和，还能与己和（所谓的"孔颜之乐"即是如此）。这也是儒家文化或者儒家管理学不同于西方现代学术体系，特别是不同于现代管理学的一个重大区别所在。

总结一下，本章虽然简短，但却充分说明中西方管理学本质上的一些差别。儒家管理学是在整体的、形而上的层面展开的，追求的是那个贯穿一切的"道"，意在开启人的灵性，增长人的实践智慧。而以西方管理学、经济学、政治学为代表的西方现代学术体系是在形而下的科学层面上展开的，关注的是各种现象背后的事理规律。二者之间的种种差异实际上体现了中西方对宇宙、世界以及人性等根本问题认识上的巨大不同，也决定了相对于西方学术体系来说，儒家文化在社会管理方面有着更好的实践性，因为其关注的是人的灵性和实践智慧。而西方学术体系虽看似科学和严谨，但往往解决不了实践问题，因为它停留在只关注"事实是什么"的科学层面上。

当然西方管理学也不只有主流管理学这一种形态。20世纪八九十年代后期，随着后现代主义的兴起，西方管理学也开始出现一个后现代主义的范式转向。相比较于主流的现代管理学，后现代管理学更加重视人的道德、情感等纯粹理性以外的一些因素，否定管理世界中存在一成不变的普适规律等。相对于主流管理学，其反而体现出更多与传统儒家管理哲学相似的地方。如果从后现代的视角出发，我们可能会更加容易理解或者把握儒家管理学的特点以及价值。当然二者之间也有一些明显的差别，主要体现为儒家管理学虽然也像后现代管理学那样强调环境的变动和多元，从而在事实上否定了西方管理学所倡导的那样一种普遍性，但是相比较于后现代管理学，其还是有所坚守的，这主要体现为"道"与道德的核心地位。而西方后现代管理学在否定宏大叙事的时候，往往是解构大于建设，从而体现出一种彻底的解构性。我们将在接下来的论述中对相关问题展开进一步的讨论。

1.2 "吾日三省吾身"章解（1.4）

■ 原文、注释及翻译

曾子曰："吾日三省吾身。为人谋而不忠乎？与朋友交而不信乎？传不习乎？"

曾子：孔子晚年的学生，名参（shēn），字子舆，比孔子小四十六岁。曾参在历史上以"孝"著称，据说《大学》《孝经》都是他撰写的。曾子上承孔子，下启思孟学派，在儒学发展史上有着重要的地位，后世尊为"宗圣"。

曾子说："我每天都多次自我反省。替君主谋事是不是做到了尽心竭力？与朋友交往是不是做到了诚实守信？对老师传授的知识，是不是都付诸实践了？"

■ 管理学解释

反省是儒家非常重视的求知和修养方法。人每天都忙于处理各种事务，少有机会闲下来反思一下自己做过的事情哪些对、哪些不对。这样一来，人虽然每天都在忙碌着，但内在的认识和修养却难以得到实质性的提高。作为儒家代表性人物之一，曾子以修身著名，而其修身的一个重要方法就是不断反省自己、检讨自我。

那么，曾子反省的内容有哪些呢？首先是为君主谋划时是不是尽忠竭力。《论语》中多次出现"人""民"二字。这两个字在现代社会经常联用，但在孔子所处的时代还是有比较严格的区分的。所谓"人"，有顶天立地之意，寓意为有德有位的君子。而"民"则表示没有接受过教育、还未开化的老百姓。所以此处"为人谋"不是表示一般意义上的为他人谋划，而是表示为自己的君主或者领导谋划时是不是真的尽了心，是不是做到了忠于职守。

曾子反省的第二个内容是"与朋友交而不信乎"。古代同门曰朋，同志曰友。所谓朋友并非现代意义上的"朋友"一词可以概括。曾子认为与朋友交往应该守约重信。但人容易为了一己之私而置对方利益于不顾，从而将对朋友有信的伦理原则抛诸脑后。所以曾子认为这方面的及时反省也是非常必要的。

曾子反省的第三个内容是"传不习乎"，即老师教给自己的道理有没有付诸实践。前面说过，儒门重视求知，但更重践行。在其看来，知道孝顺父母、友爱兄弟等不能仅仅停留在口头上，还要化作真实的行动。如此才算是真知。但是从知到行并不是一件容易的事情。很多情况下人也知道该怎么做，但就是因为自我身上的种种原因而做不到。特别是人走向社会后，各种利害关系交织在一起，往往难以真正践行当初学到的那些道理。但知而不行等于不知。因此曾子在此提醒自己要反省是不是真的做到了"传且习"，目的还是为了鞭策自己做到知行合一。

曾子做上述三方面的反思，应该是在其短暂出仕从政时间段内发生的（否则不会反思"为人谋而不忠乎"这一项），但不代表曾子终生都在反思这三方面。儒家不主张脱离现实做反思，因为那样的反思和自己的生命身心无关，必然不够深刻。因此对于我们个人来说重要的是学习曾子这种随时、因事反思的精神，如此才会有切身的感受和提高。

那么，为什么儒家认为反思是必要且可能的呢？儒家认为人性本质上是善的，都是有良知的，而且通过后天的学习，人都会进一步提升自己的道德修养水平。但这不意味着人就不会犯错误了。生活在红尘世界中，一般人在忙碌做事的时候不可避免地会为各种偏见、私心所累，从而不可避免地犯下各种错误。只有当事后冷静下来的时候，自己的良知和判断能力才会一定程度上恢复正常。因此人们应该在合适的时候对做过的事情进行一番认真的反思，一旦发现自己有不对的地方，就应该自我反省并加以改正。如此，自己对于相关义理的理解才会更进一步，道德境界才能得以提升。否则，出了问题先指责别人，将自己的责任撇得一干二净，一定会不断沉沦下去。

一日三省吾身的修养方法起自孔子。孔子主张"见贤思齐，见不贤而内自省"，就是在主张反思的作用和必要性。曾子作为孔子晚年的得意弟子，得孔门之真传，自然也继承了这种内省的精神，并将其发展为"一日三省吾身"。其后的孟子进一步发展这种精神为"三自反"。即"爱人不亲，反其仁；治人不治，反其智；礼人不答，反其敬。行有不得者皆反求诸己"（《孟子·离娄上》）。曾子于其间起到了承上启下的重要作用。

儒家的这种自我反思精神在中国管理思想史上一直占有重要的地位。后世儒学，特别是心学一脉，对于向内反思都是高度重视的。向内反思也由此而成为中华文明区别于西方文明的重要特征之一。历史上，有些国家也有自己的忏悔与反思传统。所不同的是，其反思和忏悔所依赖的不是自己的良知，而是外在的神。

在儒家看来，人性本身是自足的，所以最重要的是向内反思、回归本心，不需要借助外在的力量。

近代启蒙运动以来，西方社会的理性开始觉醒并慢慢占据了绝对的统治地位，形成了一种新的、与中国传统文化更加不同的文明形式。在现代西方文明中，只认可外向化的、基于逻辑推理的知识这一种形式，没有给良知和内求反思留下必要的空间和位置。例如现代西方管理学就是只向外追求各种概念和理论知识，而这也造成了儒家管理学相对于西方管理学的一个重大范式区别。即儒家管理学强调的是一种修身功夫论，而西方管理学重视的则是一种知识论。这种不同也使得前者发展为一门心性之学，而后者，即西方管理学，则不断地朝着科学化的方向钻研。

另外,"一日三省"实际上也体现了儒家管理学对于人性的一个独特理解,即人性在根本上是有良知的,是善的。所谓"恶"或者自私更多的是受小我局限的一种现实结果,不是人性的根本所在。正是有了这样一种对于人性的理解,才会有现实中反思的必要性与可能性。也就是说,本章蕴含了这样一种观点,先秦儒家对人性的理解实际上分成了后世宋明儒学所强调的天命之性和气质之性两个层面。前者是纯善无恶的,后者受现实气质的影响则可能体现出某种自私或者"恶"。前者决定了人的潜在反思能力,后者则决定了人难以去除的现实之自私行为。西方管理学整体而言则强调人是一个"经济人",而没有认识到人性本质上乃是"善"的,从而也就难以认识、强调人本来就有的反思能力。麦格雷戈的"Y"理论等虽然认识到了人的本质善性,却又难以解释现实层面无处不在的自私或者"恶",最终也很难让人信服。由此可以看到,儒家管理学虽然很古老,但在人性的理解上相对于整个西方管理学来说还体现出了一种深刻性和完整性。这样一种深刻性和完整性也构成了儒家管理学与西方管理学在范式上的一个重大不同。

近代以来,随着西学的流行和主导地位的确立,儒家文化不断被边缘化。尽管如此,中华传统的根基毕竟还是深厚的,像自我反省这样的一些文化传统还是在民间得以流传下来。中国共产党人在长期的斗争实践中,总结发展出了批评与自我批评这样一种组织工作方法。将之与儒家反思传统相比较,就会发现,其理论秉承儒家一日"三省吾身"的精神。所不同的是批评和自我批评是一种组织化、制度化的反思。古代儒家的反省则是一种个人独处下的行为,反省的深浅主要依赖个人之自觉。

1.3 "为政以德"章解（2.1）

原文及翻译

子曰："为政以德，譬如北辰，居其所而众星共之。"

孔子说："用道德治理国家，为政者就会像北极星那样，安然处在自己的位置上，而其他星辰都拱卫、环绕自己而运行。"

管理学解释

儒家管理思想之所以长盛不衰，历经两千多年仍然被广泛传承，本质原因就在于其很早就认识到了道德在管理和领导中的根本性作用。儒家的这样一个观念源自商周之际的政治与文化巨变。强大的商王朝被偏居一隅的弱小周国一举推翻，不但震惊了当时的各个国家，连西周统治者自己也大为震惊。这促使他们对这一历史巨变进行了一系列深刻的检讨，由此形成了"敬德保民"的政治与文化理念。孔子继承了西周的礼乐文明，自然也就有了为政以德的管理思想。

所谓"为政以德"，也就是要求领导者在管理下属及臣民时将"德"放在核心的位置，相关决策和行为要符合人禀受于天的义理。如此一来，下属和百姓自然就会在情感上认可领导者的相关决策和行为。时间长了，领导者自然就会在下属和百姓中形成一种崇高的威信。此时，不需要费太多的力气，下属和百姓自然就会因为受到感化而各司其职、各尽所能。在《论语》的相关章节中，孔子已经从道德层面出发对如何"为政以德"展开了详细的论述。例如"道千乘之国，敬事而信，节用而爱人，使民以时"。此处实际上是在前面已有论述基础上的进一步深化，阐述了道德之所以重要的内在逻辑：能够对他人形成一种感召力。

相对而言，孔子时代及其更早时代的统治者们，更习惯的是为政以刑罚，即依靠暴力强迫民众就范。"政"，商代甲骨文从"攴"从"正"。"攴"表示人手持器械，说明其本义与武力有关；"正"从"止"从"丁"，本义是征讨城邑，也与征伐、使用武力有关。合在一起，说明"政"含有暴力强迫之意。而孔子的"为政以德"赋予了为政一种新的解释，开创了中华民族道德文治的传统。中国在世界上最早开创了科举制、文官政府、福利社会等，实际上与孔子开创的德政传统有着极为密切的关系。

相比较于中国传统管理思想，西方管理学意识到道德的力量是一个比较晚的事情了。西方管理学诞生于19世纪末、20世纪初的美国，而此时距离美国废除黑人奴隶制仅仅过了不到半个世纪的时间。奴隶制的残余及种族主义思潮在当时仍旧以各种形式广泛存在着。这样一种社会背景下发展起来的西方管理学，自然很难形成一种人本主义的管理思想，只会将人和其他的资源一样当作达成组织目标的工具，不会对道德加以足够的强调和重视。因此，西方管理学一开始就形成了一种去道德、片面重视工具理性的特点，形成了以计划、组织、协调、控制为主要内容的框架结构。

西方管理学在理论层面上认识到道德的管理学价值已经是20世纪70年代以后的事情了。这一时期的世界经济很不景气，美国企业一方面要应对因为石油危机而引发的严重滞涨问题，同时也面临着来自日本、德国等竞争对手的强大压力。在这种情况下，凝聚人心、同心同德就成为美国企业的必然选择。同时，以丰田模式为代表的日本管理模式也给了当时的美国企业以很大的启发。在这些因素的综合作用下，美国企业和管理学界开始重视、强调企业管理中道德、伦理因素的重要性。此时领导学中出现的一系列领导理论，包括变革式领导理论、魅力式领导理论等，实际都在强调领导者价值观和道德的重要性，而围绕这样一些理论所展开的各种研究无论在形式上还是在数量上都是非常多的。然而其所要表达的思想主旨实际却是大同小异的，基本上都可以用"为政以德，譬如北辰，居其所而众星共之"这样一句话来概括。也就是说，西方对道德之于管理学、领导学的各种研究和认识本质上来说并没有超越孔子时代不足二十字的表述。

西方管理学即便认识到了道德的重要性，但还是没有像儒家那样将其上升到整个管理学中的核心地位，依然强调管理的本质是分工与组织。因此整个西方现代管理学还是以法约尔的一般管理理论作为框架，强调计划、组织、控制、协调等职能的重要性，由此造成了中西方管理学在范式层面上的一个重大区别。那么如何看待这种差别呢？个人认为西方管理学对于管理的理解实际上是比较粗浅的。所谓管理，本质目的在于将人组织起来开展有统一目标的行动。计划、组织、控制、协调固然有助于将人组织起来，但是这种组织还是非常初步的，最多只能做到在形式上将不同的人、部门等组织起来，而真正的组织化依赖于人心的凝聚，只有人心被紧紧地凝聚在一起，组织才会成为打不烂、拖不垮的钢铁雄师。然而要想做到这一点，只依靠所谓的计划、组织、控制、协调是不行的，必须依赖于各级管理者的道德境界与情怀。只有道德与情怀才会从根本上保证相关决策有道理、合情理，才能够让人心服口服，对组织产生一种真正的信赖与归属感。从这样一个意义上来说，管理学应该强调和关注的核心问题是道德与情感，应该围绕着道德境界的提升而展开，而非像西方管理学那样围绕着计划、组织、协调、控制而展开。

另外，就现实的管理来说，不同管理者或者组织在计划、组织、控制、协调等方面虽有不同，但彼此间的差距实际上不大，因为计划、组织等所体现的主要是人的工具理性，而人与人、组织与组织之间在这方面虽然存在差别，但这种差别是比较有限的，而且也是可以通过学习、模仿他人来弥补的。人与人、组织与组织之间真正的不同主要体现在道德境界上。很多人外表看起来差不多，但实际上在人生境界、道德水平方面差别巨大。而且这种差别往往还很不容易弥补，不像一些理论知识那样可以在比较短的时间内通过学习得以快速弥补。这就在根本上造就了不同组织在凝聚力和执行力上的差别。从这个意义上说，西方管理学虽号称现代和科学，但实际上没有切中组织管理的关键问题。而儒家管理学虽然古老，但却切中管理的核心问题——人心与道德。因此，儒家对于管理的理解实际上很值得本土管理学界思考和借鉴。

围绕着本章还有一个重要的问题值得讨论。鸦片战争以来，中国社会在对自我文化和制度不断反思的同时，有些人逐渐形成了一种对于西方的狂热崇拜。这种崇拜最终演变为一种管理制度决定论，认为世间存在完美、普适的管理制度，学术研究的任务就是研究并找到这样一种制度；而如果一种学问不是围绕这样一个问题展开的，那么它的可信度以及学术价值就是非常有限的了。按照这一标准，孔子和儒家文化就是非常值得怀疑的，因为其全部学问都是围绕着道德修养展开的，没有对何为最优、普适之制度进行过探讨。

虽然儒家并不否认制度的重要性，但也确实没有将其作为讨论的重点。之所以如此，自有其内在的逻辑。春秋时期，礼坏乐崩，民不聊生。为恢复社会必要之秩序，孔子主张恢复周礼，并为此付出了毕生的心血。然而孔子也知道，周礼作为一种社会制度和行为规范，虽然在根本的价值内核上是可以普遍化的，但是具体到某一项制度和规范，则很难说是普适的，需要随着时代的进步不断变化和调整。儒家明白，所谓制度和规范都是一定生产力水平、一定社会关系和情景下的产物，合适的制度只能由当时的人根据具体的情况和条件，发挥自己的主观能动性和创造力设计出来，而不可能由一个智者在几百年、几千年之前依靠自己的智慧一劳永逸地解决问题。所谓"殷因于夏礼，所损益，可知也；周因于殷礼，所损益，可知也"即是此意。所以儒家强调礼的重要性，实际上更多体现为对礼之内核精神的尊重。孔子明白，后世社会无论采取什么样的制度，人与人之间都需要讲道德良心，都需要相互尊重。否则，无论制度设计如何完美、如何先进，都不可能长久，这是由人的天性所决定的，是人类群体生活必然遵循的"天道"。因此儒家自然就将关注的重点放在了人的道德及心性修养上，而不是像西方管理学、西方经济学那样将重点放在制度设计上。这看似落后，实则体现了儒家对于人性和人类群体生活的深刻理解，也奠定了此后中国社会百世不离儒家的文化基础。不但两千多年的传统社会离不开儒家文化，即使两千五百多年后的今天，经历了西方文化的百年冲击后，我们发现人类的生活其实仍然不能偏离孔子当初开辟的德性之路。而那些曾被认为可以普适的东西却随着历史的展开被证明并不普适。两相比较，我们也就看到了儒家管理学的深刻与力量。

1.4 "《诗》三百"章解（2.2）

■ 原文及翻译

子曰："《诗》三百，一言以蔽之，曰：'思无邪'。"

孔子说："《诗经》三百篇，用一句话来概括它，就是思想纯正、情感真挚。"

■ 管理学解释

按照古代经、史、子、集的分类方式，《诗经》位列经部，是儒家最重要的经典之一。但是在今天，它更多地被归入文学的范畴，仅供一些文学爱好者或者研究者学习、研究，很少有人将其与管理学或者社会管理联系在一起。然而《诗经》在孔子时代乃至整个传统社会，是用来培养君子或者领导者的重要教材。学习并熟练运用《诗经》甚至可以说是古代士大夫的人生必修课。那么古人为什么要这样做呢？难道是因为他们愚昧、不懂管理的缘故吗？

实际上将《诗经》列为培养管理者的"必读教材"体现了儒家对于管理的独特理解。儒家最重视领导者的道德修养，而如何才能提升领导者的道德修养呢？儒家认为学习以《诗经》为代表的经典是一个很重要的途径。孔子认为"《诗》三百，一言以蔽之，曰：'思无邪'"，所以"《诗》可以兴，可以观，可以群，可以怨。"（《论语·阳货》）王夫之也认为《诗经》之特点为"感悟道情，吟咏情性"。这些都是强调"诗"所表达的纯正情感能够引起人们内心道德情感的共鸣，可以潜移默化地影响或者唤醒人们明辨是非的道德判断能力。关于这一点，当代学术界也有洞见。王树人先生强调，"从诗魂之象来看，在真正的诗人那里，特别是在大诗人那里，其代表作都是对其融会人生之情，甚至融会宇宙之情，作整体性的显示或把握"。胡伟希也指出，中国以《诗经》为代表的抒情诗通过意境的实现，教人了解天地之美和宇宙之和谐，教人在物我交融、主客一体中领悟宇宙之奥秘——庄严神圣的道。总之，"诗"实际上与领导者的道德修养和判断能力可以产生共鸣。

儒家这种重"诗"的传统是西方现代学术范式所难以理解的。马克斯·韦伯在其所著的《儒教与道教》一书中曾经就这一点对儒家大加批评与讥讽。在其看来，中国传统社会的士大夫们不是去学习治国理政所需要的各种法律、行政知识，而是花费大量的时间吟风弄月，玩弄诗、词、歌、赋，实在是一件令人费解的事情。而由于韦伯在现代学术史上的重要地位，他的这一观点也经常被很多人借用以批评中国传统文化。

实际上，韦伯虽然写过一些关于中国传统社会和文化的著作，但对于中国历史和文化算不上真的熟悉和理解。按照古代的行政制度，每一个士大夫都是需要学习行政和司法知识的，只不过这种学习更多地体现为中了进士后的各种实习和进修。从这个角度讲，韦伯的批评是不符合历史事实的。当然，传统士大夫也确实是将大量时间投入诗词歌赋的学习中去。而其之所以如此，并非纯粹出于消遣和娱乐目的，还是因为诗词歌赋可以与人的心性修炼和道德修养密切地联系在一起。作为一个行政官员或者领导，能力不仅仅是体现为事情来了能找到适用的法律条文和解决办法，还要对事情本身有客观、准确的价值判断，如此方能有效应对纷繁复杂环境下各种"应该做什么"的问题，才会为制度立法工作奠定一个坚实的价值基础，而这些都离不开士大夫或者领导者的道德修养能力。如此一来，文学或者诗、词、歌、赋等在韦伯看来"无用"的东西当然也就不是无关紧要的了。中国历史上很多杰出的领导者和政治家也往往都是诗歌、古典文学的爱好者，有的甚至自身就是伟大的诗人。这方面最典型的就是毛泽东。毛泽东终生热爱古典文学。他本人在传统诗词方面也具有极深的造诣。而文学和诗词反过来也在很大程度上塑造了他宽阔博大的心胸，影响了他对一系列重大问题的思考和决策。对于这一点，只要对中国近代革命史和毛泽东思想有基本的了解，一般都会加以认同。因此，我们只能说囿于中西方文化的差异，韦伯对中国传统文化和管理思想的理解还不够深入。

实际上，近年来西方社会对于管理的理解开始出现一种暗合传统儒家精神的思潮。这一点在詹姆斯·马奇身上体现得比较明显。马奇是斯坦福大学教授，被公认为是过去50年来西方世界最杰出的管理学者之一，在很多领域都取得了不凡的成就。特别是他将西方经典的文学名著融入到领导力的教学与研究之中，由此在西方管理学界开创了一种对于管理和领导的新式理解。正是因为马奇，《堂吉诃德》《战争与和平》等经典名著被破天荒地引入到商学院课堂，成为讲述领导力的重要教材，堂吉诃德这样一个文学形象甚至被马奇认为是有效领导的完美体现。在这之外，马奇本人还是一个诗人，他一生出版了十一部诗集，还制作了两部与领导力相关的电影，由此形成了一个文学化的马奇形象。这样一个马奇放在西方管理学术范式中是非常离经叛道且难以让人理解的，因为西方管理学的定位是一门科学，重视的是各种概念和理论。但是若从儒家的角度看过去，则没有什么难以理解的，因为儒家历来有依托《诗经》为代表的文学经典培养领导力的传统。马奇赞赏堂吉诃德这样一个文学形象所内含的领导学价值，主要因为后者跳出了小我的限制，更多从一个骑士应该肩负的角色伦理出发考虑问题。马奇认为这看似荒唐可笑，但是对于领导者来说却是极为重要的，因为它代表了领导者最需要的道德判断力。这种观点与儒家对于《诗经》的看法本质上是一致的。文学化的马奇一方面体现了西方管理学界内部的一种创新和探索，另一方面也说明儒家对于管理的理解并不落后，反而可能是一种深刻的表现。这种深刻性，马克斯·韦伯理解不了，但像马奇这样的学者应该可以理解。从这个意义上说，马奇确实是一个很杰出的管理学者。

实际上，马奇解读名著的做法与西方"二战"后兴起的诠释学传统是非常契合的。诠释学是西方世界一门古老而又年轻的学问，其渊源可以追溯到久远的古希腊、古罗马时代。当时社会对神的信仰催生了对神的指示和福音进行解读的需要，由此诞生了最早意义上的诠释学。近代以来，随着启蒙运动以及自然科学的发展，诠释学也获得了巨大的发展，从根本上改变了逻辑实证主义的统治性地位，为全球范围内的人文社会科学探索新的发展路径奠定了坚实的哲学基础。

狄尔泰是诠释学发展史上的一个重要人物。19世纪中叶，自然科学已经获得了巨大的发展，这导致科学主义和实证主义的普遍流行，开启了西方社会人文学科研究的全面自然科学化。狄尔泰认为，精神科学（即我们今天意义上的人文社会学科）作为一门真正意义上的科学是不太可能的，因为其所要探索的对象，即人的精神世界是人类这个主体的精神创造。在精神世界里，我们并不需要像在自然世界里那样探究我们的概念与外在世界之所以相符合的认识论基础，因为精神世界的对象就是作为主体的人的精神客观化物。因此，狄尔泰认为不是自然科学意义上的观察和推理，而是理解和解释成就了精神科学的一般方法论。所谓理解就是经由外在感官所感知的符号而去认识内在思想的过程，就是"在你中重新发现我"。只有通过理解，方能把握精神客观化物所蕴含着的人类客观、普遍的精神，形成对人的本质的理解。而对人的本质形成有效理解，正是人文社会学科的本质与关键所在。

狄尔泰诠释学更多是从方法论意义上展开的。海德格尔则从诠释学的视角出发理解人的存在，从而将诠释学发展为一门"此在"诠释学。在此种诠释学中，理解不再仅仅是主体的行为方式，而且还是此在本身的存在方式,"是处于存在之中的此在的自我解释"。在海德格尔看来,理解就是与事物打交道,因此理解的最本真的方式就是在事物自身的运作中使得自身被揭示出来。也就是说,只有当我们处于一种与在者的使用的交往之中,在者身上的客观特征才会完整地表现出来。后期海德格尔哲学更是实现了一个大的转向,某种更高的东西,可以说是无上帝名称的"全在"被凸显出来。理解就是倾听这个最高存在的指示或者福音。同时海德格尔也意识到语言在诠释学中的根本性。在其看来,语言不仅是人类思考、展开自身存在的工具,本身还是统治我们的主人。由此语言在自身的工具性意义退却之同时,获得了一种实体性的存有论的真理性度向。语言由此而被海德格尔认为是存在者的家。

伽达默尔继承并发展了海德格尔的思想,进一步将诠释学发展为一门哲学诠释学。他认为语言不只是生活的表达,而且是真理的启示。诠释学的任务是要把过去的思想融入到自己的思想中,去发现、揭示或者敞开所谓的真理。伽达默尔强调人的前见在理解过程中的作用,在其看来,前见是历史实在本身和理解的条件,摒弃前见就意味着摒弃理解。

伽达默尔还推动诠释学由一门作为本体论的哲学诠释学转化到作为实践哲学的诠释学。它要探讨的就是那些决定人类认识和活动的关键问题,是那些决定人之所以为人、人对善的选择等至关重要的伟大问题。理论和实践,而不再仅仅是理论,成了这一新的诠释学的双重任务。其本质在于恢复亚里士多德意义上的"实践智慧",建立以实践智慧为核心的人文社会学科模式。伽达默尔认为近代的科学概念并不能代替实践理性与政治合理性,唯有实践智慧才是人类生活形式的引导力量。是亚里士多德意义上的实践哲学,而不是实证主义的方法论和科学概念,才为人文社会学科的发展提供了唯一准确的模式。

总体而言,作为一门哲学的诠释学从一开始就与人文社会学科之认识论以及发展路径密切联系在一起,是一种对以文本为代表的符号进行解释、理解其背后含义并最终实现对人文社会领域中相关真理之把握的哲学体系。它主要分为两个大的分支:专注于方法论的诠释学以及本体论意义上的诠释学,但无论哪一种诠释学,都非常注重文学名著、诗歌作为文本的重要价值。海德格尔认为在诗歌里保留、产生了真理,而真理被创造性地保存在以诗歌、艺术品为代表的作品里。利科则指出"通过向我们打开的不同之物,历史向我们开放了可能性,而小说,通过向我们打开不真实之物,引导我们进入到现实的那些本质东西之中"。

诠释学在西方社会的兴起,为我们更加准确、深入地理解儒家管理学提供了一个新的视角。儒家的注经传统虽异趣于主流西方管理学的实证主义传统,却与现代诠释学之内在精神并行不悖。也就是说,即使从当代西方学术的前沿出发,儒家管理学及其学术范式也不是"落后"的。"二战"后西方哲学的发展,特别是诠释学的高歌猛进,实际上从另外一个角度赋予了儒家管理学不可忽视的学术合法性。

1.5 "道之以政，齐之以刑"章解（2.3）

原文及翻译

子曰："道之以政，齐之以刑，民免而无耻。道之以德，齐之以礼，有耻且格。"

孔子说："用强力政令来治理百姓，用刑罚来约束百姓，百姓可免于罪过，但不会有羞耻感；用道德来领导、感化百姓，用礼教来约束百姓，百姓不但有羞耻之心，而且会主动要求自己做该做的。"

管理学解释

此节虽然不长，但是内涵非常丰富，一方面展现了儒家对于法治的看法，另一方面也点明了儒家管理国家和社会时一个更加根本的主张：德治。需要指出的是，过去很多人认为儒家否定了法治，实际上就此处而言并不能推导出这样一个结论。儒家没有否定法治的价值，只是认为法治是有不足的。因为法治虽能够使人不犯错误，却难以使人有内在的羞耻感，所以只能治标而不能治本。德治相比较于法治可能会见效慢一些、费力一些，但是它能够使人建立起一种内在的羞耻感。而儒家是非常看重这种羞耻感的，甚至将之升级到人兽之别的高度。孟子认为"人之所以异于禽兽者几希"，主要体现为人有仁、义、礼、智之四善端，而禽兽则没有。"恻隐之心，仁之端也；羞恶之心，义之端也；辞让之心，礼之端也；是非之心，智之端也"（《孟子·公孙丑上》）。可见，人若没了羞耻之心，也就丧失"义"了，也就很难算是人了。朱熹《四书章句集注》在解释孟子的"耻之于人大矣"的时候也强调指出："存之则进于圣贤，失之则入于禽兽"。可见在儒家看来，法治是不足以使人成其为真正的人的。只有德治，才能达到这样一个目的。而只有大多数人"成人"了，国家和社会才能够得到长久有效的治理，否则，所谓的有效治理只能是暂时的。因此，儒家虽不否定法治的作用，但更重视德治，主张德主刑辅治理国家。而韩非子为代表的法家强调法治在治国理政中的根本性作用，反对仁义道德，认为"儒以文乱法，侠以武犯禁"（《韩非子·五蠹》），最终将之与投机奸商等一起归入"五蠹"。

那么，儒、法两家为什么会有如此不同的管理思路呢？两相对比，谁的思路又更为合理呢？

实际上，儒、法之间的种种不同源于各自在法律、道德以及人性等问题上有着不一样的理解。在孔子看来，道德是规制人心的，能够使人形成内在的自我约束，而法律作为一种外在的约束力量则做不到这一点。因此在孔子看来，德治高于法治，意味着真正的治理。后来的孟子也对法治和德治之间的关系进行了讨论，强调"徒善不足以为政，徒法不能以自行"（《孟子·离娄上》），认为法治和德治各有短长，但德治依然是更加重要和基础的。而荀子虽然"隆礼重法"，但也明确指出"法者，治之端也；君子者，法之原也。故有君子，则法虽省，足以遍矣"（《荀子·君道》）。

而以韩非子为代表的法家却将法治放在一个更高的位置上。原因有二。

第一，法家认为仁政和德治只适用于人类社会的早期阶段，因为当时"人民少而财有余，故民不争。是以厚赏不行，重罚不用，而民自治"（《韩非子·五蠹》）。而发展到战国时代，已经是"人民众而货财寡，事力劳而供养薄，故民争，虽倍赏累罚而不免于乱"（《韩非子·五蠹》）。所以不能效法古人实行德治、仁政，只能采取法治。

第二，韩非子认为人性本质上是自私的，德治不足以使其向善，只有法律和刑罚才能保障社会应有的秩序。生于动荡战乱的战国时代，见过了太多的阴谋诡计与征伐侵略，韩非子从根上就认为人性是恶的。人性"好利恶害，自为自利""故父母之爱不足以教子""必待州部之严刑者，民固骄于爱、听于威矣"(《韩非子·五蠹》)。

而儒家虽然也发展于动荡的春秋战国时代，见惯了杀人盈城、杀人盈野的惨剧，却始终对人性怀有一份积极的信任。孔子认为人"性相近也，习相远也"(《论语·阳货》)，虽然没有明确说人性是什么，但是"习相远"已经说明孔子至少不是一个性恶论者。到了孟子，则明确地提出了人性本善的观点。当然这不代表人性是已然的善，而是说不论是谁，人性中都有一种不可遏制的向善的力量。这种倾向，孟子称之为善端。具体来说，"恻隐之心，仁之端也；羞恶之心，义之端也；辞让之心，礼之端也；是非之心，智之端也"(《孟子·公孙丑上》)。正是因为人有"四端"，孟子才对人之成圣、成贤有着足够的信心。在其看来，只要努力学习，对先天固有的善端"知皆扩而充之"，人人都有成为尧、舜的可能，因为每个人的本性都和尧、舜是一样的。也正是因为这样一种信心，儒家才坚决而又积极地主张德治。

那么儒、法两家的主张哪个更有道理呢？个人认为，儒家的主张可能更合理一些，而法家的一些观点看似有理，实则经不起严格的推敲。

第一，儒家深刻回答了道德与法治之间的关系。孟子的"徒善不足以为政，徒法不能以自行"，荀子的"君子者，法之原也"等表明，儒家认识到了即使是实行法治也必须以道德为基础。缺乏道德基础，所谓的法律必定沦为恶法，成为强者对弱者的合法欺凌，这是很深刻的，已经上升到法哲学的高度。而韩非子为代表的法家虽然一再强调法的重要性，但是并没有上升到这个高度，没有认识到法的基础乃是表现为道德的价值观。单就这一点，儒家就比法家高明不少了。

第二，韩非子的相关推理过程存在问题。韩非子认为三代为代表的早期之所以实行德治，与当时人口财富关系相对缓和有关，而战国时代的财富相对于人口来说已经比较紧张了，故而只能实行法治。这样一个论证乍看起来似乎很有道理，但实际上存在逻辑瑕疵。早期的人口虽少，但人口财富关系却不一定比韩非子所处的战国时期更为宽松。战国时期人口是增加了不少，但生产力本身也是高度发展的。现有的一些史料和考古证据说明，战国时代的冶金、纺织、农业、水利、交通等的整体发展水平是夏、商、周以及更早的历史时期不能相比的。人均占有的物质财富，如粮食、布帛等也得到了大幅度的提升，人们的生活水平比之于洪水滔天的尧、舜、禹时代是要好很多的。所以韩非子"人民众而货财寡，事力劳而供养薄，故民争，虽倍赏累罚而不免于乱"的推论是值得怀疑的。

第三，儒家对于人性的理解相对来说更加深刻与全面。法家认为人性恶，这似乎切合了很多人对现实人性的看法，从而赢得了不少的支持。但这种认识本质上来说是不够深刻的，因为它只是在后天心理、行为的层面上做了一个简单的概括，没有透过现象看本质，没有上升到先天之性的层面上。现实层面上坏人坏事确实不少，但即便如此，也不能说明人性在根本上就一定是恶的。现实中很多的人和事让我们感受到人性中光辉、温暖的一面，从这个角度看，法家将人性一棍子打死实际上是一种过激的观点。这种观点若是被接受了，意味着人世间一切的美好都会被解构掉，意味着亲子之爱、夫妻之情，本质上都是一个交易而已，而这显然是不符合现实的。相比之下，儒家对人性的看法就深刻得多。儒家对于人性向善的理解不像法家那样在后天现实层面上做一个简单的总结和概括，而是体现了一种基于天人之道的哲学思考。这种思考区分了人心与人性，主张"尽心"才会"知命"。它一方面解释了现实中的人追求善、追求公平、追求美好的天性，另一方面又通过"后天之习"这一概念的引入解释了为什么现实中有那么多的"恶"。因此相对于法家,儒家对于人性的认识是更全面、更深刻的。这也从根本上说明儒家德主刑辅的管理主张实际上是更加合理的。而法家重法的主张虽然必要,但本质上有其不可忽视的片面性,不能成为治国理政的根本所在。

特别是,法家一方面倡导法治,一方面又将人性置于绝对自私的位置上,如此一来就形成了一个奇怪的逻辑悖论:如果人性本质上是自私的,那么怎么保证经由人手制定的法治体系是好法而不是恶法呢?如果法是好法,人性又怎么可能在本质上是恶的呢?如果人性之恶只能导致恶法的建立,那么又怎么能保证社会通过法治而得到有效的治理呢?而这样一个根本性的悖论实际上是法家没有回答也难以回答的。

所以,相比较于法家单纯的法治观点,儒家德主刑辅的治理主张实际上是更加合理且根本的。而正是因为这样一种合理性,儒家这种主张才被后世广泛认可与运用。

中国共产党也弘扬了传统文化中的众多优秀因素,德主刑辅、明德慎罚就是其中的一个方面。熟悉中国共产党党史和中国人民解放军军史的人都知道,中国共产党非常重视思想政治工作,很早就明确了思想政治工作在全党、全军管理工作中的核心地位。正是因为重视思想政治工作,重视用先进、正确的思想武装士兵的头脑,战士们才跳出了旧军队当兵吃粮的旧思维,明白了为谁打仗、为什么要打仗这样一些重大问题,人民解放军才从根本上具有了一切旧军队所不具备的牺牲精神和战斗力,才成为一支真正属于人民、服务于人民的英雄军队。

中华人民共和国成立后,重视思想政治工作的成功经验被移植到社会主义建设中。广大企业、学校、医院、政府部门都将思想政治工作摆在首位,并围绕这一核心工作建立了相配套的一系列组织机构,如党委、团委、宣传部等,使得工人、教师、医务人员、公务员等普遍具备任劳任怨、为人民服务的高尚思想，涌现出了焦裕禄、雷锋、王进喜、孟泰等大批先进人物，使得中华人民共和国成立后在一穷二白且又面临国际封锁的极端不利情况下，仅用二十多年的时间就实现了工业、农业、国防、教育等的巨大飞跃，为日后改革开放和中华民族伟大复兴奠定了坚实的物质基础和精神基础。

割裂传统与现代的行为实际上是值得重新审视一番的。一个时期内，经济上的相对落后及对西方文化的崇拜使得社会中形成了单一崇尚制度建设的思潮。很多人深受此种思潮之影响，主张在治国、治企时主要依靠外在制度的约束，重视权力的相互制衡等，而对德治的根本性有所忽视。所以现在很多单位和企业主要依靠奖惩和制度来进行管理。

这样一种做法看似科学、看似和现代管理接轨，实则是非常有问题的。它没有意识到管理活动的复杂以及人性的本质，将人简单地理解为"经济人"，从而将复杂的管理工作简化为量化考核，以为只依靠物质刺激和制度约束就能有效地激励员工。实际上，人虽然离不开物质，但在本质上又不是完全物质的。人表面上是自私的，但本质上却是有价值追求和理想信念的万物之灵。这样一个本质决定了单纯的奖惩和制度约束并不能从根本上调动员工的积极性和主动性，最后必然是"上有政策，下有对策"。所以管理者还是应该回归儒家对于人性和管理的理解，深刻认识到管理需要道德教化，需要思想教育工作。

1.6 "孟懿子问孝"章解（2.5）

■ 原文、注释及翻译

孟懿子问孝，子曰："无违。"樊迟御，子告之曰："孟孙问孝于我，我对曰'无违'。"樊迟曰："何谓也？"子曰："生，事之以礼；死，葬之以礼，祭之以礼。"

1. 孟懿子：鲁国大夫，姓仲孙，名何忌。懿，是其谥号。孟懿子遵父亲孟僖子遗命向孔子学礼，是孔子早期的学生。孔子做鲁国的司寇、主持堕三家之都时，作为三家之一的孟懿子首当其冲地反对，实际上与孔子复兴周礼的政治主张尖锐对立。所以后世不将其列为孔门弟子。

2. 无违：不要违背礼节。

孟懿子问什么是孝。孔子说："不要违背礼节。"樊迟为孔子驾车，孔子说："孟孙问我什么是孝道，我对他说，不要违背礼节。"樊迟说："这是什么意思？"孔子说："父母活着的时候，依照礼节侍奉他们；死后，依照礼节安葬、祭祀他们。"

■ 管理学解释

无论古今，"孝"都是中国人日常生活绕不开的重要话题。古人重孝，今人也重孝。孝的本质是情感，所以古今论"孝"都重视真情实感的流露。但是与今人不太一样的是，古人认为孝的情感转化为外在的行为时不能不及，也不能过度，需要有一定的外在规范，即礼。以礼加以节制，使之无过无不及，以保证整个社会的和谐与有序。而今人则在这方面没有什么太多的讲求。按照周礼，父母生前的奉养以及去世后的丧葬祭祀都有比较严格的礼制规定。单就祭祀而言，父母的身份不同、子女的地位不同，相关的规制就会有所不同。例如《礼记·王制》有"天子七日而殡，七月而葬。诸侯五日而殡，五月而葬"的说法。《中庸》也指出，父为大夫，子为士，葬以大夫，祭以士；父为士，子为大夫，葬以士，祭以大夫。之所以如此规定，一方面是为了维护社会上下尊卑秩序，另一方面也是为了使得全社会每一个人对于父母的"孝"能够达到一个既充分表达情感而又比较理性、有节制的状态。因为现实中很多人孝顺父母时不能够从自己的财力和社会角色出发，或者过了，或者不及，从而带来各种各样的社会问题。

孔子生活的时代礼坏乐崩。礼坏乐崩的一个很重要的表现就是上至周天子，下至各国国君、卿大夫，普遍存在君不君、臣不臣的问题。在鲁国，国君名义上是最高领导人，但是国家的实际权力早就落入叔孙氏、孟孙氏、季孙氏为代表的"三桓"之手。他们架空国君，操纵国家权力，不把作为国家政治秩序象征的"礼"放在眼中，祭祀祖先时公然使用周天子才有资格使用的相关礼仪，"三家者以《雍》彻。子曰：'相维辟公，天子穆穆'，奚取于三家之堂"（《论语·八佾篇》）。这种公然的僭越当然受到了孔子的严厉批评。孔子认为"三桓"不守周礼、颠倒君臣上下名分是困扰鲁国政治的最大问题，而公然违背礼制的孝也并非真孝。现在孟懿子来问孝，孔子借机教育、启发之，引导其遵守礼制，从而有利于鲁国政治向着稳定、团结的方向发展。可惜孟懿子未能领会这一点，在违背礼乐秩序的道路上越走越远。后来孔子主持"堕三都"时，孟懿子首先站出来表示反对，最终使得孔子的努力付诸东流。

近代以来，新文化运动的兴起使得传统儒家文化被严重边缘化，而儒家所坚守的"礼"更是遭到了严厉的批判，甚至被冠以"吃人"之名。受此影响，不少人可能对于本章不以为然，甚至一提及"礼"就会有非常不好的印象。实际上周礼并非"吃人"一词可以简单概括的，其在很多方面体现了古代中国对于政治和管理的深刻理解。就以孟孙氏为例，他们伙同季孙、叔孙两家架空国君、把持朝政不说，甚至还不把当时的周天子放在眼里，公然地玩起了"三家者以《雍》彻"的游戏。可能有人认为这是一种以下抗上的民主，实际上回到史实就可以很容易地发现，这与现代意义上的民主没有任何关系，只是上层统治阶级内部的一种争权夺利而已。对整个国家和民众来说，这种行为除了带来极为严重的灾难，没有任何的好处。所以孔子在被问及一旦被卫君委以重任会优先做什么时毫不犹豫地回答道"必也正名乎"，即纠正当时的已经被破坏的君臣上下之名分。在其看来，这是一个国家政治稳定和发展的根本所在。孔子认为"天下有道，则礼乐征伐自天子出；天下无道，则礼乐征伐自诸侯出。自诸侯出，盖十世希不失矣；自大夫出，五世希不失矣；陪臣执国命，三世希不失矣。天下有道，则政不在大夫；天下有道，则庶人不议"（《论语·季氏》）。其后的中国历史一再证明了这个论断的正确性。

最后，此章也很好地体现了儒家管理学独特的教学理念。孟懿子如果在今天的环境下问什么是孝，现代的教科书或者老师会倾向于从学理上给出一个普遍而又非常学术化的概念，而孔子则没有这样回答。孔子的回答是非常情景化的，即孔子要从提问者所处的地位、所面临的问题出发给出一个具有启发性、促使其进一步思考的答案。就孟懿子来说，其本人身为违背礼制、操控鲁国国政的实权人物之一，因此孔子给出的答案是"无违"。而其他一些弟子来问同样的问题时，孔子的回答可能就会变了。例如，后面的子游问孝，孔子给出的答案是"今之孝者，是谓能养。至于犬马，皆能有养。不敬，何以别乎"（《论语·为政》）。从中可以看出儒家管理学与西方管理学在学术范式上的一个重要差别——有针对性的启发式教育。两者之所以有这种差别，原因在于儒家以提升领导者的境界和道德水平为目标；而西方管理学则注重科学化定位，以提升领导者的知识和理论水平为目标。将道德和境界作为目标决定了儒家必然要根据学生的问题、身份等进行针对性的回答，不如此则难以对其形成有效的启发或警醒，从而也就难以提升其境界和道德水平。以知识和理论水平为目标决定了西方管理学不讲求根据学生的具体情况做出针对性的启发教育，只会给出一个普遍的理论化概念。今天国内的管理学受西方范式影响很大，将科学化作为自己的定位，所以极力追求普遍化概念和理论模型，已经注意不到儒家学术范式内涵的深切用意了。

1.7 "至于犬马，皆能有养"章解（2.7）

■ **原文及翻译**

子游问孝，子曰："今之孝者，是谓能养。至于犬马，皆能有养。不敬，何以别乎？"

子游请教什么是孝，孔子说："现在所说的孝，能养活父母就行了。但即使狗和马，也都有人饲养啊。对父母如果不恭敬，那和养狗养马又有什么区别呢？"

■ **管理学解释**

古代是农业社会，不像今天老年人退休以后有养老保险、医疗保险等。古代社会里，老年人因为年老而丧失劳动能力后将不得不依靠子女物质上的供养，生了病以后也需要子女端汤喂药来伺候。作为子女，应该在父母年老后进行奉养，但是能够做到这些的实际上是少数人，这部分人也往往被视为孝子。作为孔门弟子的子游可能受这样一种认识影响，有些困惑，所以向孔子请教。但是孔子认为仅仅做到这些是不够的。父母养育子女含辛茹苦，不仅仅是一种物质的养育，更是一种充满神圣之爱的奉献。因此，子女对父母的"孝"就不能仅仅停留在外在的供养，更关键的是要有发自内心的敬。不敬，就谈不上是真孝，因为人即使对于家里狗、猫什么的也能够做到物质上较好的饲养，如果不是发自内心地尊敬父母，只是做到物质上的奉养，那和养猫养狗又有何区别呢？正如孟子所指出的"食而弗爱，豕交之也；爱而弗敬，兽畜之也"（《孟子·尽心上》）。

《小戴记·祭法》认为"孝子之有深爱者，必有和气；有和气者，必有愉色；有愉色者，必有婉容"。"敬"本质上体现为人内心中对于他者的一种重视和尊敬之情。对父母的敬意味着在内心深处将父母看得很重、很高。有了这样一种情感，子女才可能对父母不离不弃，始终如一地照顾年老而又卧病在床的父母。因为不这样做，子女自己内心就会不安。而若丧失了这种情感，所谓的"孝"必然就仅仅停留在外在的物质供养上，未必有好脸色，而且这种供养也往往是不长久的。一旦外部舆论监督没有了，基本的物质奉养恐怕也就没有了。所以内心有没有"敬"是一个很关键的问题。

关于孝与敬的关系，《礼记·祭义》篇中有一段更为详细的议论，曾子曰："君子之所谓孝也者，国人称愿然曰'幸哉有子如此！'所谓孝也已。众之本教曰孝，其行曰养。养可能也，敬为难；敬可能也，安为难；安可能也，卒为难。父母既没，慎行其身，不遗父母恶名，可谓能终矣。"这里同样提到了对于父母的敬是孝的一个重要组成部分，但是"敬"并不是子女为孝的最高标准，在其上还有"安"和"卒"这两个更高的要求。其中"安"意味着使得父母心安，不为子女过分操心；"卒"意味着终身孝敬父母。即使父母已经逝去，也要如此。此时的"孝"主要体现为自己终身敬德修业，不给已经逝去的父母带来恶名。

所以对于子女来说，为"孝"莫过于自己在德行修养上有所成就以使父母享有令名。《中庸》强调："武王、周公其达孝矣乎！夫孝者，善继人之志，善述人之事者也。春秋，修其祖庙，陈其宗器，设其裳衣，荐其时食"。所谓"达孝"，是一种最大的、最应该普遍化的孝。而"达孝"的内容则是"善继人之志，善述人之事"，子女要继承父母优良的品德和志向，成就自己美好的德行与功业。由此可见，成德不仅仅是个人的需要，也是对父母最大的"孝"。无德不仅仅意味着自己混同禽兽，也会给父母丢脸，是最大的不孝。

《论语》很多地方都是讲"孝"的，"孝"在《论语》中可谓占据了非常重要的地位。那么，儒家管理学为什么会如此重视"孝"呢？这主要是因为"孝"和管理者所需的道德培养有着极为密切的关系。

众所周知，儒家志在培养各种能够治国安邦的领导者，但是不同于后来西方管理学、领导学的是，儒家强调道德在管理、领导中的核心地位。因此，培养学生的道德情感与境界也就成了孔子及儒家的一个根本任务。那么培养学生的道德情感与境界应该从何入手呢？儒家认为"孝悌也者，其为仁之本欤！"孝乃是培养人之道德仁爱的起始点，所以培养对父母的孝心也就成了培养领导者最基本的入手处。

人的生命都是父母给的。从十月怀胎到呱呱坠地，再到咿呀学语、蹒跚学步，子女在父母的一路庇护与关爱下长大，父母对子女的付出是最无私的、不计回报的。相应的，子女对于父母的依恋、爱也应该是天下最自然、最真挚的感情。因此，培养人的道德情感与境界应该从唤醒子女对父母的孝心开始，经由不断扩展和生发，最终生成一种普遍化的道德情感。一个人若不能建立起对于生之、养之的父母的孝心，那么他对任何人和事都谈不上有真挚的情感，也就不可能成为真正的君子。因此，重视"孝"自然也就成为儒家管理哲学的一个重要特点。而以西方管理学、经济学等为代表的西方社会科学虽然也意在培养管理社会的领导者，但其更加重视的是领导者的理论知识水平，没有意识到道德情感对于管理和领导的核心重要性，没有将道德境界的培养当作一个核心的任务，因此自然也就不会强调人的孝心，其所重视的是各种概念、理论和模型，由此也就形成了儒家传统管理学与西方现代管理学、经济学之间的一个重要的范式差别。

当然，后现代管理学也没有意识到"孝"之于管理的重要性。因为不满于主流的西方管理学所带来的压迫和剥削，后现代管理学很重视道德情感在管理中的作用，在这一点上后现代管理学体现出一种与儒家的通感，但是它没有进一步思考或者研究的一个问题是，这种面向管理的道德情感怎样才能一步一步地建立起来。所以其对于道德的呼吁虽然意味着重大的进步，但同时也多少显示出一种苍白无力。儒家却不是这样，其不仅很早就意识到道德在整个管理中的核心地位，还对如何培养道德有着深入的思考和研究，从而在事实上形成了一个系统化的思想体系。将"孝"作为道德培养的起点就很好地体现了这一点。

就西方文化传统而言，虽然也强调要孝顺父母，但是其没有像儒家那样将"孝"放在一个特别核心的位置上。原因可能是中华民族很早就摆脱了宗教神权，能够以比较理性的眼光看待生命来源问题，由此自然也就形成了一种特别重视家庭亲情和孝道的文化。西方社会则长时间处于宗教神权笼罩之下，强调世人对神的信仰与忠诚，因此也就很难强调像中国那样一种"孝"文化。

启蒙运动以来，西方社会对上帝的信仰开始消退，但是继之而起的个人主义文化决定了孝道仍然难以成为西方文化的一个核心内容。个人主义的流行意味着个体更习惯于切断自我与他人的社会关系来思考问题。所以康德就主张，由于父母未得子女同意就生下他们，所以有责任无偿地将他们抚养到成人。到孩子具有了自由意志和完整人格的时候，亲子之间就没有天然的联系了，他们还要来往就是契约关系了。美国学者简·英格莉施在《成年子女欠他们的父母什么》一文里也区分了"造成欠债的恩惠"和"没有这种欠债的友谊"，认为子女并不从道德义务上欠父母什么，因为子女当初根本没有请求父母生下他们。这样一种对于生命来源和父母亲情的认识，决定了"孝"不可能在整个西方文明中占有什么突出的地位，也在某种程度上决定了不但主流的、忽视道德的现代西方管理学不重视"孝"，就是重视道德情感的后现代管理学也不会将"孝"放在一个重要的位置上。

1.8 "视其所以,观其所由"章解(2.10)

原文及翻译

子曰:"视其所以,观其所由,察其所安,人焉廋哉?人焉廋哉?"

孔子说:看一个人的所作所为,考察他如此作为的动机,了解他人生的理想与追求是什么。如此,他的内心怎能藏得住呢?

管理学解释

此章讨论如何识人。识人是用人的前提,不能有效识人,必然做不到有效用人。如何识别一个人呢?孔子提出了三步识人法。第一,观察其行为。行为不正,这样的人自然不能重用。第二,行为正了,还要观察做事的动机,因为人会掩饰自己,所以不能只看行为。第三,动机没啥问题了,还要看其内在的理想和追求为何。有些人可能在某些情况下产生好的动机,但不持久,或者比较勉强,原因就在于其理想、志趣不够牢固,所以不能安于行道。一个人有了崇高的理想与追求,他的行善动机才是自然、持久而不勉强的,这样的人才是真正应该重用的君子。以上三个识人的步骤实际上是逐次递进的,从表面有形的行为到无形的动机,最终深入到了理想与志向层面。如此一来,对他人的认识就会很深刻了。

这样一个识人到深层理想追求的过程也说明为什么用人必须重德。因为人的崇高理想与追求是非常不容易形成的,不像掌握一个概念、定理那样容易,需要人对宇宙以及人生之本质有整体意义上的把握和体悟,往往要经历漫长的人生历练甚至苦难,才有所得。而错误的理想追求一旦形成也是很不容易改变的,而且它又无时无刻不在发挥作用:作用于制定制度、作用于选人和用人、作用于对待消费者、作用于缴纳税收、作用于产品质量，等等。相对来说，人的技能和知识虽然也很重要，但归根结底又不是最重要的，因为这些是可以通过学习、实践以及他人的帮助在短时间内加以弥补的。所以重德，或者说德才兼备、以德为先就成了儒家始终不变的一个用人标准。《论语》中其他一些描述，如"举直错诸枉""为政以德"虽然表述不同于本章，但它们所要表达的思想却是一致的。这些表述合在一起体现了儒家管理学重视用人、重视领导者道德境界的范式特点。

相对于儒家管理学，西方管理学、政治学等对于识人、用人这一问题则没有给予什么特殊的关注。在其看来，人品好不好、价值观正不正，虽然重要但也不是特别重要。治理某个组织或者国家最重要的是扎紧篱笆，即通过制度建设来防止坏人作恶。所以，它们对于领导者道德的培养和提升并没有特别的重视，相反非常重视各种权力制衡方面的建设。所谓微观层面的公司治理体系、宏观层面的三权分立，实际上都是在讨论这样一个问题。重视制度建设与权力制衡当然有其必要性，这一点传统儒家也不否认，但更认识到，现实的管理和政治是非常复杂的，制度建设和权力制衡虽然意义重大，但实际上也非根本之办法，因为制度、法律总有许多模糊的、可以让人钻空子的地方，制度体系的建设、运行归根到底也要依靠人心和价值观。没有好的人心和正确的价值观，所谓的立法、司法都将无从谈起，最终都会沦为强者对弱者的暴政。对于管理来说，看似虚幻的道德、理想归根到底还是起根本性作用的。所以，儒家才强调"视其所以，观其所由，察其所安"。即使像荀子那样"隆礼重法"，也强调"君子者，法之原也""有治人，无治法"。两相比较可以发现，西方管理学、政治学等虽不乏深刻之一面，但还是有点简单化了。而传统儒家虽然形成于两千多年前，但其对于管理的认识实际上是非常深刻的。

另外，就现实的制度建设、权力制衡来说，美国政治体制有其独特的制度设计。两百多年来，美国一直坚持三权分立，一直在完善政府内部不同机构间的监督与制衡，以为这样就可以建设一个清廉高效的政府。然而事实却并非如此简单。长期以来，美国政府内部的贪污腐败、权钱勾结等问题也是非常严重的。贫富分化、枪支泛滥、种族矛盾、军工复合体、金融寡头、政商旋转门等长期以来困扰美国社会的重大问题也说明了三权分立的局限性。美国政府的三权分立、权力制衡导致政府长期以来一直没有一个稳定、强大的权力核心，反而方便了金融资本、军工复合体等对权力的渗透与控制，使得政府、参众两院等实际上变成了利益集团手中的政治工具。同样的问题在美国那些现代化的大型企业中也是具体而微存在的。这些大型企业为了解决所谓的"委托—代理"问题，设计了各种股权激励机制，然而现实结果是往往顾此失彼，管理层总能够利用相关规则中存在的一些漏洞，达到满足私欲的目的。最终，很多大型公司看似为股东所有，实际却是为管理层所掌控。2008年国际金融危机期间，美国很多大公司的高管不顾股东利益，在依靠政府援助才勉强渡过难关的情况下仍旧为自己发放高额奖金的事件就充分说明了这个问题。而其之所以如此，就是因为整个西方社会及其学术体系有术无道，一味讲求科学化，片面重视所谓机制的设计，而对于价值观、理想这样一些更根本、更重要的问题却没有给予足够的理解和重视，最终导致各种制度建设看似严谨、完善，实际上却往往缺乏最基本的道德支撑。

需要说明的是，虽然儒家管理学与西方现代管理学在范式上有着重大的差别，但与近几十年来西方世界兴起的后现代管理学却是有着众多的相通之处。有鉴于西方管理学对于理性的过分强调以及由此造成的资本至上等价值观，后现代管理学对管理中的道德、情感、直觉、信仰等非理性因素给予了特别的关注,这一方面说明了后现代管理学与现代管理学的差别,同时也从另外一个角度说明:儒家管理学和后现代管理学在范式层面上有着一系列根本性的相通之处;国内学术界不应随意给儒家管理学贴上前现代的标签,因为它虽然在时间的维度上是前现代的,但其表现出来的本质却是贯通古今的。

1.9 "攻乎异端，斯害也已！"章解（2.16）

▍原文及翻译

子曰："攻乎异端，斯害也已！"

做人做事为学，不能只考虑一端而不周全考虑，那样做是非常危险的。

▍管理学解释

此章有几种不同的解释。而这些解释之所以不同，主要是因为其对于何为"攻"，何为"异端"，何为"斯害也已"有着不一样的理解。

历代注者关于"攻"的理解有很大不同。

第一种理解，将"攻"理解为"治"，以魏晋时期的何晏为代表，认为"治也，善道有统，故殊途而同归，异端不同归者也"。第二种理解，将"攻"理解为"攻击"，今人杨伯峻、李泽厚均做此解。

历代注者对于"异端"的理解也有所不同。何晏《论语集解》将之解释为不同于大道学说的"小道"学说。朱熹等将"异端"解释为各种不同于儒家的异端学说，例如佛老杨朱之学。钱穆等将"异端"解释为"一端"，即"偏执一端"，不能持中，不能会通。李泽厚等则将"异端"解释为不同于自己的那些学说。

综合这样一些注释，历代以来关于此章的解释主要有以下几种。

（1）专门攻治那些小道学说，是很有害的。此种解说以何晏等为代表。

（2）攻治那些异端邪说，那么危害就大了。此种解说以朱熹为代表。

（3）攻击不同于你的异端学说，那反而是有危害的。此种解说以李泽厚为代表。

（4）攻击异端学说，祸害就消除了。此说以杨伯峻为代表。

此处我们综合相关解释，将本章解释为如下意思：思考问题时，专门攻治其中的一个方面或者一端，将是非常有害的。在《论语》的语境下，将"异端"理解为不同于儒家的百家之学是不够严谨的，因为孔子其时还没有出现诸子百家。所以朱熹等的"异端邪说"解释更多是应对北宋时佛教盛行的结果，严格说来是不可取的。而李泽厚等的解释也有很大的可能靠不住。因为孔子对于不同于己的观点，总体虽然还算宽容，但也不是毫无底线的宽容，有时也是很严厉的。例如"恶紫之夺朱也，恶郑声之乱雅乐也，恶利口之覆邦家者""乡愿，德之贼也"就体现了孔子对于乱德言论的严厉批评。

另外，在《论语》中，此章的前一章为，子曰："学而不思则罔，思而不学则殆"；后一章为，子曰："由，诲汝，知之乎！知之为知之，不知为不知，是知也"。可知此章前后都是在讨论与治学有关的内容。如此一来，本文应该也不例外。因此将"攻"解释为"治学"更加合理。李泽厚等将之解释为"攻击"，则说不太通。

儒家管理学认为，事物皆有两面性，所以处理问题时要"叩其两端而竭焉"，即需要从左右、前后、上下诸方面通盘考虑，求得一个最合理的做法。如此才算是"中"，才会有"和"。做不到这一点，就会或者过了，或者不及。突破两极对立，全面、整体地看待问题是儒家管理学的一个重要特点。例如孔子强调礼，但同时也不否定乐，往往是礼、乐并称；强调"文"，但同时也强调"质"，故有文质彬彬一说；强调"学而不思则罔"，但亦强调"思而不学则殆"，故有学不离思，思不离学之论。这就是所谓的"执其两端而用其中"。所以，将本章解释为"思考问题时,专门攻治其中的一个方面或者一端,将是非常有害的"是符合儒家管理学之内在逻辑的。

相较于孔子学说的完整与全面,现代学术体制下的不同学科虽各有特点,却都无一例外地表现出一种"异端"的风格。现代意义上的人文社会科学自我定位都是科学,这意味着研究者不以把握整体为目的,只是将局部从整体中割裂出来进行主、客二分式的分科研究,即各自都是从一个具体的角度出发而逐渐建立起一个理论大厦。这样的学问不能说其全无道理,但很可能因为只见树木不见森林而造成种种偏颇。例如,西方新自由主义经济学将人性理解为"经济人",简化现实经济活动的复杂性,从而过分强调了市场化、自由化的作用。市场化、自由化自有道理,但不考虑具体情况,不考虑其可能具有的重大缺点,就是以偏概全了,必然会导致显著的现实问题。做学问如果专攻这样的理论,视野就会被限制住,就会走向某种极端。而且相较于那些纯粹的胡说八道,这样做的危害可能更大。因为前者满纸荒唐言,一眼就可以看穿,所以也就没几个人相信;而后者往往体现出严密的逻辑和推理过程,因此迷惑性就会更强,一般人很容易陷于其中而难以自拔。孟子批驳杨墨,宋明理学批驳佛学,原因皆在于此。杨朱为我,墨子兼爱,若从某个角度出发皆有一定的合理性,但整体上来看则都是只考虑了事物的一个方面,未做通盘考虑,实际上都有着明显的偏颇,所以孟子认为他们若是扩展开来必将导致"无父无君"的天下大乱。

本章对于现代管理学也很有启示。因为现代管理学作为一门科学,本质上也是将局部从整体中割裂出来进行主、客二分式的研究,难以做到全面、完整地看待问题,由此造成了管理学中各种各样的"悖论"问题。例如稳定和变革、绩效和社会责任之间皆存在这样一种矛盾关系。现代管理学甚至因此而形成了"管理学丛林"这样一个困扰整个管理学科几十年的大问题。而儒家管理学却因为能够全面、完整看待问题而跳出了类似的陷阱。例如儒家重视"德治"但不否定法治，重视道德但不否定才能，由此就避免了西方管理学各种常见的二元对立现象，形成了德主刑辅、德才兼备但以德为主等理论。由此说明，本土管理学要想解决西化带来的相关悖论问题，走出"管理学丛林"，借鉴儒家管理学的相关思维方式，在范式上"儒家化"，不再"攻乎异端"，即跳出旧有的"科学"分科视角与分析思路，做到从整体来看待和分析问题，将是一个值得期待的出路。

1.10 "举直错诸枉"章解（2.19）

■ 原文及翻译

哀公问曰："何为则民服？"孔子对曰："举直错诸枉，则民服；举枉错诸直，则民不服。"

鲁哀公问道："我怎么做才能使百姓服从呢？"孔子答道："把正直的人提拔上来，使他们位居不正直的人之上，百姓就服从了；如果把不正直的人提拔上来，使他们位居正直的人之上，百姓就会不服从。"

■ 管理学解释

用人是领导者手中最重要的权力，也是领导者最重要的职能之一。国君作为一国之主不是自己直接来管理国家事务的，往往是通过他人，特别是一些基层官员作为代理人来管理事务。所以用什么样的人将直接关系到民众对于领导者的态度。人，本质上都有一颗义理之心，都认可、追求所谓的公正与公平。正直之人，心底无私，能够站在百姓的角度考虑问题。因此凡事都能够公正、公平地处理，而民众也因此对国君的治理表示服从与信任。反之，若用了那些不正直的人，民众一方面反感这些人的徇私枉法，另一方面也会对国君的执政能力产生怀疑，久而久之必然会有各种不满。所以，当鲁哀公问政时，孔子回答道"举直错诸枉，则民服；举枉错诸直，则民不服"。

孔子对于用人问题非常重视，《论语》中还有多处强调了用人的重要性。例如，以下几处。

1. 仲弓为季氏宰，问政。子曰："先有司，赦小过，举贤才。"曰："焉知贤才而举之？"子曰："举尔所知，尔所不知，人其舍诸？"（《论语·子路》）

2. 子言卫灵公之无道也，康子曰："夫如是，奚而不丧？"孔子曰："仲叔圉治宾客，祝鮀治宗庙，王孙贾治军旅，夫如是，奚其丧？"（《论语·宪问》）

在孔子看来，用人是一个国家或者组织最大的政治，是领导者最重要的才能。只要做到用人以德，一个国家的政治就算坏也坏不到哪里去。卫灵公很昏庸，但是其会用人，所用都是贤能之才，所以其在位时国内诸方面还算井井有条。正因为这个原因，孔子才不厌其烦地强调用人以德的重要性。

另外本章实际上有着很强的针对性，别有深意，并非泛泛而谈。

第一，强调统治者应该以德服人。春秋战国时期礼坏乐崩，标志之一就是统治者开始普遍迷信霸权和武力，以为可以依靠武力获得自己想要的一切。西周以来所流行的以德服人、以德治民的政治观念随着争霸时代的到来已经被人遗忘很久了。鲁哀公应该也属于这种情况。"何为则民服？"这样提问本身就说明鲁哀公是比较昏聩的，因为他只能站在自己的立场上考虑问题，天天所想的就是如何强迫老百姓服从于自己的意志，而不是想着如何尽到自己作为一个国君的责任。面对如此的昏君，孔子只能提醒其要以德治国、以德服人，不要指望通过武力和霸道就可以得到民众真正的服从。只有为政以德，把正直的人提拔到各个岗位上，民众安居乐业，才会有真正的服从。反之，重用小人，民不聊生，就是天天用鞭子驱赶，民众也不会有真正的服从。

第二，孔子提醒鲁哀公重视用人问题。哀公执政时期，鲁国国政已经落入"三桓"手中多年，上下无道已久。孔子志在恢复周礼，因此借哀公向自己问政之机会，劝其重用贤人，逐步改善鲁国内政。而孔子此番对答并非仅仅是泛泛而谈，而是针对哀公本人的一种提醒。西汉刘向《新序·杂事》中有如下一个故事。

田饶谓鲁哀公曰:"臣将去君而鸿鹄举矣。"哀公曰:"何谓也?"田饶曰:"君独不见夫鸡乎?头戴冠者,文也;足傅距者,武也;敌在前敢斗者,勇也;见食相呼,仁也;守夜不失时,信也。鸡虽有此五者,君犹曰瀹而食之。何则?以其所从来近也。夫鸿鹄一举千里,止君园池,食君鱼鳖,啄君菽粟;无此五者,君犹贵之,以其所从来远也。臣请鸿鹄举矣。"

哀公曰:"止!吾书子之言。"田饶曰:"臣闻食其食者不毁其器;荫其树者不折其枝。有士不用,何书其言为?"遂去之燕。

燕立以为相。三年,燕之政大平,国无盗贼。哀公闻之,慨然太息,为之避寝三月,抽损上服,曰:"不慎其前而悔其后,何可复得。"

另外,史书记载公元前479年,孔子去世,鲁哀公亲往拜祭,并亲诔孔子。诔文说:"旻天不吊,不慭遗一老,俾屏余一人以在位,茕茕余在疚,呜呼哀哉!尼父!无自律。"子贡却评价说,"生不能用,死而诔之,非礼也。称'余一人',非名也"。

以上两则故事说明,鲁哀公虽忧心国政、经常向孔子请教,但却有一个很致命的缺点:有贤而不能用。田饶的策论非常精彩,哀公也非常赞赏,知道其是一个贤人,但却止步于把他的话当作座右铭,而不是重用田饶。其对待孔子大致也是如此。因此本章的"举直错诸枉"应是切中哀公自身问题的一个回答,希望哀公痛定思痛,改正自身执政中的这一不足。这也符合孔子一贯的原则,回答别人问题时往往有着很强的指向性,一般会将问题的回答与问者存在的问题、不足结合起来,希望其能够有所警醒。惜乎哀公愚钝,不能理解孔子的一番苦心,而鲁国的国政也只能继续沉沦下去。

本章对于现代管理学来说也很有意义。现代管理学本质上对于道德是不怎么重视的。在其看来,管理的关键不在用人,不在于能否选出道德水平较高的人。人的道德、境界本质上是靠不住的,如果将组织发展建立在人的道德上是一件很危险的事情。能够靠得住的只能是外在、没有感情的法律和制度。因此现代西方管理学强调的是规则、制度,对于如何识人、选人、用人则少有强调和研究。有些地方即使强调用人,也更多地是从能力的角度出发的,即被任用者的能力一定要符合相关职位的要求。在其看来,能力够了,有业绩,别人就会信服;能力不够,没有业绩,别人就不会信服。可以看出,中西方管理学在用人方面还是有很大不同的。这种不同也显示了二者对于管理的不同理解,显示了在范式层面的一种差别。

近代以来,由于西方政治、经济、文化的强势,重视制度建设的管理思想在国内很是流行,传统文化重视用人的管理思想则没有受到足够的重视,甚至被冠以落后、封建之名。至于今天,国内的管理学、政治学等完全是在学习、模仿西方的管理学范式。实际上,西方对于管理、领导的理解还是有待深入的。

第一,用人以能很必要,但本质上来说人的能力又不是最重要的。因为,能力作为一种知识或者技能本质上是可以培养、可以弥补的。而道德虽也可以培养和弥补,但这种弥补和培养却是很不容易的。同时对于大多数管理职位而言,道德往往是更加根本的,它往往决定了领导者所处理的每一件事情是否正当与合理,进而影响了组织或者团队内部的凝聚力。也就是说,领导者的道德如何对于组织管理来说往往会有着全局性的影响,而能力则更多地聚焦于具体如何做事,所以更多的是一个局部的问题。从这一点上来说,儒家虽古老,但对于管理的理解实际上更深入一些。

东汉末年曹操提出了"唯才是举"的用人主张,这实际上和西方管理学的思路差不多,都是将才能而非德行作为用人的根本标准。今天很多人受其影响，认为用人以德、坚持德的优先性是不正确的，用人以才、将才放在首位才是正确的。实际上曹操"唯才是举"背后有着比较特殊的历史背景。东汉以降，政府坚持儒家的正统地位，重视用人以德，用人政策本身是没问题的，但是实际操作中却发生了各种各样的问题。很多人通过伪装成孝子、有德之士而得到提拔，扰乱了政治秩序不说，也使得当时的人对用人以德的政治理念产生了怀疑。特别是高门大姓的崛起，使得像袁绍这样的高门子弟凭借家族的势力和关系轻易地垄断了官场，而像曹操这样的寒门才俊却得不到任何施展的机会。此种情况下，曹操提出"唯才是举"的口号既是对已有用人政策的反抗，也是一种很聪明的表现，有利于吸引那些虽有才能却因为出身寒门而不得施展的良臣猛将为自己所用。但严格说来，这只是一种纠偏和权宜之计，不能长期使用，一旦长期实行下去，必将造成严重的政治后果。而后来的历史也印证了这一点。由于"唯才是举"，不太注重所用之人的德性如何，曹魏集团内部慢慢地聚集了大批有才无德之人。曹操活着的时候，尚能够镇得住这些人。曹操死后，几任新皇帝权威和能力都不足，这些人就开始不安分起来了。最终仅仅用了几十年的时间，司马氏就弑君夺取了曹魏几代人好不容易才建立起来的政权。可见，"唯才是举"作为一种用人策略本质上是有大问题的。而"用人以德"虽然也会出问题，但这种问题更多是由实际操作不到位引发的，其作为一个用人理念本身则是没有什么问题的（当然，儒家的用人以德也不是不考虑"才"，而是德才并举，以德为先）。

第二，制度建设、扎紧篱笆虽然很重要，但不是管理或者领导的核心所在。人的主观能动性决定了管理最重要的工作就是识人、用人，因为制度是死的，而人是活的。制度无论如何严密，人总能想办法绕开制度的约束。而且制度本身都是有一定生命周期的，不可能一劳永逸地发挥作用。从根本上来说，制度的建设、执行、监督等都是建立在人的道德基础之上的。因为制度的基础是价值观念。一旦所用非人，相关制度的建设、执行、监督等都将成为一个大问题。从这个意义上说，西方对于管理或者政治的理解不够深入。相反，儒家则很早就认识到了这个问题。就孔子而言，生活在礼坏乐崩的时代，孔子深刻理解到，作为社会规范或者制度的"礼"虽然很重要，但本质上来说需要建立在内在之"仁"的基础上。内在的"仁"如果没有了，外在的"礼"也是守不住的。所谓的"人而不仁，如礼何？人而不仁，如乐何？"说的就是这样一个问题。后来的儒家对此还有很多论述，这里就不一一列举了。

当然，儒家重德、重视用人，并不意味着其否定一切制度和法治。儒家也是重视制度和法治的，只是认为相比较于用人和道德，制度和法治处于一个相对次要的位置而已。

1.11 "使民敬、忠以劝"章解（2.20）

■ 原文及翻译

季康子问："使民敬、忠以劝，如之何？"子曰："临之以庄，则敬；孝慈，则忠；举善而教不能，则劝。"

季康子问："要使百姓恭敬、忠诚并努力上进，该怎么做？"孔子说："用庄重的态度对待他们，他们就会恭敬；像父母那样慈爱他们，他们就会忠诚；任用贤能之士，教育能力低下的人，他们就会努力上进。"

■ 管理学解释

季康子是当时鲁国的权臣。孔子在外周游列国 14 年，最后还是由季康子迎回鲁国。孔子回到鲁国以后，季康子经常向孔子请教国政。这里季康子再次向孔子请教：如何做到"使民敬、忠以劝"。孔子的回答是"临之以庄，则敬；孝慈，则忠；举善而教不能，则劝"。孔子的这个回答，还是要求季康子从自我做起，不能老单方面地想让百姓对自己敬、对自己忠。要想让百姓对自己敬，自己首先要庄重地对待百姓的事务；要想让百姓对自己忠，这必须对他们像对待自己的父母子女那样孝顺、慈爱；要想让百姓努力上进，这必须对他们进行举善而教不能。如此才能达到治民的目的。

孔子此处实际上也暗含着对季康子的一种批评。季康子曾任用孔子的学生冉求帮助自己敛财。孔子知道以后严厉地批评了冉求，"非吾徒也。小子鸣鼓而攻之可也"。季康子苦于盗贼太多，求教于孔子。孔子回答道"苟子之不欲，虽赏之不窃"。可知季康子在执政方面有自己的问题：虽然有积极求治的一面，但过于自我中心主义，不知道反省自己的失误和不足。孔子本章这样一个回答,实际上是旁敲侧击地批评季康子,引导其反省自己的问题。

需要指出的是,孔子的回答虽然简短,却体现了儒家管理学视野下一般领导者需要承担的三个角色:君,亲,师。

"临之以庄"体现的是"君"的角色,要谨慎、庄重地利用自己的权力,谨慎、合理地做好各项工作,万不可有权就任性,有权就轻佻。"孝慈"强调的是"亲",要像父母疼爱子女那样关心百姓;"举善而教不能"则是突出了"师"的角色,要像老师那样教育、引导百姓明白各种做人的道理。这三个管理者的角色不见于西方管理学,但体现了儒家管理学关于管理和领导的全部理解,体现了儒家对于天地宇宙之本质的理解。儒家认为,天地在自己的自然属性之外还具有一种义理属性,体现为天地生生不息,无私地化育万物的生长。这样一种对于天地宇宙的理解作为一种形上根据,为儒家的一切道德学说建立了哲学意义上的基础。而儒家的"君""亲""师"之角色实际上也是顺应天命、天人合一的必然表现。也就是说,"君""亲""师"三种角色实际上也意味着管理者的一种天地角色,即要"赞天地之化育""与天地参"。

另外,"君""亲""师"三个角色之间虽然有差异,但也体现出一定的互补性和统一性。"君"的角色要求管理者履行好自己的职权,但是人与人之间不可消除的关系属性决定了仅仅做到这一点是不够的,因为权力本身的双刃剑属性必然会对下属带来各种各样的伤害和不便。这些伤害如果得不到及时的处理,就会导致管理者与下属之间关系的疏远。因此,管理者在履行好"君"之角色的同时还要承担起"亲"和"师"的角色。例如履行"师"的角色意味着要对下属进行相应的教育和启发,而这种启发有助于他们犯错时理性面对各种来自上级的惩罚、批评,从而消除其与管理者之间可能的隔阂。如此一来,

"君""亲""师"三个不同的角色之间也就形成了互补和统一。

从中西对比的角度看，此章看似简单，实则体现了中国古代管理思想与现代西方管理思想的重大不同。法约尔对于管理者角色的理解代表了西方管理学对于管理的一般理解，体现为管理者要担当组织活动的计划者、组织者、控制者等。明茨伯格批评了法约尔的理论，将管理者角色拓展为包括挂名首脑、领导者、联络者在内的三个方面、十种角色。近年来还有一种声音将管理者理解为"教练"。无论何种理解，它们与传统管理思想对管理者角色的理解是大为不同的。这体现为：传统管理文化和思想是在价值理性的层面上理解管理者之角色的，因为为百姓之君、为百姓之亲、为百姓之师的目的在于"成己、成物"，在于"修己安人"，不在于君主自我利益的最大化，考虑的是"应该做什么"，而不仅仅是"具体怎么做"的问题。当然儒家管理者角色理论也不排斥工具理性。例如"君"之角色要求为政者通过运用手中的权力和资源将相关人、机构等有效地组织起来。这其实是一个组织合理分工、权力有效分配的过程，实际上包含了法约尔等强调的计划、组织、控制等职能，因此必然涉及工具的运用。而明茨伯格和法约尔等的理论虽有差异，却都是在工具理性的层面上理解管理的，所关注的也都是怎样做才能更好地提升组织的效率而非"应该做什么"这类问题。

中西方对管理者角色的不同理解也从根本上造就了中西方管理学间一系列重大的不同。例如，传统儒家特别重视管理者的道德修养，而西方管理学则特别重视提升管理者的理论知识水平。之所以如此，乃是因为前者认为管理者应该承担"天""地""君""亲""师"的角色，体现为对价值领域各种当然之则的遵守，因此必然将道德修养放在一个核心的位置上。而西方管理学则认为管理者的责任在于计划、组织、控制等方面，在于如何把事情有效率地做好，因此必然追求对管理中各种所谓规律和理论的把握。正是因为这种不同，西方管理学百年来一直努力将自己发展为一门以概念和理论为主要内容的管理科学。而为了使得管理者切实担负起"天""地""君""亲""师"的角色，真正理解、把握各种价值领域的当然之则，传统儒家管理学则朝着"究天人之际"的哲学方向发展，最终发展为一门心性之学。

　　以上讨论了儒家在管理者角色这一问题上不同于西方管理学的一些特点。这样一种特点的形成与春秋战国时期儒家面临的历史问题、文化背景等有着密切的联系。就文化背景而言，儒家文化及管理思想源自西周礼乐文明。《尚书·泰誓》有"天佑下民，作之君，作之师"之论述。这样一个文化渊源从根本上决定了儒家视野里为政者"天""地""君""亲""师"之管理角色的必然性。在儒家发展和成熟的春秋战国时代，是一个礼坏乐崩、整个社会追求工具理性的时代。对权力的追求，上下之间的算计、倾轧已经成为当时政治和社会治理的主要内容。特别是孟子生活的战国时代，战争成了最鲜明的时代主题。在这样一个时代里，中国人的工具理性被彻底地激发出来。因为战争以及由此带来的生存需求，中国人学会了如何更有效率地管理军队和进行战争，也懂得了如何通过不断地组织变革来实现政府效率和组织能力的提升。今天的考古成果也显示，先秦时代的兵工厂在生产安排和组织上已经非常严密与科学，现代企业广泛采用的标准化生产体系和责任追溯制度实际上已经被应用于秦国兵器的生产制造过程。而韦伯所强调的、代表现代社会组织管理理性化的科层制则早在先秦两汉时代就已经成为中国政府的基本组织形式（所谓郡县制本质上就是一种科层制）。这些都说明当时中国社会中工具理性的发达。而与之形成鲜明对比的则是价值理性和道德的日益沦丧。孟子所谓的"春秋无义战"说明了这个时代的特征。这样一种社会背景必然意味着志在救世、深受西周礼乐文明影响的儒家管理思想不会特别重视为政者的工具理性。在其看来，国家和社会的治理之所以出现大问题，不是因为工具理性不够，而是因为工具理性失去了价值理性的制约而过多、过盛的问题。因此，提升各级领导者的道德境界和价值理性并以此促进整个社会的和谐与发展就成为儒家努力的方向。如此一来，"天""地""君""亲""师"自然也就成为儒家视野里管理者应该承担的角色。

而西方管理学则形成、发展于一个完全不同的历史和文化背景中。19世纪末、20世纪初的西方国家虽然已经纷纷开始了工业化，但整体上还是缺乏管理现代企业、现代组织的有效方法和手段。例如在泰勒最先开展研究的伯利恒钢铁公司，工人的劳动主要还是凭借个人经验，并没有形成一套经过优化的、可以普遍推广的工作方法。甚至工厂内部的计划和生产部门之间也没有明确的分工。从这一点上看，其管理的科学和组织水平很可能落后于两千年前秦国的兵工厂。这决定了对于当时西方企业为代表的各级组织来说，管理的重点任务之一就是寻找最优的工作方法，提升组织的效率。同时，资本主义社会对利润的无限制追求也导致当时的企业对效率的提升以及最优工作方法始终抱有巨大的热情。事实上，以效率为中心的科学管理研究在当时也确实受到了资本阶层的欢迎和大力支持。另外，近代以来自然科学领域取得的伟大成就极大地冲击了西方社会的思想世界，使其在当时形成了一种崇尚科学、崇尚工具理性的社会文化。而价值理性和哲学化的思考的意义在这样一个时代则没有受到基本的重视。实证主义哲学在这一时期的出现和流行就是这样一种社会文化和思想意识形态占据统治地位的体现。还有，西方管理学主要诞生于19世纪末、20世纪初的美国，而此时距离美国南北战争以及正式废除黑人奴隶制还不到半个世纪的时间，奴隶制以及种族主义的残余在当时仍旧以各种各样的形式广泛存在着。上述社会问题和文化背景的存在说明西方社会缺乏价值理性对工具理性的制约，也决定了形成于其间的西方管理学不容易形成一种人本主义的目标，只会将人和其他资源一样当作达成目标的工具。如此一来西方管理学自然也就出现了以法约尔管理理论为代表的、一系列充满工具理性色彩的管理理论。

1.12 "子奚不为政"章解（2.21）

原文及翻译

或谓孔子曰："子奚不为政？"子曰："《书》云，'孝乎惟孝，友于兄弟，施于有政。'是亦为政，奚其为为政？"

有人问孔子说："您为什么不参与政治呢？"孔子说："《尚书》中说，'孝顺父母，友爱兄弟，'把这种用心用于施政。在家孝悌，那也算是参与政治了，为什么一定要当官才算是参与政治呢？"

管理学解释

此章解释了孔子为什么不出仕从政的原因，历来解释也基本上是止步于此。但是这一章实际上也可以读出另外一些含义。

第一，人是无所逃于政治生活的，即使不当官从政，也是如此。因为任何人都要有家庭、都要处理一个家庭内外老老少少、上上下下之间的问题与人际关系，这虽不完全等同于从政，但实际上也属于广义的政治和管理范畴。因为政治本质上不外乎是处理一些公众事务，处理各种各样的利害关系。因此，一个人终究是不能逃离政治的。正如亚里士多德所指出的，"人的本性是政治的动物"。如果人能够认识到这一点，虽不能进入政府参与政治和管理工作，亦可通过参与家庭以及其他社会组织的事务而参与政治。而若能认识到这一点，人也就没必要刻意参与政治。因为只要还生活在人群之中，只要还生活在家庭之中，人就不可能彻底地脱离政治。而只要好好地孝敬父母、友爱兄弟，促进家庭的和谐稳定，那么也算是参与政治了。从这个意义上说，孔子的论述对于我们深入理解何谓政治还是很有价值的，因为我们经常把政治理解得比较狭义化，以为只有当官出仕才算是参与了政治。

第二，家政和出仕做官虽然在形式上有所不同，但本质上却遵循着共同的"道"。在外参与政治，当领导要为政以德，在家处理家政同样要以德为本。主持家务需要孝老慈幼，需要秉持公心来处理各种事务。处理国政虽然不完全等同于处理家政，但亦无外乎是将这种仁心、公心扩展出去，做到"老吾老以及人之老，幼吾幼以及人之幼"。所以儒家认为家、国一体，即治家与治国虽有差别，本质上却又是一致的，因为它们都是由人组成的，所以一定会有共同的哲学基础。这一哲学基础甚至还可以跨越政治，应用于医学方面。在古人看来，治国与治病虽然表面看起来差别巨大，但本质上又有着共同的哲学基础，即传统的阴阳五行哲学。因为世间万事万物种类虽繁多，但实际上都是阴阳二气相互作用的结果。所以治国和治病一样，都要遵循五行相生相克的道理，都要追求阴阳和合的目标。因此中国古代也就有了一种现代西方文化看起来不太容易理解的观点：不为良相便为良医。站在西方分科思维的基础上，良相和良医有万般差别。从良相变成良医行业跨度太大，是根本行不通的。但在中国文化和管理哲学看来却是完全可能的，因为二者的哲学基础是相通的。只要掌握了那个贯穿一切的"道"，掌握了贯穿一切的阴阳哲学，那么就有了从事其他一些领域工作的基本思维和哲学基础，工作起来难度并不会很大。正如孔门弟子在跟孔子学习了共同的"道"后，有的治军，有的治理财政，有的从事商业活动，有的从事外交，不少人取得了杰出的成就。

儒家的这样一些观点对于当前的人文社科教育很有启发意义。受西方人文社科注重分科的影响，当前国内的人文社科教育也是分科越来越精细，甚至达到了一种"过"的程度。学术研究分科而治本无不当，但若只有"分"而无"合"，就会妨碍研究者、学习者对各学科做贯通式的理解。以现代管理学科为例，受西方分科思维之影响，国内的管理学科分为企业管理学、公共管理学、教育管理学、军事管理学、战略管理、营销管理等不同的学科和专业，而且相关学科还被进一步细分为一些更加具体的学科。例如营销学被进一步细分为服务营销、网络营销等。这些领域固然彼此间有所差别，但在本质上又是相通的，因为彼此间存在着一个共同的基础。很多具体的理论往往是这个共同的基础在具体情境下的应用表现而已。过分强化"分"的一面，不关注其背后"合"的一面，实际上阻碍了研究者和学习者对学科做贯通式的理解，使之在学术上只能停留在一个比较低级的"用"的层面，难以上升到一个更高的"体"或者"道"的层面，这对其未来的工作和发展实际上是不利的。从这个意义上讲，本土管理学借鉴儒家对于管理的理解，在现有科学化的基础上进一步的"儒学化"，即在重视各种概念理论的基础上更加关注那个贯穿一切的"道"，这对于本土管理学进一步贴近实践以及进一步适应时代要求将是一个有益的思路。

1.13 "人而不仁"章解（3.3）

■ 原文及翻译

子曰："人而不仁，如礼何？人而不仁，如乐何？"

孔子说："做人如果没有仁德，礼仪制度有多大用呢？做人如果没有仁德，乐又有何用呢？"

■ 管理学解释

传统文化本质上是一种礼乐文明。所谓"礼"主要体现为一系列的政治制度和行为规范，所谓"乐"则主要体现为诗歌、音乐、舞蹈等艺术形式的总和。在中华文化的语境下，"礼""乐"往往成对出现。一般不能只有"礼"而无"乐"，也不能只有"乐"而无"礼"，这一点可以从季氏祭祀家庙时"八佾舞于庭"看出来。虽然如此，礼、乐还是有区别的。一般来说，"礼"主别，主要用来区分高下、长幼、亲疏、尊卑，划定各自的权利与责任，目的在于使不同的人能够互相尊敬和合作。例如，上下级之间在经验、能力、责任等方面是不同的，他们之间的交往就需要有一套相应的礼来进行规范，目的在于他们能够相互尊重、相互合作。而男女之间的交往也需要有一套合适的"礼"来进行规范，做到"发乎情而止乎礼义"，否则就会造成社会或人际关系的混乱。由此可见，"礼"对于整个社会的有效运转意义重大，学礼、知礼也就成为古人生活的一个重要内容，古人甚至将之看作人之不同于禽兽的关键所在。然而礼虽然重要，但是由于其更多地关注于事物的"别"与"异"，所以一味强调礼难免会造成现实中人心疏远的问题。例如强调上下级有别，虽然有利于彼此相互的尊重，但时间长了也会造成彼此间关系的疏远与隔膜。故儒家在礼之外，还强调"乐"的重要性。"乐"的功能在于主合。某一礼制场合下,通过一起歌唱、演奏、舞蹈等行为能够有效拉近不同等级、辈分、性别之间的感情,使之更加融洽。所以礼乐各有所长,彼此间乃是一种相互配合、补充的关系。钱穆先生曾言:"礼主敬,乐主和。礼不兼乐,偏近拘束;乐不兼礼,偏近流放。二者兼融,乃可表达人心到一恰好处"。

礼、乐虽有不同,但是却有着共同的道德基础——"仁"。"礼"的本质在于敬人,是人之内在仁德的一种恰当的外在化表达。因此如果没有内在"仁"做基础,所谓的礼就会只剩下表面的形式,沦落为肤浅的"仪",也就谈不上应有的价值和意义了。春秋时期的礼坏乐崩主要就是这样一个问题。礼坏乐崩并不是说礼、乐完全被破坏了。当时各种"礼"至少在形式上还是被较好地保存着,社会上层也往往以懂礼、知礼为荣,但其内在的重德之精神却受到了很大的破坏。例如,鲁国的权臣季氏在表面上也是好礼、懂礼的,只不过这种喜好流于表面化,因为其内心早已没有礼乐赖以存在的基础——仁德。所以,他才会做出"八佾舞于庭"这样的悖逆之行。

另外,《左传·昭公五年》记载,公如晋,自郊劳至于赠贿,无失礼。晋侯谓女叔齐曰:"鲁侯不亦善于礼乎?"对曰:"鲁侯焉知礼!"公曰:"何为?自郊劳至于赠贿,礼无违者,何故不知?"对曰:"是仪也,不可谓礼。礼,所以守其国、行其政令、无失其民者也。今政令在家,不能取也;有子家羁,弗能用也;奸大国之盟,陵虐小国;利人之难,不知其私;公室四分,民食于他;思莫在公,不图其终;为国君,难将及身,不恤其所。礼之本末将于此乎在,而屑屑焉习仪以亟。言善于礼,不亦远乎?"君子谓叔侯于是乎知礼。

这个故事可谓非常详尽地解释了内在之德之于礼的重要性,也说明了当时的礼坏乐崩到底是怎么回事。

乐虽不同于礼，但其本质也是以仁德为基础。《礼记·乐记篇》强调"乐者，德音也"。意思是说，音乐、舞蹈等虽然需要外在的艺术形式，但也一定要以仁德作为内在的核心精神。离开了仁德，所谓的音乐、舞蹈等很可能堕落为个体发泄情感的工具，失去了端正人心、提升境界之功能，那就是"淫"了。所以儒家强调无论是行礼还是作乐，都要以内在的仁为基础。所谓的"礼云礼云，玉帛云乎哉？乐云乐云，钟鼓云乎哉？"正此谓也。

当然，只有内在的"仁"，没有外在的礼、乐也不行，因为内在的道德情感需要以外在合适的形式来表达，否则，人与人之间也是不能充分理解和沟通的。因此外在的形式和内在的精神缺一不可，需要相互补充、相互配合。所谓"文质彬彬，然后君子"说的就是这样一个道理。

总之，孔子强调"仁"的重要性，希望借此来重塑当时统治阶层的内在精神并拯救礼坏乐崩的局面。孔子的努力为传统的礼乐文明注入了新的精神，在中国历史上首次将"仁"这一概念提升到一个至高的位置，使之成为传统文化最核心的一个概念。但这在当时似乎没有什么明显的成效，"礼"更多的还是一些虚伪、外在的繁文缛节，所以才有了后来的墨家、道家、法家等对"礼"的反对与讨伐。例如道家就认为"夫礼者，忠信之薄也，而乱之首也"。实际上，他们反对的也并不是真正意义上的礼，而是那个失去了内在仁德精神后只剩下一副僵硬躯壳的礼。这种礼，不光他们反对，孔子也是不认可的。不一样的是，道家和墨家走了极端，要彻底抛弃这样一个已经失去内在精神、徒具外在躯壳形式的"礼"，而孔子认为这样的"礼"即使已经没有了灵魂，也还是有其存在意义的。人们应该努力为其注入曾有过的灵魂，而不是连这副仅存的躯壳也要抛弃掉，那样做的话就意味着人类彻底进入一个蛮荒的时代了。所谓"尔爱其羊，我爱其礼"所表达的就是这样一个道理。

重视内在之德也使得儒家形成了明显不同于西方文化的特点。西方社会是有礼的。特别是西方上层的贵族阶级，在很多方面也都形成了一系列的礼仪规范。今天国内很多人很是崇拜英国、法国的贵族礼仪。但是实事求是地讲，相对于儒家，西方的"礼"还是比较肤浅的。这不仅是因为儒家的礼表面上看来更复杂、更周密（所谓"礼仪三百，威仪三千"是也），还因为其一再强调"礼"要有内在的仁德为依托，最终形成了一个内外兼修、以内统外、以外养内的文化体系。而西方的礼则更多地停留在"仪"的层面上，对于内在的仁德不像传统儒家那样强调和要求，"仁"也从来没有成为西方文化重点强调的核心概念。

具体到西方管理学来说也是大概如此，其更加重视具体的外在行为和规范要求，并不特别强调内在道德情感的支撑。例如西方管理学也要求领导者尊重和关爱员工，但是往往也就仅此而已了，没有意识到如果没有内在的仁德做支撑，这种行为是很难真正被贯彻执行的；即使被执行，也是一时的、难长久的，并不能真正地起到沟通、凝聚人心的作用。而儒家管理学则不是这样，不仅要求作为管理者的士君子有外在合适、得体的行为，而且一定要求有内在的仁德为基础。由此也就造就了中西方管理学各自不同的范式特征。传统管理学因为关注内在道德情感而成为一门心性之学，不但重视修身功夫和境界，更还走向了对天人之道的关注和研究。因为只有关注天人之际的一些问题，才可能为人类社会的道德伦理规范确定一个终极意义上的哲学根据，否则，一切道德规范和心性修炼终将化为泡影。而西方管理学由于只关注外在的行为，割裂了行为规范和内在德性的关联，由此也就发展为一门只强调概念和理论知识的科学。在其看来，人似乎只要在认识的层面上理解了相关道德规范的价值，就一定会有相应的行动，而这实际上是一种很粗浅的看法。因为行动不仅仅是一个认识问题，还是一个境界和情感问题。没有境界和真情实感，本质上也就不会有外在的行为。从这一点来说，儒家虽然古老，但对相关问题的理解却更加深刻一些，有着西方管理学不具备的哲学深度和优点。

1.14 "朝闻道，夕死可矣"章解（4.8）

■ 原文、注释及翻译

子曰："朝闻道，夕死可矣。"

道：贯穿一切事物，体现宇宙和人生本质的那个根本性的规律。

孔子说："早晨能够通晓人生大道，即使当晚死去，也没有什么遗憾。"

■ 管理学解释

这一章是《论语》中很有名且很有分量的一章，值得玩味。一般来说，儒家关注的是现世的道德修身，不怎么谈论死亡问题，但是此章却比较罕见地涉及死亡的问题，单凭这一点就非常值得关注，从中可以一窥儒家对于死亡的态度。在其看来，人难免一死，但是只要"朝闻道"，那么即使"夕死"也不遗憾。我们知道，儒家是比较重视身体和生命的，有"身体发肤，受之父母，不敢毁伤，孝之始也""君子不立于危墙之下"的训条。但是这种爱身、护身的观点也不是绝对的，在儒家看来人生还有超出"身"和生命以外的、更值得追求的事物，那就是道义。即使"朝闻道"，也是"夕死可矣"的。另外，孔子还认为"志士仁人，无求生以害仁，有杀身以成仁"，所表达的都是道义重于生命的观点。对此，孟子也有鲜明的立场，孟子认为在生命和道义相冲突的时候君子应毫不犹豫地"舍生取义"。

此处似乎显示出儒家与道家思想的一个重大不同。众所周知，道家，无论是老子，还是杨朱、庄子，都是比较重视身体和生命的。《道德经》四十四章认为，"名与身孰亲？身与货孰多？"第十三章认为："故贵以身为天下者，若可寄天下；爱以身为天下，若可托天下"。从中可见老子将"贵身"放在了一个非常重要的位置。

杨朱则在老子思想的基础上做了进一步的发展，认为"矜一时之毁誉，以焦苦其神形，要死后数百年中余名，岂足润枯骨？何生之乐哉？"不但因为"贵身"而轻视外在的名利，甚至"拔一毛以利天下"亦不为也。

《列子·杨朱》记载，禽子问杨朱曰："去子体之一毛，以济一世，汝为之乎？"杨子曰："世固非一毛之所济。"禽子曰："假济，为之乎？"杨子弗应。禽子出，语孟孙阳。孟孙阳曰："子不达夫子之心，吾请言之。有侵若肌肤获万金者，若为之乎？"曰："为之。"孟孙阳曰："有断若一节得一国。子为之乎？"禽子默然有间。孟孙阳曰："一毛微于肌肤，肌肤微于一节，省矣。然则积一毛以成肌肤，积肌肤以成一节。一毛固一体万分中之一物，奈何轻之乎？"

到了庄子，更是将身体和生命置于一个绝对的位置上。《庄子·秋水》篇记载，庄子钓于濮水，楚王使大夫二人往先焉，曰："愿以境内累矣！"庄子持竿不顾，曰："吾闻楚有神龟，死已三千岁矣，王巾笥而藏之庙堂之上。此龟者，宁其死为留骨而贵乎？宁其生而曳尾于涂中乎？"

二大夫曰："宁生而曳尾涂中。"

庄子曰："往矣！吾将曳尾于涂中。"

《庄子·骈拇》篇也记载，"自三代以下者，天下莫不以物易其性矣！小人则以身殉利；士则以身殉名；大夫则以身殉家；圣人则以身殉天下。故此数子者，事业不同，名声异号，其于伤性以身为殉，一也。……伯夷死名于首阳之下，盗跖死利于东陵之上。二人者，所死不同，其于残生伤性均也。奚必伯夷之是而盗跖之非乎？天下尽殉也：彼其所殉仁义也，则俗谓之君子；其所殉货财也，则俗谓之小人。其殉一也,则有君子焉,有小人焉。若其残生损性,则盗跖亦伯夷已,又恶取君子小人于其间哉!"

其中可见,伯夷、叔齐这种儒家所推崇的圣贤人物在庄子看来是不值一提的,因为他们没有把生命放在名节和道义之上,最终戕害了自己的生命。

当然道家人物中也有将道义置于生命之上的。例如文子强调:"使人左据天下之图而右刎喉,愚者不为也,身贵于天下也。死君亲之难,视死若归,义重于身也。天下,大利也,比之身则小;身之重也,比之义则轻,义所全也"。但是这样一种观点对于道家来说并不普遍,道家更多还是强调"身"的绝对优先。

以上主要是从学派比较的角度对本章的意义进行阐述。实际上,单单从儒学内部而言,此章也有很多值得展开讨论的地方。历代学术界关于此章的含义虽然有着大致相同的理解,都认为儒家将"道"放在了一个更加优先的位置,但彼此间还是存在着一定的分歧,这种分歧甚至一直延续到了今天。

何晏的《论语集解》、皇侃的《论语义疏》为我们提供了汉唐经学时代对于此章的理解。例如在论及此章时,何晏认为此章显示了孔子"言将至死不闻世之有道也"的悲凉。众所周知,春秋时期,礼坏乐崩,整个社会陷入一种严重的失范之中。孔子痛感于这种混乱给时代造成的痛苦,一生以恢复西周以来的礼乐制度为己任。为此他不断奔波行走于列国之间,希望统治者能够复兴周礼。但是直至人生的尽头,也没有看到理想的实现。南朝的皇侃同样认为此章意在"叹世无道","假使朝闻世有道,则夕死无恨,故云可矣"。栾肇曰:"道所以济民。圣人存身,为行道也;济民以道,非为济身也。故云诚令道朝闻于世,虽夕死可也。伤道不行,且明己忧世不为身也。"

何晏等的解释代表了两汉经学关于此章的理解，在相当长的一个历史时期内成为理解此章的主流观点。但是北宋新儒学兴起以后，理学家关于此章的理解开始呈现出不同的面貌，体现为理学家的思考更加形上化，不仅尊重原有的礼乐制度和道德规则，还要为他们寻找一个坚不可摧、无可置疑的最终根据，从而把礼乐制度与宇宙运化统一起来。在这里，"朝闻道，夕死可矣"之"道"就不再是西周以来具体的礼乐制度了，而是终极意义上的"理"。例如"二程"认为，人苟有"朝闻道，夕死可矣"之志，则不肯一日安其所不安也。何止一日，须臾不能。如曾子易箦，须要如此乃安。人不能若此者，只为不见实理。……得之于心，是谓有德，不待勉强，然学者则须勉强。古人有捐躯殒命者，若不实见得，则乌能如此？须是实见得生不重于义，生不安于死也。故有杀身成仁者，只是成就一个是而已。

朱熹也认为，道者，事物当然之理。苟得闻之，则生顺死安，无复遗恨矣。朝夕，所以甚言其时之近。程子曰："言人不可以不知道，苟得闻道，虽死可也。"又曰："皆实理也人知而信者为难。死生亦大矣！非诚有所得，岂以夕死为可乎？"又说，朝闻道，夕死可矣。天下之事，惟死生之际不可以容伪。非实有所悟者，临死生未尝不乱。闻道之士，原始反终，知生之所自来，故知死之所自去，生死去就之理了然于心，无毫发疑碍。故其临死生也如昼夜、如梦觉，以为理之常然，惟恐不得正而毙耳，何乱之有？学至于此，然后可以托六尺之孤，寄百里之命，临大节而不可夺也。

可以看到，北宋新儒家对于此章的理解是不同于汉代经学家的。而这样一种变化，不仅体现了两汉经学与北宋理学在具体理解上的差别，更体现了儒家在不同历史时期整体哲学思考框架的重大流变。

当然，除了以上两种理解，历史上关于此章还有其他一些理解，此处就不再详细介绍了。需要说明的是，即使到了今天，围绕此章的争论也没有完全平息。廖名春先生前些年专门发文对本章应该如何解释做了讨论。在其看来，该章中"闻"不是一般的"听说""理解"之意，而是应该解释为"达"。在其看来，孔子毕生所追求的乃是行道天下，而非仅仅是闻道、知道。因此如果仅仅以闻道、知道来理解此章，那显然是把孔子的格局看小了。而且先秦两汉时期，"闻"与"达"大致是同一个意思。因此廖名春先生认为此章的正确解释是：早晨听到道行于天下，那么即使傍晚死了也是值得的。

总之，古往今来关于此章的解释还是有很多的，彼此间也存有各种不同。本文更加偏向于朱熹等的解释。理由是，就本章所在的《里仁》篇上下文而言，更多是在展现孔子对弟子的各种教导，而不是对自我个人志向的阐述。因此本书认为此章主要还是孔子对弟子的一种启迪和教导：对于学习者而言，最重要的就是把握形而上的"道"。哪怕是早晨把握了这个"道"，晚上死去也是值得的。因为人只有把握、理解"道"了，才会摆脱先前浑浑噩噩的蒙昧状态，才能成为一个真正的"人"。否则，即使身具人形，却仍旧难说是人，因为体会不到人之为人的尊严以及人心深处自有的那份快乐。相较之下，何晏《论语集解》及廖名春先生的解释则是值得商榷的，因为他们更多的是从孔子的人生志向这个角度来解释此章，不得不对文章进行了各种各样的过度诠释。例如何晏《论语集解》实际上将"朝闻道"解释为"朝闻有道"，凭空多加了一个"有"字。而廖名春先生则将"闻"等同于"达"，并认为这种现象在先秦两汉时期多有存在。实际上这有些过于主观了，因为即使在《论语》中，孔子也对"闻"和"达"进行过严格的区分，二者并不是一回事。总之，还是二程、朱熹等的解释更有道理一些。

对于管理学来说，本章也有相当的启发性。"朝闻道，夕死可矣"

一方面体现了孔子对于弟子的教导和期望，另一方面也说明儒家对"道"的重视，体现出儒家管理学不同于西方管理学的范式特点。

受近代科学兴起以及工业革命等的影响，西方管理学将自身定位为一门科学。这种定位决定了西方管理学如下的范式特点：不断地细化与分科；将事物从整体中分离出来并对之进行对象化的客观研究，最终形成一系列的概念和理论。

以求"道"为核心内容的儒家管理学则不如此。因为"道"是形而上的，所体现的乃是天地宇宙以及人类社会所遵循的最根本的运动规律，所以儒家管理学所关注的是对世界整体之本质的把握，而不是对其中某一具体部分的认识。由于要把握的是那个贯穿整体的根本规律，所以也就不能像西方那样止步于对象化的客观研究，而是在此基础上进行不断的穷通，通过不断地融会贯通达到对世界本质的体悟和把握。

儒家对形上之道的追求和把握看似玄虚，实则与现实的管理实践密切联系在一起。

在西方管理学的视野下，管理作为一种决策或者权力行动，往往与效率的最大化联系在一起，但这与客观实际颇多违和。管理总是与人联系在一起的，这决定了其面临或者需要解决的首要问题是自己的正当性，即选择做什么、达到什么样的目标才算是合道理的、应该的。这一类问题的解决乍看起来并不困难，因为人类社会总存在一系列标志正当性的行为规范或道德伦理，我们只要按照规范做就可以了。但是一旦推敲起来，对这些规范的信仰和遵守就变得犹豫和怀疑起来。比如一个人捡了钱包，正常情况下他凭直觉大概率会认为应该将之交还失主。但是一旦他反问自己为什么一定要遵守这项规范、不遵守行不行这样一些问题时，先前做出的看似还坚定的选择可能陷入怀疑和摇摆之中。特别是在追名逐利的商场上，很多情况下可能更是如此。

对宇宙、世界终极本质以及规律的追问则能从根本上解决这一问题，而且也只有这样一种追问才能解决这个问题。因为这种追问为"应该是什么"这样一些问题提供了一个终极性的形上根据，从而使得管理者的道德选择具有了一种不可怀疑的正当性与合理性。科学化的西方管理学解决不了这种合理性、正当性，因为科学理论只能解释具体事物背后的规律，关注的是事实性问题。而从这些事实性问题出发，人们永远不能解决自我行动的正当性，即从事实是什么永远推导不出应该做什么。但这样一个问题的解决又是极为重要的，它决定了具体管理行动的根本方向，也对一项行动的结果产生全局性的影响。相比较于具体怎么做才有效率，正当性的解决要重要的多。当西方管理学不能有效解决这类问题的时候，也就意味着它无力从根本上指导管理实践，造成学术与实践的脱节。而儒家之所以几千年来长盛不衰，为历代管理者、领导者所崇尚，根本原因就在于它通过形而上的思考，即思考天人之间的一些重大问题，很好地解决了这个问题，为现实道德的合理性奠定了一个坚不可摧的哲学基础。当管理者在现实的实践中面临各种各样的道德犹豫和困惑时，不妨转向儒家。

另外，以求道为目的的儒家管理学还能够使管理者摆脱名利的束缚，获得内心深处的自由和解放。现实的商业竞争中，对名利的追求不但会造成对员工、消费者的压迫，反过来也会禁锢管理者的精神空间，使其成为名利支配下的奴隶。求道、悟道有助于人返回自己的本心，回归自己的本性，由此冲破世俗名利的束缚而获得内心深处那份本有的自由和快乐。而以科学概念和理论为目的的西方管理学却难以做到这一点，因为其关注的只是管理效率问题，其对于利润最大化的追求和重视使得广大管理者陷于名利的泥潭中难以自拔，最终反为自己的管理决策所吞噬。

总之，虽然儒家在形式上不够科学，不能提供各种模型化的方法、理论和技巧，不关注工具理性层面上的效率问题，但却能够解决管理中一系列重要问题。而正是因为这一点，儒家赢得了广大管理者的尊重。

需要说明的是，儒家对"道"的追求不仅意味着现实行动上的求"善"，也意味着求"真"和求"美"。因为决策和行动上的合理性代表了相关决策和行动能够被所有相关人等发自内心地接受和认可，从而能够把所有的人团结和组织起来，带来真正的协作和效率（"真"），造就组织内部一种蓬勃向上的生机（"美"）。所以说，儒家管理学是真、善、美的统一体。而西方管理学志在追求工具理性层面的真，忽视了求善和求美的意义，从而将真、善、美割裂开来，最终导致了管理学的片面科学化取向，也导致了学术与实践的脱节。

1.15 "一箪食，一瓢饮"章解（6.11）

■ 原文及翻译

子曰："贤哉回也！一箪食，一瓢饮，在陋巷，人不堪其忧，回也不改其乐。贤哉，回也！"

孔子说："颜回真是大贤啊！竹筐盛干粮，葫芦瓢喝水，住在简陋的巷子里。别人都忍受不了那份穷困，颜回却很快乐。真是个大贤人啊，颜回！"

■ 管理学解释

此章应该算是《论语》中最有名的章节之一了，不仅描写了颜回本人的快乐神态，也带出了儒家管理学特别重视的"孔颜之乐"这样一个问题。关于"乐"，孔子还有过类似的表达。子曰："饭疏食，饮水，曲肱而枕之，乐亦在其中矣。不义而富且贵，于我如浮云"（《论语·述而》）。这两章所要表达的意思差不多，都是在强调、展示一种儒家独有的"君子之乐"。后来的儒家学者将之合称为"孔颜之乐"。

"孔颜之乐"这个问题在汉唐经学时期并没有受到特别的重视。但是宋明理学兴起以后，为应对外来文化的挑战，就特别重视"孔颜之乐"内涵的解脱意蕴了。对于"孔颜之乐"的诠释和研究就此成为一个重要的学术话题。例如周敦颐对于"孔颜乐处"非常重视，常引导当时向其学习的"二程"兄弟寻找"孔颜乐处"。而其后的二程、朱熹对于孔颜之乐这样一个命题也都有深入的论述。直至阳明心学，仍旧对这一问题有所研究和讨论。可见此章及其关联着的"孔颜之乐"在整个儒学史上的地位。

首先需要说明的是，所谓"孔颜之乐"，肯定不是一般意义上的世俗之乐。世俗之乐依托于外在的物质名利，得之则喜，失之则郁。而孔子和颜回所面对的绝对不是什么好的物质条件和环境。因此，他们的"乐"肯定不是世俗所谓之乐，而是一种超脱了世俗之乐的愉悦。这种愉悦不依托于任何外物，而是根源于对于整个生活的感受和满足，因此是持久、真正的快乐。依托于外物的快乐，往往是短暂且表层的。

对于一般人来说，如果处在"疏食饮水""箪食瓢饮""陋巷"这样的物质环境中，想要快乐是很不容易的，因为一般人都是喜欢更好的物质条件的，一旦处于这样不堪的环境中，往往会不高兴甚至忧怨。但是孔子和颜回却能够怡然自得、乐在其中，这就很不简单了。那么，为什么孔子和颜回会有这样一份"乐"呢？

实际上，孔子和颜回之所以面对窘迫的环境还能有一份快乐，在于他们拥有常人不具备的、与道为一的精神境界。这种境界的存在意味着与天地同流，意味着自己的本性不再被物欲遮蔽，不为外物累心。如此一来，不论物质环境如何，都会有一份常人难得的知足，能够从日常生活中发现自然和生活的美，例如"仁者乐山，智者乐水"。也就是说，道德境界的高尚直接关联着人感受和发现幸福的能力。正因为具有这样一种能力，所以他们在面对"疏食饮水""箪食瓢饮""陋巷"这样的困顿时，能发现一般人发现不了的"乐"。同样的情况也发生在孟子身上。孟子认为："君子有三乐，而王天下不与存焉。父母俱存，兄弟无故，一乐也；仰不愧于天，俯不怍于人，二乐也；得天下英才而教育之，三乐也"。之所以能够如此，本质上也还是因为德性与境界高尚，具备了从平淡生活中感受幸福的能力，能够从日常的人伦道德行为中发现美和快乐。

历史上的儒家对"孔颜之乐"有过多次深入的谈论。宋儒周敦颐认为，颜子"一箪食，一瓢饮，在陋巷，人不堪其忧，回也不改其乐"，夫富贵，人所爱也，颜子不爱不求，而乐乎贫者，独何心哉？天地间有至贵至爱可求，而异乎彼者，见其大而忘其小焉尔。见其大则心泰，心泰则无不足。无不足则富贵贫贱处之一也。处之一则能化而齐。故颜子亚圣。

明儒曹端则从"仁"的角度出发讨论"孔颜之乐"，认为"孔颜之乐者，仁也。非是乐这仁，仁中自有其乐耳。且孔子安仁而乐在其中，颜子不违仁而不改其乐。安仁者，天然自有之仁；而乐在其中者，天然自有之乐也。不违仁者，守之之仁；而不改其乐者，守之之乐也。《语》曰'仁者不忧'，不忧非乐而何？周、程、朱子不直说破，欲学者自得之"。

从中可见，历代学者对于"孔颜之乐"的分析虽有不同，本质上都是一致的，都强调道德境界在其中的作用。实际上孔子本人也对"孔颜之乐"的内在逻辑有过阐述。即"不仁者，不可以久处约，不可以长处乐"。在孔子看来，一个人一旦"不仁"了，那么所处无论富贵还是贫贱，都意味着内心有种炼狱般的煎熬。因为此时的他缺乏发现和感受幸福的能力，只能为各种外在的名利驱使着、控制着、煎熬着。

"孔颜之乐"内涵丰富，所以关于"孔颜之乐"有以下几点需要进一步说明。

第一，"孔颜之乐"体现了儒家对于人生之真正自由的理解和欣赏。一种很流行的观点认为，自由是现代西方文明的一个产物，而儒家文化虽然灿烂悠久，对于自由却似乎没有太多的强调。相反，由于儒家非常重视礼仪和外在行为规范的约束，重视人的社会责任，甚至提倡"非礼勿视，非礼勿听，非礼勿言，非礼勿动"，所以不免给人一种缺乏自由的僵硬禁锢之感，近代多有知识分子因此批判儒家礼教吃人。但我们要看到，儒家虽然不直接强调自由和人权，但是其对责任的强调实际上意味着对各自权利和自由的保护。同时，儒家对"孔颜之乐"的强调和重视也意味着对人生真自由的理解和欣赏。因为"孔颜之乐"植根于人之本性，本质上不像西方意义上的自由那样依赖于外部物质与环境。人只要不断地修养自我之德性，不断地提升自我之境界，快乐自然就会随着满足感的形成而源源不断地涌来。所以，"孔颜之乐"不但代表了一种真正的人生快乐，实际上也代表了一种真自由。对于孔子来说，这份快乐一方面体现为"乐以忘忧"，另一方面就是"随心所欲而不逾矩"。这些都说明，传统儒家并不缺乏对于自由的理解和追求。

第二，"孔颜之乐"不同于道家庄子的"逍遥"和佛家的涅槃。众所周知，庄子也是强调和追求一种内在逍遥之乐的，这种逍遥不依赖于外界一切物质名利手段等，而是一种超越世间一切、天人合一的境界。从这一点看，庄子的"逍遥"和儒家的"孔颜之乐"是有一定相似性的。但是，它们之间还是有差别的。庄子的"逍遥"建立在对一切事物包括道德伦理的彻底超越之上，要求以天道自然代替人道。而"孔颜之乐"虽然也要求超越一切富贵与贫贱的差别，但是明确要求坚守人世间基本的道德伦理。"孔颜之乐"与佛家所追求的涅槃之乐也是不一样的，虽然他们也都强调对外在之物以及小我的超越，但佛家的快乐需要建立在脱离尘世的基础上，特别是早期佛教更是如此。在其看来，尘世生活本质上就是苦的，所以脱离尘世的修行往往成为一个必要的选择。而"孔颜之乐"却迥异于佛家，主张在尘世生活之中寻找人生的意义和快乐。在其看来，人的先天善性之中天然地蕴含了一份自由和快乐。真正的快乐和自由就在于世俗的忠信孝悌和夫妻恩爱之中，根本不需要像佛家那样外觅解脱。这正是儒家文化虽屡受冲击，但最终还是成为传统文化之主流的根本原因。

第三，儒家对"孔颜之乐"的强调，说明传统儒家本质上是一种不同于传统西方的乐感文化。后者认为人本质上是自私、有原罪的。只能通过不断地"忏悔"，才会使自我灵魂得救。儒家则认为人性本善，快乐自足。自私、仇恨、杀戮等只是"善"性被暂时遮蔽的后果。人只要通过不断学习、修身就可以发现、找回自己的本性，就可以使自己的内心得到一份本有的安乐，根本没必要通过其他修行求得解脱。正因为如此看待人生和幸福，传统儒家文化才成为一种肯定世俗生活和现世生活的乐感文化。"乐""悦""不忧"等词在《论语》《孟子》等经典中反复出现，说明儒家眼中的世界是一个充满温暖、春意盎然而又生生不息的世界。

第四，"孔颜之乐"的另一面是儒家对天下安危和民众困苦的"忧"。儒家在"孔颜之乐"以外，也强调君子要有所"忧"。不过，这种"忧"不体现为对于自身富贵贫贱的关注，而是体现为对天下苍生困苦与安危的担心。例如《论语·述而》载："德之不修，学之不讲，闻义不能徙，不善不能改，是吾忧也"。《论语·卫灵公》强调，"君子忧道不忧贫"。从这个意义上讲，"孔颜之乐"并不是道家那样一种绝对的超脱，其另一端关联着的是一种"天下之忧"。二者正像是一个硬币的两面一样，相互对立而又不可分割。

第五，儒家"孔颜之乐"的生活态度是当今中国社会所稀缺的，应该受到特别的重视。改革开放以前，物质条件贫乏，所以人们总想着通过物质条件的改善来提高自己的幸福感。经过四十年的改革开放，当代人物质条件更好了，但是精神上也更加焦虑和空虚了。曾经认为随着经济发展而水到渠成的幸福并没有如期到来，反而似乎有些越来越远了。特别是一些精英人物，坐拥海量的财富和巨大的社会资源，却又时不时地陷于各种抑郁与焦虑之中。之所以如此，原因之一乃是因为现代人将幸福寄托于各种外在的物质条件，没有意识到自我道德境界与幸福的直接相关性，导致为外物控制，失去了发现幸福和美的能力，只能在焦虑和抑郁中度过每一天。从这个意义上来说，"孔颜之乐"是当今中国社会所急需的，应该受到特别的重视。

儒家对于"孔颜之乐"的重视显示了其不同于西方现代管理学以及后现代管理学的一个重要的范式特点——重视管理者自身的精神解放。西方管理学因为过分执着于利润和效率，不但将员工当成了工具，实际上也在很大程度上将管理者自己工具化。而后现代管理学虽然因为意识到了现代管理对员工的压迫和控制而主张解放和自由，但是这种解放和自由主要是针对员工的立场展开讨论的，没有意识到在现代西方管理学的统治下，连压迫、控制员工的管理者自己也是需要精神解放和自由的。这也是儒家管理学与西方现代管理学以及后现代管理学的范式差别之一。

需要强调的是，当前情况下国内管理学应该重视并借鉴儒家管理学对"孔颜之乐"的相关论述。在过去几十年的时间里，国内管理学追随西方管理学，片面强调工具理性，将利润最大化、效率等当作管理的至高目标，助长了业界的逐利之风气，对于财富精英们的精神焦虑和抑郁实际上负有不可推卸的责任。相比较于儒家管理学，国内管理学以及作为榜样的西方管理学看似科学、现代，实则对于管理的认识有所欠缺，没有意识到道德修身的根本重要性，没有认识到有效管理的前提乃是自我心性的管理和提升，没有意识到一个连"己和"都做不到、长时间处于抑郁和焦虑中的领导者，也必然做不到"天和""地和"与"人和"。如此一来，西方管理学虽然提出了各种各样的概念和模型，但无法给现实中那些领导者们提供必要的精神抚慰或者指引，反而加剧了他们的焦虑和抑郁。而传统的、以道德为核心的儒家管理学不但能够借助道德的力量做到与天和、与地和、与人和，还能够与己和，使自己拥有一份"孔颜之乐"，实际上已经显示出相比较于西方管理学的深度和优势（这也是为什么实践中大批有成就的领导者们更加偏爱传统文化和管理哲学的原因）。因此，国内管理学在范式上需要融合儒学，借鉴其对管理和人生的理解来进行提升和改造。不如此，就难以抓住管理的核心逻辑和关键，与现实实践之间的关系也不可能得到根本性的改善。

1.16 "三人行，必有我师"章解（7.22）

■ 原文及翻译

子曰："三人行，必有我师焉。择其善者而从之，其不善者而改之。"

孔子说："三个人同行，其中必定有人是值得我学习的老师。我学习他的优点，对于他身上的缺点则引以为戒，如果自己也存在这样的问题，就努力加以改正。"

■ 管理学解释

孔子是圣人，而其所以能成为圣人，根本原因在于好学。关于好学这一点，孔子是自认的。例如孔子曾提及，"十室之邑，必有忠信如丘者，不如丘之好学也。"（《论语·公冶长》）再例如，叶公问孔子于子路，子路不对。子曰："女奚不曰：其为人也，发愤忘食，乐以忘忧，不知老之将至云尔。"（《论语·述而》）

孔子之所以好学，根本原因在于他有谦德，相信他人总有一些比自己高明的地方，从而愿意广泛学习。"三人行，必有我师焉"就体现了孔子的这种谦德。

当然，本章应该不只是孔子对自己好学精神的描述，更是孔子对学生们的告诫和期许。春秋时代，生产力落后，一般人终生难有受教育的机会。相对于他们而言，孔门弟子算是比较有学问的了。有学问是好事，但也可能因此而骄傲自满，从而阻碍自己进一步的学习与进步。孔子的话很可能是有感而发，意在提醒弟子们要时刻关注他人的优点以及自己的不足，做到向一切人学习。

一般人可能也认可谦虚好学的可贵，但是说到向村夫村妇学习，他们可能就不太容易接受了。在他们看来后者是比较愚昧的，自己作为士大夫或者知识分子完全没必要向他们学习。但是孔子则不这样认为。在他看来，村夫村妇虽然不像精英人物那样有着良好的受教育机会，但就天性来说，并不一定比上层精英差。更重要的是，作为劳动人民，他们也同样有着丰富的人生阅历与实践，有着自己对于天道及人生的体悟与认识。所以《尚书·五子之歌》强调"予视天下，愚夫愚妇，一能胜予"。孔子因此认为要"礼失而求诸野"。另外，从根本上来说，人类社会的一切知识，包括儒家的那些道德伦理与礼仪规范，本质上都是普通大众千百年来社会实践的结果。离开了他们的实践，人类就没有知识积累与道德文明。所以儒家一直强调不要瞧不起普通民众，要放低姿态向他们学习。即使他们有所不足，也并不妨碍学习他们的长处。

这一章实际上也给出了孔子之所以为圣人的根本原因——向大众学习。清代学者章学诚曾有很精彩的论述，"学于圣人，斯为贤人。学于贤人，斯为君子。学于众人，斯为圣人"（《文史通义·原道》）。儒家志在求道，但这种求道并不脱离现实的尘世。儒家认为形上之道虽然高妙，但却不像西方哲学意义上的本体那样是一个高悬在外的实体，相反，它一定要体现在广大民众的日常言行中。孔子之所以是圣人，之所以能够把握那个高妙的"道"，就是因为他有着谦虚博大的胸怀，能够随时随地向包括贩夫走卒在内的一切人等学习。而一般人成就有限，很大程度上也是因为认识不到民众的力量与价值，做不到"三人行，必有我师焉"。最终或者学于圣人，或者学于贤人。"学于圣人，斯为贤人。学于贤人，斯为君子"，如此，儒家管理学就形成了一种尊重实践、尊重民众的范式特点。

群众路线是毛泽东思想的重要内容之一，也是中国共产党取得革命胜利的重要法宝之一。群众路线要求"从群众中来，到群众中去"。[1]要求领导者在做出决策时坚持民主集中的原则，要"先当群众的学生，再当群众的先生"，要"尊重群众的首创精神"。[2]因为"人民，只有人民，才是创造世界历史的动力"。[3]毛泽东有一个非常著名的论断，认为"高贵者最愚蠢，卑贱者最聪明"。[4]我们可以结合思考群众路线思想与"三人行，必有我师焉"背后的儒家思想。

儒家对"三人行，必有我师焉"的强调，体现了传统儒家面对世界时的一种尊重和谦逊，而这种尊重和谦逊也体现了其不同于西方管理学的一个范式特点。

作为一门学科，西方管理学以孔德开创的实证主义为哲学基础，将自身定位为一门科学。而实证主义主张一切知识的成立必须建立在分析和实证的基础上。也就是说，科学知识以外的其他知识类型都称不上是真正可靠的知识。这决定了现代西方管理学者们不自觉地有一种真理在握的傲慢心态。

过去几十年中，国内外管理学研究中一再出现了学术研究脱离实践、研究成果难以指导实践的现象。众多学者对这一现象进行了研究并提出了解决问题的对策。实际上，从儒家的角度看，之所以出现这些问题，西方管理学以及作为其哲学基础的实证主义应该负有很大的责任。因为对于大众鲜活、丰富的社会实践，它们缺乏一份儒家那样的尊重和关注，很多情况下甚至会有一种骨子里的傲慢与偏见。如此，则必然会导致学术脱离实践、不能指导实践的问题。所以，要想解决当前学术

---

[1] 毛泽东与党的群众路线，人民网，2013年12月25日。
[2] 毛泽东关于党群关系的六个比喻，人民网—中国共产党新闻网，2014年08月22日。
[3] 毛泽东坚持群众路线，人民政协网，2023年10月09日。
[4] 文论经纬：旧邦维新的文化自信，人民网—人民日报，2017年08月15日。

脱离实践的各种问题，管理学学者们需要走出书斋，走出校园，走进工厂、田野，参与到广阔的实践中来，不但要向那些事业有成的领导者学习，也要向那些最普通的工人、农民学习，做到在实践中发现问题、思考问题、解决问题，而不是各种走马观花式的调研与访谈。如此坚持下去，才能理解什么是管理的核心问题，学术与实践相脱节的现象才会得到有效的改善。

1.17 "子温而厉"章解（7.38）

▎**原文及翻译**

子温而厉，威而不猛，恭而安。

孔子温和而严肃，有威仪而不凶猛，谦恭而安详。

▎**管理学解释**

这一章主要是描写了孔子的君子风度。风度是一个人内在德行修养与人生阅历的外在表现。人们在德行品质、文化修养及人生阅历上不可避免地存在着各种差异，因此他们所表现出来的风度自然也是千差万别。德行越高，其外在的气度就会越美好。孔子修中和之德，自然体现出常人难以企及的风度与气象。

就此章而言，过往的一般注释都止步于内在修养与外在风度间的对应关系。本书认为，这一章实际上大有深意，从中我们可以一窥儒家管理学背后那套复杂的世界观，以及由此衍生出的方法论，从而进一步理解儒家管理学独特的学术范式。

就人与人之间的相处而言，和睦、团结是根本。因此作为君子来说，一定要有温和的性情。如此才会使得人与人之间互相亲近，互相团结。但是温和本身也会带来一种负面影响，容易让人与人之间的关系变得狎昵或随便，甚至突破一些底线和原则。因此内心在保持温和的同时还要有一种坚守原则的庄重与严肃。而严肃庄重虽然可以补温和之偏，但是处理不好又不免给人一种压迫感，使人不敢靠近，所以在严肃、严厉之余还要做到"不猛"，要保持一种谦恭的姿态。而内心过分的谦恭又不免使人心生紧张、手足无措，所以又需要以"安"来中和。从中可以看出，儒家和孔子在处理事情时主张一种复杂的思维，即要求每一个主要的决策行动背后都要关联着其他一些辅助行动或者选项，目的在于消除相关决策行动可能产生的负面影响，使问题得到更加圆满的解决。

儒家管理学的这种做法或者思维在《论语》中还有着其他一些体现。例如孔子强调"学""思"需结合，既不能"思而不学"，也不能"学而不思"。因为单纯的"学""思"各有不足，所谓"学而不思则罔，思而不学则殆"是也。另外，孔子还强调君子要"文质彬彬"，因为"文"和"质"虽各有优点，但也各有不足，"文胜质则史，质胜文则野"。

儒家之所以有这样一些做法，源于其对世界复杂性的认识。儒家认为，世界是复杂的，存在各种各样的阴阳矛盾，而阴阳本身也是可以相互转化的，因此任何事物必然都是有其优点，也有其不足。因此在行动的时候要"叩其两端而竭焉"，不能只考虑其优点或正面效用，也要考虑其本有的不足，需要通过相应的辅助措施将其负面影响控制在一个合理的范围内。否则，必定是按下葫芦浮起瓢，旧的问题尚未解决好，新的问题却又冒了出来。如此一来，儒家在解决某一具体问题的时候就不是采取单一措施，而是一定会采取一系列彼此间相互配合的复合措施。这些措施中有些处于主要地位，有些则处于辅助和次要的地位，但它们整体上是一种互相补充、互相协调的关系，最终达到有效解决问题的目的。

除此之外，儒家还意识到事物正面作用的发挥在一定程度上有赖于其他一些条件，因此强调在解决问题前要预先采取措施达成先决条件。《论语》中孔子"富之、教之"的论述以及《孟子》强调先为民制产、然后再实行教化的观点都说明，教化百姓这样一个行动要想达到比较好的效果，首先要创造其能够发挥作用的先决条件，而这个先决条件就是

"富之",就是"为民制产"。从这个意义上说,"富之、教之"强调事物的复杂性及不同行动之间的相互补充性,强调解决问题时不能采取单一的行动,而是要采取一系列彼此间有着某种关联的复合行动才能收到成效。

儒家这样一种方法论也可以通过其一直提倡的"和而不同"而略窥一二。所谓"和"实际上代表了一种建立在事物多样性基础上的统一状态,表现为彼此间的尊重、认可、合作与和谐。而"同"则是放弃事物多样性后的绝对单一化状态。"和而不同"意味着在采取行动、达到目标的时候不应该只有一种单一的策略(那是"同"),而是应该选择多种策略和行动彼此配合、相互协调。所以《国语·郑语》强调"夫和实生物,同则不继。以他平他谓之和,故能丰长而物归之。若以同裨同,尽乃弃矣。故先王以土与金、木、水、火杂以成百物"。

从中可见,采取一系列相互关联的行动以解决问题而非采取单一的手段,实际上是儒家管理学持有的一套建立在复杂世界观基础上的方法论。当然这套方法论和世界观不是儒家固有的,而是来自以《易经》为代表的阴阳五行思想。儒家继承了《易经》的哲学思想,自然也就形成了这样一套做事的方法论。

实际上,这种方法论在传统的中医思想中也体现得很明显。受古老阴阳五行思想的影响,传统中医用药时强调"君臣佐使"的配方原则。元代李杲在《脾胃论》中强调:"君药分量最多,臣药次之,使药又次之。不可令臣过于君,君臣有序,相与宣摄,则可以御邪除病矣"。清代吴仪洛认为:"主病者,对症之要药也,故谓之君。君者味数少而分量重,赖之以为主也。佐君以为臣,味数稍多,分量稍轻,所以匡君之不逮也。应臣者谓之使,数可出入,而分量更轻,所以备通行向导之使也。此则君臣佐使之义也"。这也是在强调解决问题时要采取彼此间能够相互配合、相互补充的复合手段或者策略，与儒家管理学的方法论及其背后的世界观是完全一致的。实际上这样一种方法论或者世界观还体现在中国传统的绘画、书法、美食诸领域中，这里就不再一一论证了。

《矛盾论》是马克思主义中国化的重要著作，其在方法论上也受到中国传统哲学，包括儒家思想的启发。在《矛盾论》中，毛泽东指出事物的矛盾有很多种，有些是主要矛盾，有些则是次要矛盾。问题的解决依赖于识别并抓住主要矛盾，但是次要矛盾也需要兼顾，因为事物也是在不断发展变化的，矛盾本身也会随着事物、环境的变化而变化。如果只是强调了主要矛盾，那么次要矛盾很可能进一步恶化，甚至可能产生新的矛盾，从而反过来影响全局，甚至妨碍主要矛盾的解决。因此解决问题的正确方法是抓住主要矛盾，兼顾次要矛盾，多种措施联合并用，最终达到解决问题的目的。[1]这也说明其与优秀传统文化间的继承关系。

儒家管理学的这种世界观和方法论相对于西方文化来说是很独特的，特别是在西方管理学为代表的现代人文社会科学中是见不到的。以西方管理学为例，其也承认事物之间存在着各种各样的关系，但受实证主义哲学和牛顿力学的影响，倾向于从线性机械的视角理解世界，更喜欢构建各种自变量与因变量之间线性的正相关或者负相关关系。西方管理学的研究中充满了各种"自变量A越怎样，因变量B就越怎样"的表述。这种研究如果就此止步，那实际上就处在一个对外部世界认识比较简单的阶段，没有意识到事物之间可能存在的复杂关系，没有意识到相关因素是作为一个整体在发挥作用的，似乎单个因素的作用发挥既不受到其他因素的影响，也不需要其他因素的补充和辅助。

当然，西方学术界也认识到了其中的问题并探索了新的研究方

---

[1]把握好运用好矛盾原则，新华网，2020年07月09日。

法。近年来出现的QCA方法（全称是定性比较分析方法，Qualitative Comparative Analysis，QCA）就体现了这种探索。按照相关权威的介绍，QCA试图超越传统的个案研究方法，系统地考察事件发生的成因及内部生成因子之间的互动关系、可能性关系组合，试图解释促成事件产生的关键因子、因子之间的相互联系及激发事件产生的复杂的成因组合，以期深化对事件产生的复杂因果关系的理解。

就这样一种基本思想看，QCA无疑是超越传统的实证研究方法的，而且与儒家管理学的方法论也有了更多的相似之处。但从儒家管理学的视角看，QCA虽在对事物的哲学理解上相比较于以往有所深入和进步，但这种方法可能仍然存在比较严重的缺陷。这主要体现为：QCA虽然能够提供一系列达成目标的行动组合，但是这些组合整体上还是比较粗糙的。它实际上无法说清楚不同行动之间的主次先后关系、逻辑关系及合适程度等问题。而说不清楚这些问题，相关理论的意义也就比较有限了。实际上采取什么样的行动组合及各种行动间的逻辑关系与合适搭配程度等一连串问题的解决从根本上来说依赖于人的实践智慧（主要是其道德境界），而非依赖于人掌握了某个理论模型。因为重点采取什么措施、接下来采取什么措施，做到什么程度是合适的等完全依赖于行动者对某一现实情境下问题的主要矛盾是什么、次要矛盾是什么、各种矛盾又如何演化等的理解和把握能力。没有这种把握能力，实际上是不可能知道应该采取什么行动组合及不同行动间的搭配关系与合适之"度"的。而感受和把握矛盾的能力根源于人的道德和价值判断能力。具备这一能力才有可能正确判断什么是重要的，什么是次要的，什么是当下立即要做的，什么是可以往后拖延的。只有人的道德境界提升了，此种判断能力才会提高，才能准确地识别并解决相关问题。孔子之所以能够通过"叩其两端"来解决问题，主要还是因为他的道德境界高，能够在非常复杂的情境下识别出孰重、孰轻、孰先、孰后。儒家并不像 QCA 方法那样关注具体组合与问题之间的因果模型，其所关注的是从根本上提升人的实践智慧和道德境界。而这种看似不关注具体问题的做法其实有助于具体问题的解决。因为有了实践智慧和道德境界，什么是重要的，什么是次要的，该做什么、不该做什么，先做什么，后做什么，各自应该做到什么程度等问题也就得到比较有效地解决了。从这个意义上说，古老的儒家对于管理的理解还是更加深入一些的。

1.18 "仰之弥高，钻之弥坚"章解（9.11）

■ 原文及翻译

颜渊喟然叹曰："仰之弥高，钻之弥坚，瞻之在前，忽焉在后。夫子循循然善诱人，博我以文，约我以礼，欲罢不能。既竭吾才，如有所立卓尔。虽欲从之，末由也已。"

颜渊感叹地说："我的老师啊，他的学问道德，越望越觉得高，越钻研越觉得深，看着好像在前面，忽然却又在后面了。老师善于启发学生，用各种文献来丰富我们的头脑，用礼来约束我们的行为，我们想要停止学习都不能。我已经用尽了自己的才智，但似乎仍有一个高高的东西立在我的前面。虽然我想要追随它，却找不到可循的路径。"

■ 管理学解释

本章借颜渊之口说出了孔子管理哲学思想的深刻与伟大。而孔子的另一名弟子子贡也有过类似的赞叹和评价。

《论语·子张》记载，叔孙武叔语大夫于朝曰："子贡贤于仲尼。"子服景伯以告子贡。子贡曰："譬之宫墙，赐之墙也及肩，窥见室家之好。夫子之墙数仞，不得其门而入，不见宗庙之美，百官之富。得其门者或寡矣。夫子之云，不亦宜乎！"

可能有人会认为这些都是孔门师生间的互相吹捧，说明不了什么。作为弟子，颜回、子贡有通过吹捧老师而抬高自己之嫌。实际上，不止颜回、子贡等孔门弟子如此评价孔子，就是孔门以外的人也是这样评价孔子的。

例如，1. 仪封人请见，曰："君子之至于斯也，吾未尝不得见也。"从者见之。出曰："二三子何患于丧乎？天下之无道也久矣，天将以夫

子为木铎。"(《论语·八佾》)

2. 太宰问于子贡曰:"夫子圣者与?何其多能也?"子贡曰:"固天纵之将圣,又多能也。"子闻之,曰:"太宰知我乎!吾少也贱,故多能鄙事。君子多乎哉?不多也。"(《论语·子罕》)

这些都说明孔子在生前就已经因为思想深刻、学识渊博而被视作圣人了。汉以后,随着儒家主流意识形态地位的确立,对孔子的推崇就更加广泛了,不仅官员和统治阶级推崇儒家和孔子的思想,就是求利的商人也自觉以孔子和儒家思想为指导,发展出了璀璨的儒家商业文明。新文化运动以后传统文化开始没落,在西方文明的冲击下不断边缘化,然而到了今天,却大有复兴之迹象。不仅政府层面上大力提倡传统文化,企业家群体及一般民众也将儒家思想奉为治身、治企的指导思想。这些都说明,孔子及其开创的儒家管理学在本质上是深刻的,经得起时间的考验。

那么,为什么孔子及儒家管理学会如此深刻,以至于两千多年一直绵延不断并成为中国文化的精华呢?除了孔子本人超群的天赋,可能还有以下两方面原因。

第一,孔子和儒家全面继承了西周以来的礼乐文明。众所周知,孔子敬佩、学习的是西周以来的礼乐文明。作为西周礼乐文明的开创者,周公也可以说是孔子人生的偶像。而西周礼乐文明虽然古老,但其内含的一系列哲学思想却是非常深刻的。例如"天视自我民视,天听自我民听"的人本主义思想,《易经》所代表的阴阳辩证思维等都体现了这一点,都标志着西周礼乐文明已经达到了华夏自有文明以来的一种高峰状态。而我们今天虽然科技发达,但就哲学思想的深刻性与人文性而言,实际上并没有把握说一定超越了那个高峰。

西周礼乐文明并不是突然出现的,它实际上是此前中国几千年历史和文明的积淀与闪耀。今天我们常说中华民族有五千年文明史。实际上中国的文明史可不止五千年，很可能长达八九千年左右，今天的很多考古发现已经有力地证明了这一点。也就是说在西周礼乐文明以前，中华民族就已经有五千年左右的文明史了。西周礼乐文明正是在汲取这五千年文明成果的基础上发展起来的。因此孔子不仅是西周礼乐文明的继承者，实际上也是此前中华民族几千年历史与文明成果的集大成者。漫长的历史，层层的文明积累决定了春秋战国时代的中国必然会产生孔子、孟子、庄子这样的思想巨人。

第二，孔子本人有非常丰富的社会实践和从政经历。众所周知，孔子出身寒微，为了谋生，年少时从事过一些非常基层的工作。《孟子·万章下》记载，孔子尝为委吏矣，曰："会计当而已矣。"尝为乘田矣，曰："牛羊茁壮长而已矣。"所谓委吏，就是管理粮仓的小官，主要是做保管、会计、出纳等事务。乘田，是掌管畜牧的小吏，主管牛羊的饲养、放牧、蕃息，也就是管理畜牧生产事务。《史记·孔子世家》也记载："孔子贫且贱。及长，尝为季氏史，料量平；尝为司职吏而畜蕃息。由是为司空。"

后来孔子从政，干过季氏的"司空"、中都宰，并凭借自己的能力一直干到了鲁国大司空的高位。因此孔子不但有着对于此前五千年历史和文明的继承，也有着非常丰富的现实实践。这有助于孔子在国家、社会治理及人性、人生意义等重大哲学问题上获得超越常人的理解。

实际上不只是孔子，儒家学者普遍有着丰富的社会实践和从政经历。孟子当过齐国的卿大夫；董仲舒是汉武时期的重臣，曾长时间居于封国国相这样的高位；朱熹虽然醉心于学问，但十九岁考中进士后历任江西南康知军、福建漳州知府、浙东巡抚等职；其后的王阳明更是从刑部主事起步，历任贵州龙场驿丞、庐陵知县、右佥都御史、南赣巡抚、两广总督等职，接连平定南赣、两广盗乱及宸濠之乱，成为明代因军功封爵的三位文臣之一。这些都说明，历代儒学大家很多并非纯学者，他们普遍有着社会管理者的身份与实践，不仅读万卷书，还走万里路，儒家文化背后是扎根大地的实践和宽广的人生视野。

马克思主义强调实践对于哲学社会科学领域理论建构的根本性，认为真正有价值的理论只能在不断的实践中形成和发展起来。脱离了实践，理论和思想也就成了无源之水。孔、孟为代表的儒家等虽没有明确提出这种唯物主义实践观，但是他们思想的形成实际历程却是暗合这种观点的。丰富的实践和宽广的视野决定了儒家能够"下学而上达"，能够直接把握"性"与"天道"这样一些体现宇宙和人生之本质的问题，能够透过层层的历史和现实迷雾，理解对于国家和社会的治理来说什么才是最重要和最根本的。所以儒家管理学虽然古老，但它的很多理论和思考却极具历史穿透性。这也决定了两千多年后的今天，整个社会即使已经非常现代化了，仍然离不开孔子和儒家的思想。不但政府领导需要，经商的企业家需要，甚至一般的民众也离不开。因为民众也面临搞好邻里关系与家庭内部团结、发现生活的价值和意义等现实问题，而儒家对于这些问题的解释往往是相当深刻的。

新文化运动以后，出于对传统文化的不信任及对以"民主、科学"为核心内容的西方现代文明的推崇，使得以儒家为代表的传统文化逐渐被边缘化。改革开放后，以西方管理学、经济学为代表的西方人文社会科学进入中国并开始在国内的高等教育体系中占据了主流地位。然而令人尴尬的是，西方管理学虽然号称科学、现代，却在占据主流地位三十年后面临着脱离实践、不被社会认可的窘迫。国内学术界也围绕这些问题做了很多的讨论和反思，然而结果却难说尽如人意。实际上，理解了孔子和儒家管理学为什么几千年来能够一直长盛不衰，也就理解了西方管理学现在的窘迫了。

就西方管理学来说，其之所以受到诟病，本质上有如下两个原因。

第一，西方管理学受实证主义哲学的影响太深，忽略了实践的重要性。应该承认，早期的西方管理学还是有着比较深的实践底蕴的。很多早期的管理学者本身就是来自实践一线的经理人员。"二战"以后，西方管理学的自我定位发生了重大的变化，开始朝着科学的方向再造。而科学的身份意味着研究者只需要在实践以后从第三者角度冷静思考就行了，不需要亲自下场去实践，甚至也不能下场去实践，因为下场必然意味着各种各样的主观意见和情感，这与科学研究所强调的客观、冷静是不相符的。由于不再重视实践，也不再参与实践，对于管理和人性的体悟也就很难谈得上深刻。如此一来，所谓深刻的理论和思想即使有，也很难有儒家那种穿透千年的深刻性。

就现实来说，不论是中国还是西方，大量管理学研究者的求学和工作轨迹都是从校园到校园，除了偶尔做一点调研外，总体来说缺乏基本的实践经验。如此一来，也就很难把握管理的关键和核心问题，更无法"下学而上达"，提出反映管理之本质的深刻理论和思想。相反，受实证主义及现代大学考评晋升压力的影响，他们满足于研究浅层表面现象之间的所谓规律性联系。这些研究虽然超越了感性经验层面，但也仅此而已，谈不上深刻性和现实指导性。结果就是学术脱离实践，管理学沦为学术圈的一种自娱自乐。

第二，**近代西方文明整体上存有重大缺陷**。任何人文社会学科的发展都不是孤立的，都是嵌套在既有社会文明体系之中的，要受到社会文明整体发展的高度制约与影响，管理学也不例外。就西方文明来说，虽然近两百年来发展出了发达的自然科学技术，引领了人类的工业革命，但是其在人文思想领域却是一个智慧与思想的后来者，存在缺陷。当然，整个西方文明可以上溯到古希腊罗马时代，但是这两个文明先后都中断了。就现实而言，现代西方文明主要是从基督教神学的基础上发展起来的，启蒙运动虽然使得西方社会逐步走出宗教神学的影响，开始用理性的视角打量世界，但是资本主义的兴起以及整个社会对资本增值的追求却使得人们的工具理性得到了片面的发展，更高一级、更重要的价值理性或者实践理性却被忽视了。由此导致近代西方社会个人主义思潮泛滥，整个社会陷入一种主、客二元对立的思维模式中。

近代西方文明在取得巨大科学进步的同时也呈现出一种可怕的野蛮性。西方世界自16世纪以来在全球范围内残酷的殖民扩张以及伴随其中的种族灭绝行为就是这样一种野蛮性的体现。具体到美国来说，直到19世纪50年代竟然还广泛存在着残酷的黑人奴隶制。甚至像华盛顿这样追求自由、平等、人权的开国总统也曾是大量蓄奴的奴隶主。直到南北战争爆发，为了削弱南方的实力，北方才发出解放黑人奴隶的宣言。而这距离泰勒创立科学管理学派只有四五十年时间了。

这些都说明，西方近代虽然在科技和经济方面进步巨大，也诞生过康德、黑格尔这样的哲学家，但作为一个文明整体上存有很大的缺陷。这一特点也决定了诞生于其中的西方管理学必然在根本上缺乏一种哲学意义上的深刻性，不能"下学而上达"，不能在人性与天道的层面上展开哲学意义上的思考，更多的只是体现一种工具层面的技术价值。例如，西方管理学始终难以对人性及管理的根本目的这两个决定管理模式和方向的根本问题展开有深度的讨论，甚至没有意识到这两个问题的重要性，只能追随资本增值的脚步将利润最大化当成自己追求的目标。如此一来，西方管理学虽然看起来非常科学、严谨，实际上却难以把握那个贯穿一切"用"的"体"，不能提供管理最需要的实践智慧。

1.19 "未可与权"章解（9.30）

原文、注释及翻译

子曰："可与共学，未可与适道；可与适道，未可与立；可与立，未可与权。"

1. 适：至，往。
2. 立：坚持道而不变。
3. 权：本指秤锤，引申为权衡轻重，通权达变的意思。

孔子说："有人可以和他一同学习，未必可以和他共同向道；有人可以和他共同向道，未必可以和他共同强立不反；有人可以和他共同强立不反，未必可以和他一起变通灵活地处事。"

管理学解释

此章意在说明为学的几个不同阶段，学习者可对照理解自身所处的阶段。从管理学的视角出发，此章最大的意义在于说明了传统儒家的权变思想，而且随时而恰当地权变是儒家的最高境界。

权变思想是现代西方管理学的一个重要内容。权变思想肇始于20世纪中期英国学者伍德沃德等的研究。在《产业组织》一书中，伍德沃德认为组织的结构及行为方面的差异可以从环境方面得到解释，特别是技术因素会对企业经营活动带来很大的影响。其后伯恩斯、洛希等将相关思想扩展到领导、组织等领域，最终在20世纪七八十年代形成了影响巨大的权变管理学派。该学派内在理论很多，但其核心思想却是一致的，都认为不存在适用于一切情况的普遍原则和方法。中国传统的权变管理思想早在先秦时期就已经很成熟了，并且有着不同于西方权变学派的意蕴及后者不具备的优点，体现了中国人对于管理的独特理解。然而由于种种原因，国内管理学界对其研究还不多见，导致其理论价值和现实价值难以得到充分的发挥。

传统权变管理思想的形成与儒家对"礼"的理解密切相关。"礼"是儒家学说的核心组成部分，儒家特别重视其在维护社会秩序方面的作用，强调"非礼勿视，非礼勿听，非礼勿言，非礼勿动"。但是这并非绝对。儒家并没有完全明晰、必须绝对遵守的戒律，而是重在提出引导行为方向的一般原则。"礼"本质上是针对人们日常交往和社会治理需要而建构起来的，总是和具体的历史条件联系在一起，并不能够完全应对所有可能的情境。因此儒家在主张其原则性的同时，也主张要根据具体的情景变化做出灵活的变通。孔子的"无适也，无莫也，义之与比"与孟子的"执中无权，犹执一也"都体现了此种权变思想。具体来说其主要体现为以下几个方面。

第一，"礼"的实践不拘泥于某种教条和形式，在不违背其根本精神的前提下可以根据实际情况灵活变通。儒家已经意识到，"礼"之内在精神虽是永恒的，但具体内容和形式则是一种社会建构，不可避免地带有某种历史性，故而要在尊重其基本精神的前提下根据时代和环境的要求做出必要的形式变通。那些不顾实际而固执于"礼"的某种外在形式的做法看似尊重"礼"，实则忽略了其固有的历史渊源与应用边界。这样做不但无法彰显其内在合理性，反而会损害其权威性。所以孔子强调"麻冕，礼也。今也纯，俭，吾从众"（《论语·子罕》）。按照周礼，孔子以前的时代都用麻布做冠。但孔子时代已经流行用丝，而且丝的成本还要低一些。孔子认为在不违背"礼"之根本精神的前提下，可以在形式上适当变通以适应条件的变化。

第二，在相关规范、原则相冲突时要根据具体情境权衡变通，选择应该遵守的规则。"礼"是一个庞杂的规范体系，对人与人、人与天地万物之间的关系进行了详细的规定,由此保证了国家和各类组织的和谐有序,但也导致不同规范或者原则可能在某种情境下相冲突,造成当事人选择上的困难。例如男女授受不亲是一条规范男女日常交往的原则,危急时刻救人一命也是"礼"所提倡的原则,一般情况下两者并行不悖。但是当嫂子掉入水中的时候,当事人就会面临两种原则冲突。对于此种特殊情况,儒家要求当事人不能固守某一原则,要根据事情的轻重缓急及相关原则之适用范围进行判断,进而确定自己应该遵循的原则。当"嫂溺于水"时,孟子认为不应该再固守男女授受不亲的原则。因为其只适用于日常情况,人的生命相对于"男女之防"来说显然更加重要。若因为男女有别而视水中挣扎之人无动于衷,实际上违背了周礼爱人的根本精神。故而孟子强调"嫂溺不援,是豺狼也。男女授受不亲,礼也。嫂溺援之以手者,权也"(《孟子·离娄上》)。

第三,根据实际情况,在两个冲突的规则之间选取一个合适的"度"。孟子曾指出"杨子取为我,拔一毛而利天下,不为也。墨子兼爱,摩顶放踵利天下,为之。子莫执中,执中为近之。执中无权,犹执一也"(《孟子·尽心上》)。孟子批评杨朱和墨子代表了两种处事的极端:一个是只知有己而不知有天下;另一个则是只知有天下而不知有己。而不走极端、选择合适的"度"是儒家一个重要的原则。当事人要从具体的条件出发,通过"叩其两端而竭焉"选取一个合适的中间值,做到"无过无不及"。而且这个中间值也要随环境变化而变化,否则就是"执中无权,犹执一也"了。

总之,传统儒家有着丰富的权变思想,由此形成了中西方管理思想的某种共性,而这种共性根植于双方相似的复杂系统观。西方之所以在20世纪五六十年代发展出各种权变理论,根本原因在于其在这一时期发展出了一种复杂系统观。组织不再被看作孤立、静止的系统,而是被看作是开放的、发展的,与外部环境间有着物质、信息、能量交换的复杂系统。这种观点要求组织不能墨守成规,必须针对环境的变化做出灵活的应对。而传统文化也很早就认识到宇宙本身是不断往复变化、不断生成的。例如《易经》之"易"本质上代表的就是天地万物、阴阳的不断"变化"与"生成"之意。所谓六十四卦在本质上就是通过阴爻和阳爻的不断变化而展现人生种种境遇的不断生成与变化。这也从根本决定了个体或者组织必须根据环境的变化做出灵活的调整和变通。可见《易经》为代表的传统哲学实际上内含了一种与后世西方相类似的复杂系统观,传统儒家自然也就会形成相类似的权变思想。

中国传统管理思想虽然有着与西方相类似的权变思想,但其毕竟有着独特的文化背景与历史渊源,这种不同影响到传统管理思想对权变的理解,使其呈现出西方权变管理思想不一样的特点。这主要体现在以下方面。

第一,传统权变以"执经"为基础,本质上是对"经"的补充或者调整。"礼"所代表的各种行为规范是日常情况下必须遵循的原则,是儒家推崇的"经"和"常"。只有偶然情况发生时,对于"礼"的遵守才需要根据具体情况做出权衡与改变。因此传统权变思想本质上是"执经达权"。权变是特殊情况下对日常之"经"的必要调整和补充。后世董仲舒从天道运行的角度讨论了经、权的相互补充与主次关系,认为与"贵阳而贱阴"相一致,天道也必定是"先经而后权"。否则,必然导致"权"的主观臆断与诡诈欺骗,不仅无法彰显"权"的合道价值与选择智慧,反而会直接陷入"权"的无法无天与自我中心泥潭。

而中国传统权变思想这一特点在西方各种权变理论中是难以找到的,后者虽然强调权变,但却并非针对日常必须遵守之"经"而言。这点可以从费德勒权变领导模型略窥一二。作为权变理论的代表,该模型遵循了权变学派的一贯思路,强调不同环境与领导手段之间的对应关系,但没有说明哪一种领导手段是不能轻易违背的"经",各种情景似乎大致是平行的,各种领导手段也没有主次、轻重之分。如此一来,其所谓的权变就不是儒家意义上对日常之"经"的调整和补充,只是强调了"权"的重要性,没有充分关注"经""权"之间的辩证关系。因此,传统的"执经达权"思想在西方权变理论中是不存在的。

第二,中国传统权变思想以"合道"为根本旨归,强调特殊情况下对"经"的调整、补充。这种调整、补充不是随便的,而是必须合乎人类根本道义之精神。否则,所谓的权变就难以成立,而是一种突破人伦底线的"恶"。

孔子指出,"君子之于天下也,无适也,无莫也,义之与比"(《论语·里仁》)。孟子也强调,"大人者,言不必信,行不必果,惟义所在"(《孟子·离娄下》)。所谓的"义"即是道义,代表了一种行动上的正当性和"至善理性信仰"。儒家已经意识到现实的人心并不必然是善的,当事人完全可能以"反经"和"权变"为借口来达成自己不可告人的目的,因此对权变做出了严格的规范,即必须有一种符合人类根本道义的正当性。嫂溺施以援手的例子就很充分地体现了这种正当性。因此杨国荣先生指出,"尽管主体在具体境遇中的选择不可执一,但灵活变通同时又必须以某些普遍的原则为依据。嫂溺水时,固然可以不受'男女授受不亲'之礼的限制,但援手救嫂的同时又体现了一般的仁道原则"。

而西方权变理论却不见这一要求。西方权变各学派理论很多,但都有着统一的逻辑,都是将组织面临的环境划分为几种不同的类型,要求不同环境下选择不同的组织或者领导方式。而这种选择完全是一种基于效率的计算和推理,并不过多考虑由此带来的社会影响及责任,也不要求符合根本人心道义的正当性。这一点从伍德沃德的权变组织理论开始，一直到 21 世纪的诸权变理论都没有发生本质的变化。也就是说西方权变思想完全是一种工具理性层面上的权变。因此合乎道义也就成了中国传统权变思想不同于西方权变思想的另一个重要特点。

第三，传统权变思想强调"圣人执权"。传统权变思想强调"合道"，而具体情境下如何权变才算是"合道"却不是有章可循的。作为一种判断，它本质上依赖于当事人具体情境下辨别是非与轻重缓急的能力，这也决定了传统权变语境下的当事人需要有圣人般的道德境界。私心太重，达不到圣人的境界，则当事人的判断和思考就会受到影响而思虑不清，必然会借权变之名行自我私欲之实。圣人般的道德境界则意味着万物与我一体，摆脱人我、物我的隔绝不通，能够时时做到"己所不欲，勿施于人"，从而使得权变虽脱离日常之"经"但却又具有道德上的正当性。所以朱熹认为"所谓经，众人与学者皆能循之。至于权，则非圣贤不能行也"。又说"学未至而好语变者，必知终有患。盖变不可轻议，若骤然语变，则知操术已不正"（《朱子语类》卷第三十七）。

西方权变理论对于当事人则没有道德上成圣的要求，强调的是人的工具理性：领导者需要具有识别自己所面临的具体情境类型并以此为基础进行推理和选择的能力，并不需要高尚的道德境界做基础。因此"圣人执权"也就成为中国传统权变思想区别于西方权变理论的一个重要特点。

以上简要讨论了中西方权变思想间的差别。可知，虽然两者都强调了权变的重要性，但它们在具体内容上还是有着重大的区别。而之所以有这种区别，乃是因为西方权变属于科学的范畴，而传统权变思想反映的则是儒家的心学传统。前者体现的是一种现代性。后者虽形成于两千多年前，却体现了一种西方世界 20 世纪后才有的后现代性。这些不同综合在一起就体现了中西方对于管理和权变的不同理解。

虽然中国传统权变思想不为管理学界所熟悉，但其心学本质及后现代的属性却使其拓展了西方管理学对于权变的理解，将我们带入一个理解权变的新视角。西方管理学对于权变的理解本质上限于工具理性层面；而中国传统管理思想对权变的理解则说明权变不应止于效率意义上的推理和选择，还体现为价值原则和规范的灵活选择与运用，体现为道德、情感等的广泛参与和综合作用。这样一个新视角有助于我们进一步理解权变的本质，也有助于解决实践问题。

第一，传统权变思想能够提供权变所需要的根本目的指向。管理本质上是实践。而实践是人在一定目的和理想指导下的有意识的行为。管理实践的形式多种多样，但是没有目的和理想指向的实践却是不存在的。目的和理想之所以重要在于其很大程度上决定了管理实践的根本方向、战略选择及管理模式等。因此目的和理想看似虚无，实际上却是一切管理理论的基础。西方管理学将自身定位为一门科学，因此其对于管理的根本目的和理想缺乏必要的关注。科学化的定位意味着其只关注实然性的问题，重在解释"是什么"。而目的和理想属于应然性的问题。如此一来，西方管理学自然也就不会给予必要的关注了。同时目的和理想的建立有赖于组织对"什么是人""人应该如何活着"等的哲学思考。而科学化的西方管理学实际上无力解决这些问题。相反，科学化定位最终使得人的工具理性得到片面张扬，利润最大化、效率最大化等成为西方管理学事实上的目的。这样一个目的指向在西方权变学派中有着很明显的体现，表现为其内部理论虽众多，却都指向效率和利润的最大化。因此，西方权变思想实际上面临着重大的理论危机。因为见物不见人，没有将人的生存和发展放在中心的位置，很可能忽视被管理者、消费者乃至自然环境的合理权益，造成过分的剥夺与控制。

中国传统权变思想对管理者的权变行动有着严格的限制，要求不能违背根本的道义精神。而传统意义上的合道则意味着"成己、成物"这样一个最终的目的。所谓"成己"乃是在德、智、体诸方面成就自己，特别是在德性方面成就自己，使自己成为一个真正大写的人。"成物"则是成就他人、万物，使其能够各尽其性、各安其命，实现人与人、人与自然万物的和谐相处。与组织利润及效率最大化相比，这样一个目的似乎是不够理性的，但在根本上来说却又是理性的。它在根本上保证了组织一切权变活动道德意义上的正当性，不但可以抑制组织依靠手中资本和权力对员工、消费者及自然万物的不合理剥夺与控制，还可以最大限度地赢得组织内外对相关行动、政策的真正认可与接受，从而在根本上减少内耗、增强组织的凝聚力，最终保证组织的效率和效力。因此传统权变内涵的"合道"思想实际上提供了西方权变思想所缺少的目的与理想指向。

第二，传统权变思想能够提供具体权变所需要的道德合理性，有效解决具体情境下"应该做什么"的问题。组织内的各种权变活动本质上是面向实践的，不仅要解决"目的是什么"，还要解决具体情境下"应该做什么""怎么做"的问题。"怎么做"关联着工具意义上的合理性，"应该做什么"则意味着一种道德上的正当性，要求管理者对复杂情境下具体行动的利害关系做出准确的道德判断。西方权变思想本身也是重视理性的，但是其所重视的只是工具理性，忽视了道德意义上的正当性。因此西方权变思想看似理性，本质上却又是有缺陷的，只能在理论层面上回答"是什么"的问题，却难以回答具体情境下"应该做什么"的问题。因为从理论层面的"是什么"推导不出道德层面的"应该做什么"。

而中国传统的权变思想在这一方面却有着自己的优势。传统权变思想强调行动的合道义性。这本质上就是追求一种道德层面的正当性，意味着相关选择能够为众人认可和接受。同时传统权变思想对当事人道德境界又是极为重视的，强调"圣人行权"，要求当事人在权衡、选择的时候能够做到敏锐地觉察他人内心所思所想，自觉做到"己所不欲，勿施于人"。这又从另外一个方面为权变行动的道德正当性提供了保障。也就是说传统权变思想能够提供西方权变理论所忽视的道德正当性，解决其难以解决的具体情境下"应该做什么"的问题。

实际上，管理的权变发生在价值理性和工具理性两个层面。儒家的权变和西方管理学的权变大体来说分属这两个层面。但是由于管理本质上是以人为核心的一种活动，所以权变思想更核心、更重要的是发生在价值理性层面的那种权变。从这个意义上来讲，儒家的权变思想是更需要管理者们理解和把握的。可惜的是，今天管理学界一说到权变就是西方的各种权变理论，忘记了传统儒家的权变思想。

1.20 "闻斯行诸？"章解（11.22）

原文及翻译

子路问："闻斯行诸？"子曰："有父兄在，如之何其闻斯行之？"冉有问："闻斯行诸？"子曰："闻斯行之。"公西华曰："由也问闻斯行诸？子曰'有父兄在'；求也问闻斯行诸？子曰'闻斯行之'。赤也惑，敢问。"子曰："求也退，故进之；由也兼人，故退之。"

子路问："凡事一听到就行动吗？"孔子说："父亲和兄长都在，怎么能听到就行动呢？"冉有问："凡事一听到就行动吗？"孔子说："一听到就行动。"公西华说："仲由问一听到就行动吗，您说父亲和兄长都在，怎么能一听到就行动呢；冉求问一听到就行动吗，您说一听到就行动。我有些糊涂了，斗胆想问问老师。"孔子说："冉求平日做事退缩，所以我激励他；仲由好勇胜人，所以我要压压他。"

管理学解释

孔子是伟大的教育家，在中国历史上首创了"有教无类"，一生弟子三千，贤者七十二，对于中华文明的发展和延续起到了至关重要的作用。孔子之所以能够培养出包括颜回、子贡、子路、曾参等在内的众多高徒，与其对教育的理解，特别是因材施教的教育方法密不可分。

所谓因材施教，就是根据受教育对象本身的实际情况进行有针对性的教授及答疑。本章就典型地体现了孔子的这种教育方法。冉求位列孔门十哲，是孔门弟子中比较特殊的一位。他跟着孔子学习，很早就表现出了在政务方面的才能，属于政事科。后来他出仕做了季氏的家臣，在孔门弟子中算是仕途比较顺利的了。孔子对冉求的评价也比较高，认为"求也艺，于从政乎何有？"。但是冉求本人在性格上有一个比较突出的弱点，即勇气不足，往往在一些大是大非问题上不能坚持原则。后来他做了季氏家臣，面对季氏横征暴敛等各种不仁之行为，冉求不但不能劝谏，反而帮助其横征暴敛，受到孔子严厉的批评，"（冉求）非吾徒也，小子可鸣鼓而攻之可也"。另外，面对孔子的教导，很多弟子都是勉力行仁，而冉求却不能尽全力，同时还为自己的这样一种行为进行辩解："非不说子之道，力不足也"。孔子对他的回答很不满意，指出"力不足者，中道而废，今女画"。可见，冉求在性格上有其缺陷，主要是缺乏勇的一面。孔子充分考虑到了这一点，在回答其问题时给出了"闻斯行之"的答案，意思是不要有太多的顾虑，要勇于行动。因为考虑多了，很容易陷入自我利益的算计中去。

而子路则正好与之相反，其性格中有其非常果勇的一面，但对于事情该做不该做、合理不合理却往往缺乏周密的思考。孔子对于子路曾有过"由也果""由也好勇过我，无所取材"这样一些评价，担心"若由也，不得其死然"（后来子路果然死于卫国内乱之中）。所以孔子要求其要多听听父兄的意见，不要鲁莽行事。

此章很典型地体现了儒家管理哲学因材施教的教育思想，这种思想还体现在孔子与其他弟子的问答中。例如在回答弟子何为"仁"时，孔子会根据弟子的问题、水平等给出完全不一样的回答。颜渊来问仁，孔子的回答是"克己复礼为仁"，然后又在后面发挥了一大段。颜渊问仁，子曰："克己复礼为仁。一日克己复礼，天下归仁焉。为仁由己，而由人乎哉？"（《论语·颜渊》）而司马牛来问同样的问题时，孔子的回答又变成了"仁者，其言也讱"。之所以如此回答，是因为弟子们所面临的问题和人生境遇是不一样的。颜回资质颇高，孔子对其期许也大，因此在回答其何为"仁"这一问题时，孔子讲了一番"仁"与"礼"的内在关系。司马牛没有颜回那样的天资，而且言多而躁，所以孔子就答以

"仁者，其言也讱"。

由于孔子特别注意因材施教，所以我们也就很难在他那里发现关于某一个事情的普遍性做法或者定义。例如很多弟子问什么是"仁"、什么是"孝"，但因为要因材施教，所以孔子的回答也是多样化的，始终没有形成唯一的定义。这与现代管理学范式是很不一样的。同样是为了培养管理和领导人才，现代管理学、政治学在回答一些问题的时候，往往会给出一个统一的定义，而不管学生本身的资质如何及面临的实际问题。而学习者的任务也就是好好理解这样一些普遍化的定义。这使得很多习惯了现代学术范式的学习者在阅读《论语》这样的儒家经典时往往丈二和尚摸不着头脑，无法理解孔子多样化回答背后的用意，只能将之划入不科学、前现代的范畴中。那么，为什么儒家管理哲学不像现代学术体系那样给出一个普遍化的定义或者概念而是非要结合学生本身的境遇或者问题进行回答呢？

笔者认为，这是由儒门管理学的理念所决定的。就孔子而言，其教育的目的在于引导学生做一个道德上的君子，而非只是做一个理论知识丰富的学者。而要想成为一个道德君子，很重要的一点就是相关教育的内容能够和学生的实际情况结合起来，达到直击心灵深处的效果。如此一来，学生方有切身的感悟和震撼，方有道德境界的提升和君子人格的养成。做不到这一点，只是给其一个和自己生活完全不相关的一般性答案，学生就很难有进一步的思考，从而也就很难有真正的感悟和提升。以"仁者，其言也讱"为例，可以想象的是，孔子有针对性的回答一定会给平时自我感觉良好的司马牛带来不小的心理震撼与启发，在引导他正视自己缺陷的同时，还可能进一步引导他思考"什么是人""人应该如何活着"等重大且根本的人生问题，从而有利于其内心深处潜藏着的道德灵性的觉醒，有利于他对道的把握。

而现代西方人文学术体系建立在现代自然科学范式之上，本质上旨在发现、建构各种理论知识。在其看来，正如牛顿力学中的相关理论反映了自然世界的本质规律一样，相关人文理论和概念也反映了人文世界的本质规律，学习者只要把握了这些普适化的概念和理论，自然就会成为一个好的管理者和领导者。因此现代人文学术体系不以悟道和培养道德君子为首要目的，而是以传授、创造理论知识为己任。因此，体现在教学上，其必然只会提供各种普适化、统一性的答案，而不会像孔子那样进行个性化的启发式教育。由此也就形成了中西方管理学在学术范式上的一个重大差别。

另外，儒家以悟道为目的。而"道"作为宇宙最内在的本质，作为人生的一种应有之选择，人们是很难通过所谓的科学研究与观察给其下一个明确的定义的。中国古代先哲也很早就意识到了这一点，故有"道可道，非常道"一说。正如张祥龙先生所强调的，作为做人的一种极致，"仁绝非可以用普遍化方法把握，用概括、直言的方式一口说尽的原则"。如此一来，儒家也就犯不上非要给其下一个确定的、普遍化的定义，而是更偏向于根据学生的问题和境遇给出一个时机化的回答。所以儒家管理学在学术范式上也就形成了一种西方后现代主义才有的非普遍主义。而以西方管理学、政治学为代表的现代学术则体现出一种鲜明的普遍主义。而这也说明，儒家就时间上来说属于前现代的范畴，然而就其本质特点来说，则体现出相当的前瞻性与适应性。只有从后现代的视角出发，才能对儒家管理学有更深刻、更直接的把握（当然二者之间也有不小的差别）。正如楼宇烈先生所指出的，儒家文化和西方现代学术本质上属于两种不同类型的文化体系，这种不同更多地体现为东、西之间的一种不同，而不是一种时间先后顺序上的不同。所以不要动不动给儒家贴上前现代和不科学一类的标签了，那只是一种西方中心论支配下的文化不自信而已。

1.21 "子路、曾皙、冉有、公西华侍坐"章解（11.26）

■ 原文及翻译

　　子路、曾皙、冉有、公西华侍坐。子曰："以吾一日长乎尔，毋吾以也。居则曰'不吾知也'。如或知尔，则何以哉？"子路率尔而对曰："千乘之国，摄乎大国之间，加之以师旅，因之以饥馑，由也为之，比及三年，可使有勇，且知方也。"夫子哂之。"求，尔何如？"对曰："方六七十，如五六十，求也为之，比及三年，可使足民。如其礼乐，以俟君子。""赤！尔何如？"对曰："非曰能之，愿学焉。宗庙之事，如会同，端章甫，愿为小相焉。""点，尔何如？"鼓瑟希，铿尔，舍瑟而作，对曰："异乎三子者之撰。"子曰："何伤乎？亦各言其志也。"曰："莫春者，春服既成，冠者五六人，童子六七人，浴乎沂，风乎舞雩，咏而归。"夫子喟然叹曰："吾与点也！"三子者出，曾皙后。曾皙曰："夫三子者之言何如？"子曰："亦各言其志也已矣。"曰："夫子何哂由也？"曰："为国以礼，其言不让，是故哂之。""唯求则非邦也与？""安见方六七十、如五六十而非邦也者？""唯赤则非邦也与？""宗庙会同，非诸侯而何？赤也为之小，孰能为之大？"

　　子路、曾皙、冉有、公西华四人陪坐孔子。孔子说："我比你们年龄都大，你们不要因此就不敢尽情说话。你们平时总说没有人了解自己。如果有人了解你们，那你们怎么办呢？"子路轻率而急切地回答说："如果有一个千乘之国，夹在几个大国之间，外面有军队侵犯，国内又连年灾荒，我去治理它，只要三年，就可以使那里人人有勇气、个个懂道义。"孔子听后微微一笑。又问："冉求，你怎么做呢？"冉求回答说："方圆六七十里或五六十里的小国家，我去治理它，等到三年，可以使人民富足。至于礼乐方面，只有等待贤人君子来教化了。"孔子又问:"公西赤,你怎么做呢?"回答说:"不敢说我多有能力,只是愿意学习罢了。宗庙祭祀或者同外国盟会,我愿意穿着礼服,戴着礼帽,做一个小傧相。"孔子接着问:"曾点!你打算怎么做?"曾点弹瑟的节奏逐渐稀疏,"铿"的一声放下瑟站起来,回答道:"我和他们三位所说的不一样。"孔子说:"那没关系,也不过是各人谈谈志向罢了。"曾皙说:"暮春三月的时候,春天的衣服穿在身上,我和五六位成年人,还有六七个儿童一起,在沂水岸边沐浴,在舞雩台上吹风纳凉,唱着歌儿走回来。"孔子长叹一声说:"我赞赏你的主张。"子路、冉有、公西华三个人都出来了,曾皙走在后面。他问孔子:"他们三位同学的话怎么样?"孔子说:"也不过各人谈谈自己的志向罢了。"曾皙说:"您为什么笑仲由呢?"孔子说:"治理国家应该注意礼仪,他的话一点也不谦逊,所以笑他。"曾皙又问:"难道冉求所讲的不是有关治理国家的事吗?"孔子说:"怎么见得方圆六七十里或五六十里的地方就算不上一个国家呢?"曾皙再问:"公西华讲的就不是国家吗?"孔子说:"宗庙盟会,不是国家是什么?公西华只能做小傧相,那谁能做大傧相呢?"

管理学解释

这一章非常有名,一方面是因为篇幅很长,在《论语》中少见,另一方面也是因为其表达的思想很深刻。关于此章历来有多种不同的解释,为我们今天理解此章提供了不同的思路。

围绕此章之所以出现不同的解释,主要是因为不同学者对"吾与点也"有不同的理解。第一种理解认为,孔子之所以赞同曾皙,乃是因为曾皙有一种弘扬礼乐的志向。所谓"莫春者,春服既成,冠者五六人,童子六七人,浴乎沂,风乎舞雩,咏而归",表达的是参与祭祀或者学习祭祀。如此一来,"吾与点也"也就是孔子对曾皙弘扬礼乐之志向的赞赏。从古至今类似的理解很多，例如王充认为："说《论》之家，以为浴者浴沂水中也；风干身也。周之四月，正岁二月也，尚寒，安得浴而风干身？由此言之，涉水不浴，雩祭审矣。……孔子曰：'吾与点也。'善点之言，欲以雩祭调和阴阳，故与之也。"

第二种理解认为，曾晳的"莫春者，春服既成，冠者五六人，童子六七人，浴乎沂，风乎舞雩，咏而归"体现了一种洒脱、超然的人生境界，孔子很喜欢这一点，所以喟然长叹，"吾与点也"。也有很多学者持这种观点。例如朱熹认为："曾点之学，盖有以见夫人欲尽处，天理流行，随处充满，无少欠阙。故其动静之际，从容如此。而其言志，则又不过即其所居之位，乐其日用之常，初无舍己为人之意。而其胸次悠然，直与天地万物上下同流，各得其所之妙，隐然自见于言外。视三子之规规于事为之末者，其气象不侔矣，故夫子叹息而深许之。而门人记其本末独加详焉，盖亦有以识此矣"。

除了以上两种观点，还有为师说和太平社会说两种观点。前者认为曾晳志在继承师业，传道解惑。后者则认为曾晳通过"冠者五六人，童子六七人，浴乎沂，风乎舞雩，咏而归"描绘了一种理想的太平社会。

上述几种理解，哪一种比较反映文本的原意呢？个人认为，第二种理解，即超脱政治可能比较合理一些，而太平社会说和礼乐祭祀说可能不太靠谱。孔子在这里询问的是弟子们的志向，即将来想做什么，所以太平社会一说显然不太合理。礼乐祭祀说似乎有些道理，但如果细细探究起来，也是有很多不合理之处的。

公西华的回答"宗庙之事，如会同，端章甫，愿为小相焉"，表达的也是志在礼乐。而孔子对之并没有特别的赞赏。如果赞赏曾晳是因为其志在礼乐祭祀，显然是前后矛盾，解释不通的。而且曾晳在历史上有狂士之名，常常不把当时流行的礼乐放在眼里。《礼记·檀弓》记载，鲁国大夫季武子专权，曾皙对此非常不满，"及其丧也，曾点倚其门而歌"。这固然说明曾皙性格中不畏强权的一面，同时也说明其并未将当时之礼乐制度放在眼里。这样一个不拘小节的狂士，在人生志向上是不太可能止步于礼乐祭祀的。

如此一来第二种理解，即超然、洒脱的境界说也就比较合理了。

孔子一开始就说"以吾一日长乎尔，毋吾以也。居则曰'不吾知也'。如或知尔，则何以哉？"从其中的"不吾知也"可以看出，孔门弟子还是很想出仕当官的，但是这样的机会不多，只有少数人能够出仕，所以大家平时免不了牢骚两句，埋怨当权者不了解自己。因此当孔子询问"如或知尔，则何以哉？"即问如果有机会出仕，你们各自的志向是什么时，子路、冉求、公西华都是以从政的角度加以回答的，虽然其各自具体志向有差别。曾皙的志向不同于三位同门，但必定也是从仕途名利的角度出发加以思考的，否则谈不上"异乎三子者之撰"。从这样一个角度讲，"莫春者，春服既成，冠者五六人，童子六七人，浴乎沂，风乎舞雩，咏而归"所表达的只能是对仕途名利的一种超越，一种不以个人政治得失为累的自由心境。

孔子一生弟子众多，史上留名的有一些，但总体来讲不多。对于孔门弟子，我们的了解多来自《论语》，人们往往认为孔门弟子个个贤良且均为君子，但实际情况可能比较复杂。从《论语》透露出的一些信息来看，孔门弟子，包括一些比较有名的弟子，还是比较迷恋于仕途和名利的，有的弟子（如冉求）甚至为此帮助统治者盘剥百姓。孔子虽然希望通过培养弟子从政改变当时礼坏乐崩的局面，但从政在孔子看来只是工具，并不是最终的目的，最终的目的还是"修己安人"。也就是说，孔子并不愿意看到弟子们汲汲于仕途名利，希望其有更加高远超脱的人生目标。《论语》中的很多章节实际上也是与此相关的。

例如，1. 子张学干禄。子曰："多闻阙疑，慎言其余，则寡尤；多见阙殆，慎行其余，则寡悔。言寡尤，行寡悔，禄在其中矣。"（《论语·宪问》）

2. 子曰："不患人之不己知，患不知人也。"（《论语·学而》）

3. 子曰："不患无位，患所以立。不患莫己知，求为可知也。"（《论语·里仁》）

4. 子曰："学而时习之，不亦说乎？有朋自远方来，不亦乐乎？人不知而不愠，不亦君子乎？"（《论语·学而》）

上述章节其实都是针对这个问题有感而发的。正因为众弟子汲汲于仕途名利，所以当闵子骞、漆雕开婉拒送上门的出仕机会时，孔子非常开心，把他们大大地夸奖了一番。

此章孔子又围绕这个问题让弟子们各抒己志。子路等的回答虽也不能说错，但还是透露出一种对于仕途名利的渴望。而曾皙的回答看似平淡，实则显示出他对于仕途和名利的超脱，而这种境界是孔子所看重的。在其看来，这是君子必须具备的。没有这种境界，难免会陷入富贵名利的泥潭中而难以自拔，最终是做不成君子的。

孔子之所以欣赏颜回也是同样的道理。颜回能够"一箪食，一瓢饮，在陋巷，人不堪其忧，回也不改其乐"，主要还是因为他能够超越世俗功名利禄的诱惑，从而能够体会到简单生活中所蕴含的幸福和快乐。而至于孔子本人，虽然一辈子想当官求任用，但却并不将此当成一个绝对的追求。孔子当官的目的是拯救当时礼坏乐崩的局面，是为了天下的黎民百姓，不是为了个人和家族的权势和荣耀。孔子当时名气很大，也有着相当的执政才能，各国统治者都希望延揽孔子为己所用。但孔子对于抛过来的橄榄枝，很多情况下还是表现出一定的谨慎。如果统治者没有表现出匡扶天下秩序的决心、没有表现出恢复周礼的坚定信念，孔子就会毫不犹豫地拒绝他们，例如"卫灵公问陈"一章就表现了此种境界。可见孔子在做官这件事上是很超脱的，没有被世俗的功名利禄所束缚，既能有志于居庙堂之高，也能欣欣然处江湖之远。但是很多弟子却没有做到这一点。相比较于众弟子，曾皙的超脱是出类拔萃的，在一定程度上体现出了后世一再称道的、以"孔颜之乐"为表现的圣人气象。所以孔子喟然长叹，"吾与点也"。

关于此章另外一个想说的问题是，此章颇有道家庄子逍遥之风。学者一般认为庄子属于道家，孔子属于儒家，二者泾渭分明。特别是《庄子》一书中有着很多对孔子和儒家的批判，因此在很多人看来，儒、道无大同，要想获得精神上的逍遥，还是要学习道家和庄子，儒家和孔子是提供不了这份逍遥的。实际上儒、道两家的差异并不是那么的大，儒家在礼乐之外也是很重视精神上之逍遥的。颜回的"箪食瓢饮"、曾皙的"浴乎沂，风乎舞雩，咏而归"实际上都在很多方面暗合了庄子超越物质名利、无待的逍遥精神。所以后人有"东鲁春风吾与点，南华秋水我知鱼"的说法。这也说明儒、道之间的区别并不像一般所认为的那样大。实际上，从宋明理学开始，很多学者就认为庄、孔很大程度上是相契的，到了明朝这种观点愈发盛行，方以智、王夫之为代表的众多学者都持有此种观点。一直到今天，此种观点还是很流行。而这也造成了学术研究中的一个千年公案：庄子到底是属于儒门还是道家？

最后从管理学的视角谈一下本章的内涵。

本章体现了儒家管理学不同于西方管理学的范式特点——重视管理者的心灵自由和解放。西方管理学重视的是效率的达成，只在工具理性的层面上考虑问题，由此不仅造成了对被管理者、消费者等的过分控制和剥夺，实际上也将管理者置于一个很不利的境地。因为管理者对利润、荣誉等的过分重视和追求很可能使得自己深陷其中，不能自拔，最终成为物欲和金钱的奴隶。实际上这也是现实中很多管理者面临的一个大问题，西方管理学却对此没有给予必要的关注和探讨。而儒家管理学则强调"成己、成物"，在强调关爱、成就他人的同时，强调自我境界的提升与精神的自由，不能成为金钱、名利的奴隶。也就是说，在儒家看来，好的管理不仅要与天合、与地合、与人合，还要与己合，一定要让自己感到发自内心的自由和快乐。那种让自己陷入名利不能自拔、天天让自己感到烦躁、紧张、郁闷的管理方式和理论一定在本质上就是有缺陷的。因此此章实际上体现了儒家和西方管理学在范式层面上的一个重大差别。实际上这种差别还体现在儒家管理学与后现代管理学之间。后现代管理学虽然注意到了现代管理对劳动者的驱赶与压迫，重视被管理者的解放与自由，但是也仅此而已，因为其没有注意到现代管理对管理者自身的奴役与控制，从而其对现代管理学的批判与改造也就缺乏更大的力度与空间。

1.22 "年饥，用不足"章解（12.9）

■ 原文、注释及翻译

哀公问于有若曰："年饥，用不足，如之何？"有若对曰："盍彻乎？"曰："二，吾犹不足，如之何其彻也？"对曰："百姓足，君孰与不足？百姓不足，君孰与足？"

彻：西周时流行的一种田税制度，"什一而税谓之彻"。

鲁哀公问有若说："年成歉收，国家备用不足，怎么办呢？"有若回答说："何不实行十分抽一的税率呢？"哀公说："十分抽二，尚且不够用，怎么能去实行十分抽一呢？"有若回答说："如果百姓用度足，国君怎么会用度不足呢？如果百姓用度不足，国君用度怎么会足呢？"

■ 管理学解释

本章很重要，因为它涉及了儒家的经济思想，而这种经济思想对于今天的中国社会来说依然具有十分重要的意义。

就儒家而言，其本身是一种人本主义思想，主张将民众的利益放在最根本的位置上。体现在税收上，就是儒家始终主张轻徭薄赋的税收政策，目的在于使民众过上较为安定的生活。本章鲁哀公就财税不足的问题咨询于孔门弟子有若。有若建议他实行西周时期的"彻"法，即十税一的税收政策。但是鲁哀公认为十税二都不足，十税一怎么能够呢？而有若则从君民一体、民为邦本的角度出发，反问道："百姓足，君孰与不足？百姓不足，君孰与足？"

《礼记·檀弓下》记载：孔子过泰山侧，有妇人哭于墓者而哀，夫子式而听之，使子贡问之，曰："子之哭也，壹似重有忧者。"而曰："然。昔者吾舅死于虎，吾夫又死焉，今吾子又死焉。"夫子曰："何为不去也？"曰："无苛政。"夫子曰："小子识之，苛政猛于虎也。"

从这样一些记载中可以看出，春秋时代统治者加诸百姓的税负已经很沉重了，超过了十税二这样一个已经很高的水平。孔子及其弟子对于这种做法很不满，希望统治者能够减轻民众的负担，恢复西周时期的十税一的传统做法。

可惜的是，孔子及其弟子的这样一种主张并没有为当时的统治者们所接受。但是儒家为民请命、主张减轻民众负担的呼声却始终没有停止。孟子在游说诸侯的时候不厌其烦地劝说统治者实行仁政，主要内容之一就是废除各种苛捐杂税，减轻民众的负担。例如孟子在劝说滕文公实行仁政的时候指出："夏后氏五十而贡，殷人七十而助，周人百亩而彻，其实皆什一也。彻者，彻也；助者，藉也。龙子曰：'治地莫善于助，莫不善于贡。'贡者，校数岁之中以为常。乐岁，粒米狼戾，多取之而不为虐，则寡取之；凶年，粪其田而不足，则必取盈焉。为民父母，使民盻盻然，将终岁勤动，不得以养其父母，又称贷而益之，使老稚转乎沟壑，恶在其为民父母也？夫世禄，滕固行之矣。《诗》云：'雨我公田，遂及我私。'惟助为有公田。由此观之，虽周亦助也。"

《孟子·公孙丑上》篇强调："尊贤使能，俊杰在位，则天下之士皆悦，而愿立于其朝矣；市，廛而不征，法而不廛，则天下之商皆悦，而愿藏于其市矣；关，讥而不征，则天下之旅皆悦，而愿出于其路矣；耕者，助而不税，则天下之农皆悦，而愿耕于其野矣；廛，无夫里之布，则天下之民皆悦，而愿为之氓矣。信能行此五者，则邻国之民仰之若父母矣。率其子弟，攻其父母，自生民以来未有能济者也。如此，则无敌于天下。无敌于天下者，天吏也。然而不王者，未之有也。"

可见孟子继承了孔子一直以来的税收主张。在其看来，实行轻徭薄赋的经济政策是仁政的必然选择，不但有利于民众的生存，也有利于统治者自己。因为这会增强民众对于国家的认同感,同时也会吸引其他国家的民众,最后必然可以"王天下"。

《礼记·大学》也强调:"百乘之家,不畜聚敛之臣,与其有聚敛之臣,宁有盗臣"。

可见儒家对于统治者加重民众负担的税收政策是极为抵触的,认为其危害性比那些贪官污吏还要大。

关于儒家的税收主张有以下两点需要进一步强调。

第一,儒家虽然关心民众生活,但并不认为税率越低越好。《孟子·告子下》记载,白圭曰:"吾欲二十而取一,何如?"孟子曰:"子之道,貉道也。万室之国,一人陶,则可乎?"曰:"不可,器不足用也。"曰:"夫貉,五谷不生,惟黍生之;无城郭、宫室、宗庙、祭祀之礼,无诸侯币帛饔飧,无百官有司,故二十取一而足也。今居中国,去人伦,无君子,如之何其可也?陶以寡,且不可以为国,况无君子乎?欲轻之于尧舜之道者,大貉小貉也;欲重之于尧舜之道者,大桀小桀也。"

可见,儒家虽主张轻徭薄赋,但并不认为政府的税率越低越好。因为税率太低会影响一个国家政府及公共事业的正常运转,对于广大民众的福祉反而是不利的。税率如何应该视国家具体的需要而定,过或者不足都是不可取的。

第二,孔子和儒家在经济主张上并不是自由主义者。近一百年来,随着西方经济学在国内经济领域主流话语权的确立,很多学者认为儒家在经济上持有一种类似西方经济学的"自由放任"的倾向,因为儒家在税收上的一些主张和现代西方经济学的主张很是一致。有些学者甚至利用儒家的相关论述为西方自由主义经济学的各种经济主张的合理化做论证。例如有经济学家认为孟子"有恒产者有恒心"的观点是在主张私有化，即人只有在财产私有的情况下才会有努力经营的"恒心"，公有制下则不会有这种"恒心"，只会有各种侵吞共有财产的小心思。实际上，孟子的原意并非如此。

儒家虽然有一些主张实行低税率、约束政府支出的论述，但这并不意味着儒家在经济上主张"自由放任"，更不代表儒家以私有化、市场化为核心主张，排斥国家干预经济。很多学者以"市，廛而不征""关，讥而不征"等为理由，认为儒家反对限制商品流通的任何税收政策，主张一种类似后世西方资本主义的自由贸易，这是说不通的。"市，廛而不征""关，讥而不征"只是说明孟子反对商业流通领域中的一些不合理的、重复征收的税收，并不代表其主张取消一切商业税收。实际上，中国自西周时期就有了"市，廛而不征""关，讥而不征"的税收政策，但当时也并非完全的零商业税，政府对工商业者仍会收取一定的商业税，只是这个税率不是特别高而已。春秋以后，特别是进入战国以后，随着各国间相互征伐的日益增多，各种针对商业活动的税收也开始越来越多。这不但对商人的正常经营带来了沉重的负担，对于整个国家的经济也造成了很大的负面影响。这种情况下，孟子有感而发，建议"市，廛而不征""关，讥而不征"，但并不意味着主张取消限制商品流通的所有税收政策。征收包括商品税、店铺税、契约税等在内的商业税是《周礼》的要求。如果一点商业税也不能征收，意味着商人群体不用承担对于国家的纳税义务，此时整个国家财政失去重要税源不说，还会使得农民成为国家财政的唯一承担者。这对于农民来说是极为不公平的，也会增加整个国家经济脱实向虚的风险。作为儒家代表性人物，孟子是不可能这样谏议的。

另外，儒家之所以批评统治者、主张低税率，根本上还是因为其所坚持的"仁、义、礼、智、信"等道德原则，使其非常重视经济分配中的公平问题。孔子认为"有国有家者，不患寡而患不均，不患贫而患不安。盖均无贫，和无寡，安无倾"。但是无论是孔子时代还是孟子时代，统治者的征伐及荒淫无度都给底层民众带来了沉重的经济负担，破坏了社会经济秩序中的公平原则。因此孔子、孟子才会挺身而出，要求统治者体恤民情、减轻民众的负担。这种减轻只是出于一个公平的目的，本质上是一种民本主义，并非像日后的西方经济学家那样意在维护资产阶级工商业者在经济、政治上的特权（虽然后来的一些西方经济学家，例如魁奈、斯密等确实受儒家的影响而提出了自由放任、小政府等资产阶级经济学主张）。

事实上，在孔孟生活的那个年代，工商业总体上还不太发达，大工商业者对于底层民众的负面影响也还没有显现出来，整个社会的主要矛盾是政府同普通民众的矛盾。所以孔孟的一些经济主张主要是针对政府的横征暴敛而提出的。当后世工商资本的发展形成对民众的压迫时，儒家也是毫不犹豫地站在民众一边，要求规范、限制资本的无序扩张。例如汉初实行自然无为的黄老经济政策，虽然有助于恢复当时因为战乱而凋敝到极点的经济，但几十年下来也造成了巨大的贫富悬殊和一系列难以调和的社会矛盾。以董仲舒为代表的汉代儒家针对这种情况，一方面要求轻徭薄赋、减轻中下层百姓的负担，另一方面提出了以"抑制土地兼并"为核心内容的经济政策，希望社会财富的分配恢复到一个比较公正的水平。后世儒家秉承这些理念，一方面主张轻徭薄赋，另一方面也主张要发挥政府的宏观调控作用，消除大商人、大资本阶层对于市场价格的操纵和垄断，做到平抑物价，抑制土地兼并，保护民众的利益免受强势资本的掠夺。很多儒家学者甚至提出了灾荒年月发挥政府稳定器的作用，通过以工代赈的方式来增加灾民收入的主张。这些都说明儒家管理学的底色是民本主义，不但要约束政府滥用民力的任性，也要约束资本不受控制的扩张，并不是"自由放任"一词可以简单概括的。后世学者认为儒家有"自由放任"倾向，甚至认为儒家支持现代西方意义上难有作为的"小政府"，实在是一种误读。儒家固然主张限制政府滥收税，但是绝不主张政府不作为、将一切交给市场调节。在儒家看来，引导民众发展生产、搞好教育与各种公共基础设施、巩固国防、灾荒年月的救灾、稳定货币供给、平抑物价、抑制兼并都是政府责无旁贷的责任。如此何来儒家主张"小政府"一说？小政府一说，意味着政府抛弃对于民众所肩负的道义和责任，实际上与儒家一直坚持的民本主义在根本上是相悖逆的。

儒家管理学的民本主义思想对于今天的经济学和经济建设来说也是很有价值的。现代经济学作为一种事实上服务于资本增值的经济思想体系，强调各种发展经济的理论与方法，对于发展经济的目的却少有讨论。这使得在经济发展中，效率往往凌驾于道德伦理之上，导致经济越是发展，分配却往往越不公平。西方社会近两百年来严重的贫富差距、无法消除的经济危机和社会矛盾已经说明了这一问题的客观存在与严重性。所以，儒家的民本主义思想及其一系列经济主张虽然古老，但对于今天的中国经济和经济学来说仍然是很有意义的。它可以弥补主流西方经济学的一系列缺陷，为经济的发展纳入道德伦理的调节，兼顾公平和效率。

1.23 "必也使无讼乎"章解（12.13）

■ **原文及翻译**

子曰："听讼，吾犹人也。必也使无讼乎。"

孔子说："审理诉讼案件，我同别人一样，并没有什么特别之处。重要的是必须使诉讼的案件根本不发生！"

■ **管理学解释**

本章体现了儒家管理学关于社会治理方面的一些思考。孔子认为在审理案件方面，自己和大家一样，没有什么特别的本领，也要遵循审理案件的一般流程和逻辑（从这一点来看，孔子似乎比不上子路，子路能够做到片言折狱，而孔子应该做不到）。但是孔子有一个思想是包括子路在内的其他人不具备的，这就是"必也使无讼乎"。这一点恰恰体现了儒家管理学的一个独特之处。儒家为什么会有这样一个管理思想呢？可能与儒家关于社会治理方面的独特理解有关系。

社会或者组织里，人与人朝夕相处，难免会有利益摩擦，有时候这种利益冲突还会比较严重。对于国家来讲，此时非常重要的就是建立完善法律制度，使得相关案件判断能够有法可依、有法必依。做到这些，也就基本实现今天意义上的法治社会了。实际上不仅我们今天认可这样的法治社会，古人也一直在追求这样的社会，相信孔子也不否认这样一种法治社会的合理性。但是如果仅仅止步于此，孔子和一般人也就没什么区别了。孔子之所以是孔子，在于他能够透过现象看本质，比普通人看得要远。此处"必也使无讼乎"就体现了这一点，也说明孔子所要追求的理想社会并不仅仅是一个高效、透明的法治社会，而是一个人与人和谐相处、少有摩擦冲突、即使有了冲突也能够迅速达成和解的无讼社会。这样一个社会理想相比较于一般意义上的法治社会可就进了一大步。因为在这样的社会里，人们相互尊重相互关爱，没有那么多的矛盾，一辈子也不用法庭争讼，此时人的幸福感应该是很高的。而法治社会虽有法可依、有法必依，但不代表人的内心是心平气顺的，人与人之间可能还是会有很多的摩擦与冲突。此种情况下，即使国家的法律体系完善，司法体系能够廉洁高效地运作，人的所谓幸福感也是很有限的。因为即使法律完善，断案公正，恶性案件的发生也会对双方关系造成不可修复的影响，会对家庭造成永远的伤害。所以还是无讼更好一些。

此外，即使一个社会的法律体制健全、高效，一旦其中的矛盾冲突比较多，整个社会要想正常运作也要耗费相当的成本，同时法律制度的建设与完善、司法部门的建设与运行也都是一笔不小的花费。因此，法治社会的另一面很可能是一个高成本的社会。而一个彼此间相互尊重、关爱的无讼社会里，这些成本都会省下来，被用到更有价值的地方。

另外，儒家之所以强调无讼社会，还可能与其对人性的理解有关系。具体来说，儒家对人性总体上持有比较积极的看法，这使得无讼社会的理想追求变得可行。《论语》中孔子关于人性的明确论述仅有"性相近，习相远"一句。由此出发，不易判断孔子的人性观。但是通观《论语》，可以发现，孔子对于人性整体上是比较有信心的。例如，孔子有"仁远乎哉？我欲仁，斯仁至矣"的论述。孔子实际上将"仁"看作人内心深处最本真的存在，显示了其人性本善的人性观。这种积极的人性观使其坚定地认为，人是可以教化的，故而最终也就可以建成一个无讼社会。而一般人推崇法治社会的思维后面则隐藏了一种相反的、表现为性恶的人性观：人性本质上是恶的、自私的，无论如何教化也不一定变成好人，所以只能依靠外在的法律制度来约束人的行为了。如此一来有法可依、有法必依、执法必严的法治社会也就成了现实的选择了。

这一章也表现了孔子对于当时法家开始兴起背景下各国纷纷推崇法治、重视刑罚制度的一种态度。春秋战国时代礼坏乐崩，所引发的后果之一就是法家思想的出现与流行。例如子产在郑国铸刑鼎，上面明确刻有民众需要遵守的成文法。孔子虽不否定法治的价值，但是也看到了法治的问题：不足以使人产生内在羞耻感、不足以使人自我纠正与自我约束。而道德与礼乐教化则能够弥补法治之不足，使人能够自我约束。因此他宣扬道德和礼乐教化，希望人人通过学习道德与礼制来提升自己，从而做到社会的无讼化。这实际上是对春秋时期各国以法治代替礼乐的一个回应。

孔子关于社会治理的思想对于今天的我们来说可能不太容易理解，但却很有启发意义。在很多人看来，只要社会法制完善了，司法体系高效完备了，即使有矛盾、冲突，整个社会也会得到有效的治理。而孔子的"必也使无讼乎"说明这样一个法治社会及其治理思想并非至善。这并非危言耸听，因为现实中一些国家实行法治的过程在相当程度上印证了这一点。以美国为例。由于其不太重视道德教化，导致普通民众在交往时习惯于权利和自由优先，由此导致各种各样的社会矛盾。而美国社会解决此问题的方式就是聘请律师打官司。这使得美国成为一个诉讼费用特别高的国家。据测算，最近一些年来，美国社会平均诉讼费用超过一万亿美元，即使如此，美国的犯罪状况还是非常严重，犯罪率高居全球前列。也就是说，完善的法律和高效的司法体系并不能彻底解决社会的治理问题，也不能给人们带来足够的安全感和幸福感。人类要想过上比较踏实、幸福的生活，当然离不开法治，但又不能止步于法治。所以时代需要重新审视孔子和儒家的管理哲学，重视道德教化的作用。

1.24 "樊迟问仁"章解（12.22）

原文、注释及翻译

樊迟问仁，子曰："爱人。"问知，子曰："知人。"樊迟未达。子曰："举直错诸枉，能使枉者直。"樊迟退，见子夏，曰："乡也吾见于夫子而问知，子曰'举直错诸枉，能使枉者直'，何谓也？"子夏曰："富哉言乎！舜有天下，选于众，举皋陶，不仁者远矣。汤有天下，选于众，举伊尹，不仁者远矣。"

1. 错：通"措"，安置之意。
2. 乡：同"向"，过去之意。

樊迟问什么是仁，孔子说："爱人。"樊迟又问什么是智，孔子说："善于知人。"樊迟没有完全理解。孔子说："把正直的人提拔上来，使他们的位置在不正直的人上面，就能使不正直的人变正直。"

樊迟退了出来，见到子夏，说："刚才我去见老师，问他什么是智，他说'把正直的人提拔上来，使他们的位置在不正直的人上面'，这是什么意思？"子夏说道："这是含义多么丰富的话呀！舜有了天下，在众人中选拔人才，把皋陶提拔了起来，不仁的人就远远地离开了。汤得了天下，也从众人中选拔人才，把伊尹提拔起来，那些不仁的人就远远离开了。"

管理学解释

本章提到了一个管理的重要问题。孔子曾强调为政者要有"智""仁""勇"三达德。此处涉及了其中的"仁"和"智"。孔子又重点对何为"智"进行了详细的解释，在其看来，为政最大的"智"体现在识人、用人方面，要做到把正直的人提拔上来，让他们来管理那些不正直的人。做到了这一点，方可称得上是"智"。樊迟相对来说愚钝一些，没有理解孔子的意思，于是在退出后进一步向子夏请教。子夏则根据自己的理解对这个问题作了进一步的解释。子夏的解释有些和孔子不一样。孔子认为把正直的人提拔上来，能够使得不正直的人变得正直起来。而子夏则认为，把正直的人提拔上来，不正直的人自然就会离得远远的了。相对于子夏而言，孔子的解释突出了仁者的"化民"之功效，而子夏则没有强调这一点。

用人问题一直是儒家最重视的为政问题。《论语》对于这个问题有过多次的强调。

例如，1."骥不称其力，称其德也。"（《论语·宪问》）

2."举直错诸枉，则民服；举枉错诸直，则民不服。"（《论语·为政》）

3.子曰："臧文仲其窃位者与！知柳下惠之贤而不与立也。"（《论语·卫灵公》）

4.公叔文子之臣大夫僎与文子同升诸公，子闻之，曰："可以为'文'矣。"（《论语·宪问》）

5.子言卫灵公之无道也。康子曰："夫如是，奚而不丧？"孔子曰："仲叔圉治宾客，祝鮀治宗庙，王孙贾治军旅，夫如是，奚其丧？"（《论语·宪问》）

6.子曰："不患人之不己知，患不知人也。"（《论语·学而》）

《论语》一书有一个很重要的特点：即言简意赅，少有重复论述。很多重要的观点和问题，《论语》也就只说一遍。但是在知人、用人问题上，孔子却反复地论述和强调，形成了一个关于识人、选人、用人的完整体系。这说明用人问题在孔子心中的分量是很重的，甚至可以说是最重要的。而孔子的这种观点在当时也具有特别重要的意义。孔子所处的春秋末期，旧的社会制度尚未解体，贵族们世卿世禄，依靠血统拥有了世袭的爵位和权力，而平民即使有才华也往往被排除在权力之外。在这种情况下，孔子主张选贤任能，强调重视选人的品德而非血统，就显得非同寻常了，这意味着要打破原先封闭的政治权力结构，给予民众更多参与政治的机会。这对于中国古代政治的成熟和社会的发展是意义重大的。

儒家用人以德的为政观点为包括孟子、荀子、董仲舒在内的历代儒家继承和发扬，对于后世历代王朝都产生了重大的影响。西汉武帝"罢黜百家，表彰六经"以后，逐渐建立起一套以察举制为核心的人才选拔机制，要求地方长官在辖区内认真考察、选取人才并推荐给上级或中央，经过试用考核后再任命官职。这样一种人才选拔机制虽然后来在形式上几经变换，但核心原则却是稳定的，就是强调用人以德。这是一个重大的历史进步，因为当时受战国以来政治风气的影响，选拔人才时或强调出身或强调军功，对于道德则重视不够，但当时文化尚未普及，上层对文化的垄断反而导致从东汉后期开始官场逐渐为高门大姓所垄断，也使得魏晋以后的中国社会出现一系列的政治和军事动荡。隋唐立国以后，借鉴前人的经验与教训，变九品中正制为科举制，使得政权为高门大姓所垄断的局面开始松动。此后一直到清末，科举取士都是中国历代王朝选人用人的主要机制。由于科举考试考核的内容主要是儒家各种经典，即实际上是在考察候选人对于道德与精神境界的理解，因此科举制只是在具体的选拔形式上不同于以前的察举制、九品中正制等，但在根本的选人原则上还是基本上一致的，都是重视用人以德。这种人才选拔机制虽然也导致了一些问题，但整体上是成功的，不但保证了大量出身社会下层的有德之士进入权力核心，也使得古代中国政治在一个较长的时间里相对清明和稳定，对于中华文明的延续和发展来说可谓意义重大。

具体到管理学上，儒家重德的用人理念也体现了一种不同于现代西方管理学的管理范式。现代管理学强调的是计划、组织、控制等具体的方法和规则，对于用人问题一直没有给予必要的关注。在其看来，管理的核心问题不在于用人，而在于建立各种严密、科学的机制和流程。只要有了严密、科学的机制和流程，所用之人道德优秀与否就不重要了。而儒家虽然不否定制度和机制的重要性，但认为这还不是最重要的。对于管理来说，最重要和最根本的依然是人。所谓"君子者法之原也""有治人而无治法"，就反映了这样一种思维逻辑。儒家自然在范式层面上形成了一种相对于西方管理学的不同——重视用人以德。而这种对人之德性的重视也显示出儒家管理学相对于西方管理学的深刻和全面。因为西方管理学没有认识到机制与用人之间的复杂关系，没有认识到制度和机制虽然可以约束人，但对任何一种好的制度和机制来说，其建立和执行在本质上都依赖于人的道德与境界。不关注用人，不关注人的道德境界，所谓科学、严密的机制和制度实际上也只能是空中楼阁。所以，用人问题从根本上来说是绕不过去的。

实际上，范式上的不同也折射出中西方社会对于人性的不同看法。众所周知，传统西方是神权社会，对人性的看法比较消极，认为人在根本上是有"原罪"的。近代以来，资本主义的发展虽然有推动社会进步的一面，但同时也使得整个西方社会拜金主义流行，工具理性大行其道，价值理性被削弱。因此，西方社会对于人性的看法整体来说是比较消极的。而这样一种看法自然使得西方管理学不将用人看作管理的一个核心问题。因为从人性的层面来说，人是不可信任的。所以管理的核心问题也就变成了如何设计制度来制约人作恶了。

孔孟虽然身处春秋战国这样的乱世，见惯了各种欺诈、杀戮和背叛，但他们却对人生和世界始终抱有一份积极心态。自孔孟开始，儒家就认为人性秉承天命，在本质上是向善的。在其看来，人之所以有各种恶的行为，本质上乃是因为后天习染的影响，并非本性就是如此。因此，只要加强教育，努力甄选，就一定是有一批好人可供选拔和任用的。如此一来，自然也就形成了"德、法并用、以德为主"这样一种不同于西方管理学的范式特点。

那么，中西方管理学哪一个对于人性的理解更加合理呢？个人认为儒家的看法可能更加合理，虽然其很古老。西方管理学对于人性恶的看法或者源自宗教神学，或者建立在对社会现实中丑恶、自私多于高尚的简单统计上。而这样一种统计看似全面，实际上对于把握真正的人性并无太大的意义，因为这些说明不了人性的本质。人性的显现关联着"尽心"，本质上只能体现为抛弃私念后的那种刹那间的直觉（例如看到小孩子落水时刹那间的那种恻隐之心）。简单的统计善恶美丑实际上是在社会建构的小我或者经验之心的层面上讨论问题，没有做到透过现象看本质，没有意识到所谓恶和自私本质上是外部环境建构、影响的结果，不能算是人的先天自然本质。而孔孟则没有为当时礼坏乐崩、杀人盈城、杀人盈野的现象所迷惑，准确理解了行为上的恶与现实环境之间的关系，从而深刻理解了人内心深处先天就有的某种真性情。也正是因为对于人性的深刻理解，儒家管理学才在历史和现实中赢得广泛的认可与尊重，避免了西方管理学一直以来面临的学术脱离实践的尴尬。

1.25 "富之教之"章解（13.9）

■原文及翻译

子适卫，冉有仆。子曰："庶矣哉！"冉有曰："既庶矣，又何加焉？"曰："富之。"曰："既富矣，又何加焉？"曰："教之。"

孔子到卫国去，冉有为他驾车。孔子说："（此地）人口真是众多啊！"冉有说："人口确实是很多了，接下来该做些什么呢？"孔子说："使他们富裕起来。"冉有说："已经富裕了，还该做点什么呢？"孔子说："教化他们。"

■管理学解释

此章是《论语》中很重要的一章，比较完整地体现了孔子和儒家的管理思想。在其他一些地方，孔子也阐述过如何治理国家与社会，但是相关阐述往往不成体系，也不是很具体。例如，孔子强调要"为政以德"。这没有错，但这只是一个大的原则，比较笼统。具体如何来做，先做什么，后做什么，孔子实际上没有特别详细地阐述。此章可算是孔子一个比较具体的阐述了。在孔子看来治理一个国家主要有两个工作要做：第一是要发展生产，使得人民过上好日子；第二，搞好礼乐教化，使得民众在思想上成仁。如此一来，就能够轻松实现"内圣而外王"了。

当然，孔子的这个论述整体上依然还是比较笼统的。如何才能"富之"，如何才能"教之"，孔子在《论语》中并没有特别具体的阐述。这个工作要等到孟子来完成了。

和孔子一样，孟子将仁政作为治理国家的根本。孟子认为，教化人民是治国理政的根本所在。但是人民只有在吃饱肚子、不饥不寒的前提下才能对之进行教化。饿着肚子也能心向教化的，只有少数士君子能够做到（"无恒产而有恒心者，惟士为能。若民，则无恒产，因无恒心。苟无恒心，放辟，邪侈，无不为已"，见《孟子·梁惠王上》）。

那么如何才能让人民不饥不寒呢？孟子提出了以下几点见解。

第一，不违农时，保持人与自然之间的平衡，为生产创造一个良好的环境。孟子认为："不违农时，谷不可胜食也；数罟不入洿池，鱼鳖不可胜食也；斧斤以时入山林，材木不可胜用也。谷与鱼鳖不可胜食，材木不可胜用，是使民养生丧死无憾也。养生丧死无憾，王道之始也"（《孟子·梁惠王上》）。春秋战国时期，战争频仍，民众经常被征集到前线打仗。再加上统治者奢侈无度，民众除打仗之外还要为其修造陵寝、宫殿等。如此一来，耽误农时是经常的事，而这会严重影响农业生产，对百姓的生活构成重大影响。所以孟子强调不误农时。另外，民众受短期利益驱动，生产过程中难免会竭泽而渔，造成对山林湖泊的过分使用和破坏。因此政府要立法来协调生产与保护之间的关系。孟子认为这样就可以做到"谷与鱼鳖不可胜食，材木不可胜用，是使民养生丧死无憾也"，而"养生丧死无憾，王道之始也"。

第二，为民制产。孟子认为，民众的生活问题不是单单实行"不违农时""斧斤以时入山林"就能够解决的，更依赖于民众是否拥有属于自己的土地和其他生产资料。拥有足够的土地和生产资料，民众才能够获得足够的粮食、棉麻等生活资料，才能够过上衣食无忧的生活。对于一家需要多少田地、多大的宅基地，孟子也有过明确的计算。《孟子·梁惠王上》载："五亩之宅，树之以桑，五十者可以衣帛矣；鸡豚狗彘之畜，无失其时，七十者可以食肉矣；百亩之田，勿夺其时，数口之家可以无饥矣"。也就是说按照当时的亩产量以及亩制，孟子认为一家大致需要"五亩之宅""百亩之田"。

春秋以后，井田制已经被破坏，权贵地主经常依靠手中的权力侵占民众的土地。因此孟子认为"夫仁政，必自经界始。经界不正，井地不钧，谷禄不平，是故暴君污吏必慢其经界。经界既正，分田制禄可坐而定也"。作为儒家的代表人物，孟子自然对周礼和周制比较欣赏，希望恢复以前的井田制，以此保证人人、家家都有一份自己的土地。《孟子·梁惠王上》指出："请野九一而助，国中什一使自赋。卿以下必有圭田，圭田五十亩；余夫二十五亩。死徙无出乡，乡田同井，出入相友，守望相助，疾病相扶持，则百姓亲睦。方里而井，井九百亩，其中为公田。八家皆私百亩，同养公田；公事毕，然后敢治私事，所以别野人也。此其大略也；若夫润泽之，则在君与子矣"。

第三，轻徭薄赋。战国时期，战乱频仍，再加上统治者荒淫无度，导致加在人民头上的负担越来越重，生活苦不堪言。孟子认为，统治者应该节制自己的欲望，做到"省刑罚，薄税敛"。具体而言，孟子希望恢复先前十税一的税收政策，并且要按照年景的好坏加以调节。《孟子·滕文公上》记载："夏后氏五十而贡，殷人七十而助，周人百亩而彻，其实皆什一也。彻者，彻也；助者，藉也。龙子曰：'治地莫善于助，莫不善于贡。'贡者，校数岁之中以为常。乐岁，粒米狼戾，多取之而不为虐，则寡取之；凶年，粪其田而不足，则必取盈焉。"

做到了这些，孟子认为就基本上可以"仰足以事父母，俯足以畜妻子，乐岁终身饱，凶年免于死亡"，接下来就可以开展教化了，可以"谨庠序之教，申之以孝悌之义""壮者以暇日修其孝悌忠信，入以事其父兄，出以事其长上"（《孟子·梁惠王上》）。如此一来就可以使得全社会上下团结一致，就"可使制梃以挞秦楚之坚甲利兵矣"，就可以"王天下"了。

当然，孟子的这些规划只是一个美好的愿望，不但在其活着的时候

133

没有实现，就是在整个古代社会，也只有为数不多的时间里能够基本做到。大多数时代则既做不到为民制产，也做不到教化民众。主要原因则是秦以后中国实行土地私有制，政府不限制土地兼并。这样一种制度安排使得儒家"为民制产"的愿望往往落空。只有在新朝初立、社会无主荒地较多时，才能通过重新分配土地做到为民制产。但是经过一段时间的土地兼并，一般到王朝中后期，大多数土地就又重新集中到少数权贵与地主手中了。到了这个时候，广大民众流离失所，所谓教化往往也就无从谈起了。

1949 年，中国共产党在全国范围内开展大规模的土改运动。经过土改，全国有三亿无地和少地的农民分得了土地，彻底消灭了封建土地所有制[1]。1953 年，又建立起了社会主义的土地公有制，使得广大农民千百年来第一次真正地成为土地和生产资料的主人[2]。同时，新中国建立后，大力兴办教育，在很短的时间内就改变了教育落后的局面，培养了一大批有着社会主义理想和道德情操的各类人才。

土地改革和教育事业的发展，不但极大地提升了中国人民的生活水平，同时也极大地增强了人民对新中国的认同感，激发了他们保家卫国以及建设社会主义的热情。中国人民志愿军在武器装备极为落后的情况下，之所以还能在冰天雪地的朝鲜战场上浴血奋战，根本原因就在于新中国和中国共产党实行了"为民制产"、大力发展教育让千千万万的穷孩子能够念书的大仁政。这种大仁政将全国人民紧紧地团结在中国共产党的周围，真正做到了万众一心、上下同力，真正做到了"可使制梃以挞秦楚之坚甲利兵矣"。中国人之所以能够在一没有设备、二没有技术

---

[1] 开国大土改：3亿农民分田立命，中华人民共和国农业农村部，2009年09月18日。
[2] 勇开历史新天地，新华网，2024年09月26日。

的情况下，依靠人拉肩扛，克服重重苦难，创造三年拿下大庆油田，在崇山峻岭中建成难度极高的成昆铁路、红旗渠等一系列人间奇迹，也是因为这种对国家、对中国共产党的高度认同。这也说明，中国共产党不仅是马克思主义者，也是优秀传统文化的继承发扬者。

1.26 "何如斯可谓之士矣"章解（13.20）

■ 原文、注释及翻译

子贡问曰："何如斯可谓之士矣？"子曰："行己有耻，使于四方不辱君命，可谓士矣。"曰："敢问其次。"曰："宗族称孝焉，乡党称弟焉。"曰："敢问其次。"曰："言必信，行必果，硁硁然小人哉！抑亦可以为次矣。"曰："今之从政者何如？"子曰："噫！斗筲之人，何足算也！"

士：士者，事也，任事之称也。引申之，凡能事其事者为士，商、西周、春秋为贵族的最低阶层，多为卿大夫的家臣。春秋末年以后，逐渐成为统治阶级中知识分子的统称。

子贡问道："怎样才可称得上'士'呢？"孔子说："能用羞耻之心约束自己的行为，出使不辜负君主的委托，这就可以称作'士'了。"子贡说："请问次一等的'士'是什么样的？"孔子说："宗族的人称赞他孝顺，乡里的人称赞他友爱。"子贡说："请问再次一等的'士'是什么样的？"孔子说："说话一定要诚信，做事一定要坚定果断，这虽是耿直固执的小人，但也可以算是再次一等的'士'了。"子贡说："现在那些执政的人怎么样？"孔子说："唉！一班器量狭小的家伙，算得了什么呢！"

■ 管理学解释

此章，子贡就如何才能算是"士"这一问题向孔子请教。孔子的回答是"行己有耻，使于四方不辱君命，可谓士矣"。"行己有耻"意味着平时为人做事有内在的自觉，能够以"义"作为自我约束的标准。而"使于四方不辱君命"意味着接受国君或者上级的命令出来做事的时候，能够不辜负其委托。在孔子看来，能够做到这些就可以称得上是"士"了。但是子贡听了后没有就此罢休，而是接着问"敢问其次"。于是，孔子给出了两个很重要的观点。第一，"言必信，行必果，硁硁然小人哉！"一般我们都认为"言必信，行必果"是君子诚信的表现，是值得赞扬的。但是在孔子看来，这实际上并不怎么样。因为，"言必信，行必果"实际上将"信"置于"仁""义"这两个更高的价值原则之上了。在孔子看来，承诺只有合乎"仁义"之准则才应该履行。不符合"仁义"的准则却要去履行，那就是错上加错了，应该及时止住。第二，孔子对当时的统治阶层、执政者进行严厉的批判，认为他们是"斗筲之人，何足算也"，即气量狭小，私心太重，根本不值得讨论。

孔子的这一批评也显示了儒家管理学虽以道德伦理教育为主，但也不是两耳不闻窗外事、一心只读圣贤书，而是充满了强烈的社会批判精神，具体来说就是密切关注公共政治领域的一些现实问题，能够针对其中的一些人与事，坦诚地表达自己的意见。此章教育孔门弟子何为正确，何为错误及自己应该做什么、不应该做什么等，这在《论语》中其他篇章也是屡见不鲜的。

例如，1.子曰："管仲之器小哉！"或曰："管仲俭乎？"曰："管氏有三归，官事不摄，焉得俭？""然则管仲知礼乎？"曰："邦君树塞门，管氏亦树塞门；邦君为两君之好，有反坫。管氏亦有反坫，管氏而知礼，孰不知礼？"(《论语·八佾》)

2. 孔子谓季氏："八佾舞于庭，是可忍也，孰不可忍也？"(《论语·八佾》)

3. 子曰："臧文仲其窃位者与！知柳下惠之贤而不与立也。"(《论语·卫灵公》)

4. 季康子问政于孔子，孔子对曰："政者，正也。子帅以正，孰敢

不正？"(《论语·颜渊》)

　　孔子对管仲的批评很有意思。管仲是中国历史上著名的政治家，才能出众，辅佐齐桓公成为春秋五霸之首，同时实行尊王攘夷的政策，联合当时的诸侯国抵抗住了少数民族的南下，为保存华夏文明立下了杰出的功勋。无论是当时还是后世，对于管仲的评价应该都是肯定居多。例如诸葛亮躬耕于南阳之时，就有人将之比作管仲、乐毅。但是孔子却对管仲各种僭越违礼之举进行了批判，体现了独特而又有深度的政治眼光。

　　孔子不仅敢于批评管仲，也敢于批评自己的直接上司——鲁国的权臣季桓子。所谓"八佾舞于庭，是可忍也，孰不可忍也"就是对季氏僭越礼制的严厉批评。而当季康子来问政的时候，孔子的回答也同样是充满了批判性。所谓的"政者，正也。子帅以正，孰敢不正"就是针对季康子长期以来架空国君、把持朝政、不遵守君臣名分的一种严厉批判。季康子对孔子来说也是很重要的人。孔子周游列国，漂泊在外，是季康子把孔子迎回鲁国的。而且季康子对待孔子也算尊敬，经常向其请教治国理政方面的问题。但是面对这样的一个人，孔子却能够拉下面子，客观、公正地评价与批判，而且这样的批判不止一次。《论语》还记载：季康子患盗，问于孔子。孔子对曰："苟子之不欲，虽赏之不窃"(《论语·颜渊》)。

　　季康子很诚心地向孔子请教，但是孔子不满其平时的聚敛，所以答道"苟子之不欲，虽赏之不窃"，这可以说是毫不留情了。从中我们可以看出孔子的独立与公正。他并不会因为季康子把晚年的自己从国外迎回来、平时也挺尊重自己而有所顾忌。

　　当然，孔子对公共政治领域的批判不只体现在对坏人坏事的批评上，还体现在对好人好事的肯定上。例如，子谓子产："有君子之道四焉：其行己也恭，其事上也敬，其养民也惠，其使民也义"（《论语·公冶长》）。

子贡曰："管仲非仁者与？桓公杀公子纠，不能死，又相之。"子曰："管仲相桓公霸诸侯，一匡天下，民到于今受其赐。微管仲，吾其被发左衽矣。岂若匹夫匹妇之为谅也，自经于沟渎而莫之知也"（《论语·宪问》）。

子产是当时郑国著名的政治家。史载他在执政期间，既维护公室的利益，又限制贵族的特权，进行了自上而下的改革。这些改革以"救世"为总目标，通过积极稳妥的内政改革及刚柔并济的新型外交，郑国抓住了晋、楚争霸后的"战略机遇期"，实现了中兴，成为春秋舞台上一支重要的力量。而且，子产在为政过程中始终坚持了"德仁爱"的核心价值观和"道中庸"的基本方法论。因此，每次提及子产，孔子总是不吝赞美。

孔子以后，孟子扛起了儒家的批判大旗，无论是对于高高在上的国君，还是权倾朝野的权臣，抑或名重一时的稷下先生们，只要有什么不对的，孟子都会给予毫不留情的批判。孟子也因而赢得了"好辩"的名声。孔、孟的努力使得儒家管理学逐渐形成了一种关注、批判社会现实的传统。后世的一些儒家士人敢于冒着生命危险上批皇权、下批权贵，就是源于这样一种文化基因。当然，也有相当一部分知识分子没有继承这种传统，反而成为权贵的帮凶，但是我们不能由此认为儒家缺乏对社会现实的敏感性和批判性。

儒家管理学的批判精神对于今天中国的人文社科教育也有重大启示。晚清以来，中国在政治、经济、军事上屡遭列强打击。受此影响，中国知识分子群体对于传统文化的信心也受到严重打击。与之相应的是，来自西方的人文社会科学因为顶着"科学""民主"的帽子而备受推崇，最终成为一种主流社会认知，这样一种社会认知无疑产生了一定的消极影响。原因也很简单，因为西方那套人文社科体系本质上是科学化的，意在寻找各种现象背后的所谓规律，其专长也在于构建各种所谓的科学模型、理论等，对于表现为"应该做什么"的公共政治话题则不怎么关心，也不擅长。因为按照实证主义的原则，"应该做什么"更多地体现为一种价值判断，和道德、伦理等关联在一起，不属于科学研究关注的范围。如此一来，经受过西方人文社科体系严格训练的学者自然也就在相当程度上丧失了关注、批判公共问题的热情及能力。多年前，某企业曾发生员工连续跳楼自杀事件。此事明显和该企业苛刻的管理模式密切相关，但当时的管理学界却少有人站出来批判这种不人道。背后的原因很多，但西式的教育模式及其科学化思维方式应是一个不可忽视的原因。

当前，由于不当管理导致的社会问题时有所闻，如"996""躺平"成为社会讨论的热点。此种情况下，恢复并加强传统文化在当前新文科建设中的地位就很必要了。虽然传统文化不专注于培养各种经济专家、财务专家，但是两千多年的历史表明，传统儒家思想影响下的知识分子在"996"这样的问题上绝不会漠然视之。

过去几年，包括管理学在内的人文社科领域兴起了一股本土化的学术浪潮，学者们的研究焦点从西方概念和西方问题转向本土的一些社会现象和问题，以期创立更加贴近本土现实的理论，目的则是为了避免以前的那种学术研究不能指导实践的尴尬。但是学术界疏忽的是，学术与实践之间的关系并不仅仅体现为提供某种理论指导，还体现为对相关社会问题的关注及在此基础上客观而又独立的批判。否定和批判是推动现实变革的根本性力量，如果管理学者们能够继承儒家管理学那种关注、批判社会现实的优良传统，一定会推动实践向着更好的方向发展，人民的利益也必定因此而得到更好的保障。如此一来，那种长时间困扰学界的学术脱离现实的无力感必定会一扫而空。从这个意义上讲，保证传统儒家文化在新文科教育中的一席之地，更是别有一番意义。

实际上，近代西方那些一流的知识分子，如胡塞尔、萨特、福柯等一直保持了独立批判的传统。特别是马克思站在无产阶级解放的立场上，对资本主义的内在问题进行了彻底的揭露和批判。两相比较，我们会发现，中国的传统文化和西方的后现代主义思潮是相通的，都体现出高度的社会责任感和批判性。从这个意义上说，以传统儒家为基础改革国内人文学科，不仅符合弘扬优秀传统文化的需要，与新时代加强马克思主义的理论指导这一重大原则也是相容的。

1.27 "善人教民七年"章解（13.29）

■ 原文、注释及翻译

子曰："善人教民七年，亦可以即戎矣。"

即戎：参与军事。"即"用作动词，表示参与的意思。戎，兵事也。有研究者解释"即戎"为"節戎"，即民众受到教育了，彼此之间的战斗就会减少。这种解释认为孔子重视的乃是教化王道，所以此处所讨论的不可能是战争之事。我们认为这种解释有些牵强。孔子反对的乃是各种不义之战，并不代表不要国防。其后的孟子也并不反对战争，甚至认为只要符合正义，一国可以吊民伐罪，讨伐那些欺压百姓、行无道之事的国家。可见，儒家并非一味反对战争。相关学者将"即戎"解释为"節戎"有待商榷。

孔子说："善人教化百姓七年，就可以叫他们去保家卫国了。"

■ 管理学解释

国之大事，在祀与戎。战争历来是国家的头等大事，历代王朝也非常重视这件事情。儒家也很关心战争，并且在此方面有着非同一般的真知灼见（后世不少兵家思想实际上也是出自儒家，儒家本身也涌现了很多杰出的军事统帅，如王阳明、曾国藩等）。儒家管理学在军事方面的贡献主要有两点，一方面反对各种不义之战，努力将战争导入到道义的约束之中；另一方面则是重视士兵的思想政治工作，率先将教化引入到军队管理中来。

战争是人命关天的事情，充满了各种危险。一般来说，没人愿意走向战场。因为有怕死畏难，临阵脱逃、投降也是常有的事情，这也成了古今中外军队管理的重要问题之一。就西方一些国家而言，解决这一问题往往依靠宗教信仰。随军牧师在军中的作用，同一般社区牧师没有什么根本性的不同，他们主要同将士聊天，通过宗教教义对将士进行心理疏导和安慰。战争爆发之时，大部分将士都会非常紧张，有些甚至承受不住压力产生心理问题。牧师的劝慰可以减少他们的紧张、烦躁乃至负罪情绪。战争打响以后，牧师则要定期带着士兵做祷告，安抚伤员，主持葬礼，给牺牲士兵的亲属写信。可以说，牧师是西方战争中解决部队恐慌情绪问题的重要力量。

中华民族理性早启，中国的主流文化很早就已经"不语怪力乱神"了。于是孔子和儒家就开辟了另外一条道路——教化，即要对未经战事的普通民众进行有效教育后才让他们参与保家卫国的军事行动。孔子认为那些不教化民众而直接将他们赶上战场的行为都是故意祸害老百姓的行为（"以不教民战，是谓弃之"，见《论语·子路》）。那么儒家对民众进行教化的内容又是什么呢？朱熹《四书章句集注》在解释此章时认为"教民者，教之孝悌忠信之行，务农讲武之法"。通过这样的教化，民众不但掌握了基本的军事技术，原有的一些愚昧和自私也慢慢去掉，他们会逐渐懂得作为战士应该为什么而战，懂得自己对于国家、民族、父老等肩负的使命与责任。如此一来，他们走上战场后自然也就不会有先前常见的恐慌、退缩、脱逃等情况了。

可以看到，儒家以说理为主，通过动之以情、晓之以理使士兵懂得为何而战以及为谁而战。而随军牧师的安慰则只是宗教信仰基础上的安抚。二者本质上是不同的。

总之，儒家教化的目的是启发、觉悟民众，使其懂得对国家、民族、社会的责任，并非一种强制式的思想灌输。它虽然强调"忠"，但本质上不是只忠于君主一人，而是忠于国家和民族，忠于自己内在的良知。这样的教化会使得普通军人和士兵理解生之为人的价值和意义，能够为了心中的理想和所肩负的道义去勇敢地战斗。

儒家管理学的"善人教民七年"思想也为后来的兵家所借鉴。历代有成就的军事家都非常重视部队的思想教化工作。例如曾国藩，书生领兵，却创立了近代史上赫赫有名的湘军，很重要的一点就是他比较好地继承了儒家的教化思想，重视对湘军士兵的教育工作。

毛泽东和中国共产党则在长期的革命斗争中创造和发展了一套以将"支部建在连上"为特征的军队思想政治工作体系。要求基层干部在和士兵交往的过程中以身作则，要及时了解每一个战士的思想状况并通过和风细雨式的沟通解决他们的思想问题。由此使得广大士兵明白了参加革命的目的，从而涌现出了董存瑞、黄继光等一大批战斗英雄。他们的英雄事迹一方面体现了我军思想政治工作的卓有成效，另一方面也说明"将支部建在连上"的思想政治工作体系与儒家"善人教民七年"思想内涵的相似之处。

1.28 "修己以安百姓"章解（14.42）

■ 原文、注释及翻译

子路问君子，子曰："修己以敬。"曰："如斯而已乎？"曰："修己以安人。"曰："如斯而已乎？"曰："修己以安百姓。修己以安百姓，尧、舜其犹病诸！"

安人：使别人安乐。现代社会人、民不分，古代则有着比较明显的区分。人多指有一定社会地位的统治阶层。而民则指向一般的民众。

子路问怎样才算是君子。孔子说："修养自己以做到恭敬认真。"子路说："像这样就可以了吗？"孔子说："修养自己并且使别人安乐。"子路又问："像这样就可以了吗？"孔子说："修养自己并且使民众安乐。修养自己，使百姓都安乐，尧、舜大概都担心很难完全做到吧！"

■ 管理学解释

此章应该也是《论语》中很重要的一章，因为它突出了儒家文化或者管理思想服务于民众、以人为本的根本目的。众所周知，儒家自孔子开始就非常重视修身以德，但是成为一个道德君子并不是儒家的全部目的。在孔子看来，修身本质上还要服务于政治，即要通过修身实现"安人""安百姓"。同时对于君子来说，修身和"安人""安百姓"也是一体之两面，即前者之实现需要体现在"安人""安百姓"这样一个实践过程中。脱离"安人""安百姓"，所谓修己成德也就成为一个抽象的、不可能实现的任务。

"修己安人"在《论语》中还有更加具体的论述。《论语·子路》

篇,子适卫,冉有仆。子曰:"庶矣哉!"冉有曰:"既庶矣,又何加焉?"曰:"富之。"曰:"既富矣,又何加焉?"曰:"教之。"

此处的"富之""教之"和本章的"安人""安百姓"虽然表述不同,但实际上是相通的。"富之""教之"可以看作服务民众的具体途径和要求。其中"富之"包含了整治田地、使民以时、发展生产等内容。而"教之"则体现为通过发展教育使得民众获得道德伦理上的启蒙,以此实现一种以父慈子孝、兄友弟恭、朋友有信等为主要内容的、有利于每一个人的社会秩序。

由于坚持这样一种服务于民众的政治理想,所以孔子对历史上尧、舜、禹、文王、周公、子产为代表的圣王和政治家有着很高的评价,因为他们都以服务于国家和民众为自己毕生之追求。而对季氏、卫灵公、齐景公等当时的风云人物却评价很低,不是因为他们没有重用自己,而是因为他们将自我利益放在了国家和民众的前面。

孔子以民为本的思想是儒家管理学的核心思想。《大学》强调"大学之道,在明明德,在亲民,在止于至善",强调"修身、齐家、治国、平天下"。《中庸》则提出了"赞天地之化育""成己、成物"之思想。它们虽表述不一,实际上都是对孔子相关思想的继承和深化。而作为优秀传统文化的继承者,中国共产党所坚持的"为人民服务"之宗旨不仅契合于马列主义所追求的人之全面自由发展与解放,与传统儒家主张的"修己安人,修己以安百姓"展现出深刻的共鸣。

"修己安人""修己以安百姓"的理想与情怀也使得中国形成了一个不同于西方社会的重要文化特征。传统西方是一个以神为本的宗教社会,这决定了其不可能发展出儒家"修己安人""修己以安百姓"的文化理想。

近代以来,随着启蒙运动的展开,特别是随着科学革命和工业革命的展开，西方社会开始用科学、理性的目光审视这个世界。由此，不但自然科学在西方世界得到了迅速的发展，人文社会科学也得到了迅速的发展，诞生了包括西方经济学、西方管理学等在内的现代社会科学。但是，科学化定位意味着这些学科本身倡导一种价值中立，不可能像儒家那样对管理应该达到何种目的进行深入的思考。目的是什么，本质上是一个应然性的问题，其解决有赖于人们对包括"人是什么""宇宙本质是什么""人应该如何活着"这样一些根本性问题的理解，而这本质上不属于科学所关注的范围。因此，西方自然也就不会发展出儒家那样的管理智慧。以西方管理学为例，虽然分为不同的流派，但是其对管理的定义却大致相同，都是在工具理性的层面上理解何为管理。例如罗宾斯的经典管理学对管理的定义是"管理是一个协调工作活动的过程，以便能够有效率和有效果地同别人一起或者通过别人实现组织的目标"。对"有效率"和"有效果"的强调说明其关注的是具体"如何做"的问题，是在工具理性的层面上讨论相关问题。而组织的目标应该为何，却没有加以必要的讨论。如此一来，利润最大化、成本最小化自然也就成为其不言而喻的目的。同样，西方经济学也没有对社会生产的最终目的应该为何进行深层次的讨论和探究，而是简单地将有效配置资源作为自己的目的。也就是说，其也是在工具理性的层面上讨论问题。如此一来，金钱也就取代原来神的位置。资本增值成为近代西方文化的主题。

相比较于这样一些现代社会科学，传统儒家管理学对"修己安人、修己以安百姓"的强调凸显了一种前者不具有的人文关怀，体现了对个人与社会间对立而又统一关系的理解。而西方管理学、西方经济学等虽号称科学，但却在一些关键的问题上缺乏有深度的思考，没有认识到个人与社会间对立而又统一的关系，没有认识到所谓利润最大化、效率最大化本质上应该服务于人的自由和发展，从而也就失去了人文学科最应该有的属性——人文关怀。从阶级的角度看,西方管理学、西方经济学等只是一些服务于资本增值的工具而已,科学的外表下隐藏的是对资本和既有生产关系的维护。一个社会如果长期奉行这样一些学说,结果必然是贫富差距迅速拉大,人与人之间、阶层与阶层之间充满着各种难以化解的冲突与矛盾。

改革开放以来,为了与西方社会接轨,我国人文社会科学走了一条以西方为师的道路。经过三十多年的发展,西方管理学、西方经济学等已经成为我国管理教育的主流。这虽然有助于我们学习、借鉴西方国家的一些成功经验和做法,但也不可避免地会带来各种各样的问题。贫富差距、"996"等引起广泛社会争论的问题,实际上就是国内人文社科教育西化的一个必然结果。这些问题的存在也说明,国内管理学教育已经到了改弦更张、重新自我定位的时候了。幸运的是,有关部门已经意识到这一问题,新文科建设作为一项重大文化与教育工程也已经被提上了议事日程。希望未来的新文科建设中,传统文化和管理思想能够占有一个比较重要的地位,能够将人文情怀与理想的培养放在一个核心的地位,而不是一味地强调所谓的学科交叉与创新、一味地强调大数据等。唯有如此,才能逐步消除人文学科过度西化所造成的一系列负面影响,才能有效应对百年未有之大局所带来的各种挑战。

1.29 "性相近也，习相远也"章解（17.2）

原文及翻译

子曰："性相近也，习相远也。"

孔子说："人们的本性是相近的，但后天的习染使彼此相差甚远。"

管理学解释

本章是《论语》中仅有的一处孔子主动谈及人性的地方。除此之外，《论语》中还有一处谈及了人性，即子贡曰："夫子之文章，可得而闻也；夫子之言性与天道，不可得而闻也"，但那一章并不是讲述孔子对人性的具体理解，只是说孔子很少谈论人性与天道而已。所以此章可以算是理解孔子人性观一个最直接且重要的言论。当然，就此章而言，透露出的信息是不多的，主要有以下几点。

第一，人类有着大致共同的人性。虽然这个人性到底是什么，是善还是恶，孔子没有明说，但还是意义重大，表明孔子认为无论是达官贵人还是一般民众，大家在财富、身份等方面虽有区别，但是在根本的人性上却是相似的。因此，任何情况下都不要妄自尊大，认为自己就是人上人，也不要妄自菲薄，认为自己生来就应该受人支配。

第二，人与人现实中的德行差距，主要来自后天的习染。自然属性是人性的一个方面，在本质上是稳定的，不会受到后天习染的明显影响。例如人需要吃饭、睡觉，需要过集体生活等，终其一生，不论贫富贵贱，都不会因为外界环境的影响而发生大的变化。但是人的道德水平却可能因为后天习染的不同而表现出巨大的差异。因此，此处的"习相远"所指向的乃是人的道德领域。即人最终是善还是恶，受环境习染的影响很大。

可以看到，此处孔子对人性的论述是比较简单的，没有对人性是善还是恶进行明确的表述和论证。造成这一状况的原因可能如下。

第一，孔子在教育弟子时遵循学不躐等的原则，不讲授学生接受能力以外的内容。人性与天道的问题显然是一个高深的问题，大多数学生不具备思考、理解这一问题的能力，所以很少谈。即使谈了，也只是点到为止。

第二，孔子在他的时代就是一个少有学术挑战者的圣人般的存在，这造成孔子在传道时很少有机会触及人性为何这样一个深层次的哲学提问，所以他鲜有机会对此问题进行全面、清晰的阐述。这一点上，孔子与孟子不同。孟子所处的战国时代百家争鸣，所以他经常面临来自其他门派和学者的挑战。正是在与告子等的学术辩论中，孟子才得以清楚地阐释自己对于人性的理解。

总之，关于人性问题孔子并没有一个非常明确的阐述，由此也就造成了后世儒家关于人性理解的多样性。孟子认为"人性善"，荀子主张"人性恶"（近年来还有部分学者认为，事实上荀子持有的是一种"性朴论"）。王充认为人性有善有恶，唐代的韩愈则持"性三品说"。到了宋明理学，则进一步有了天命之性与气质之性的说法。不同的学者就人性到底为何进行了各种各样的辩论，由此构成了传统文化对于人性深入而又多样化的理解。但这些还不是我们所要讨论的重点。我们这里所要讨论的问题是："性相近也，习相远也"真的能够完全概括孔子对于人性的理解吗？如果不能的话，孔子对于人性的理解还有什么其他内容呢？

我们认为，《论语》中直接讨论人性与天道的地方虽然只有两处，但是在其他地方实际上也间接地讨论了这一问题。所以要想比较完整地理解孔子的人性观，需要综合《论语》整部书，而不能仅仅局限于"性相近也，习相远也"这一句话来讨论问题。如果综合《论语》整部书中孔子的相关论述，我们会发现除了"性相近"外，孔子在一个更加根本的层面上还是一个"性善"论者。

《论语·述而》篇载，子曰："仁远乎哉？我欲仁，斯仁至矣。"

此章对于理解孔子的人性观很有帮助。人成就自己的仁德是一个很困难的过程。在这一过程中，在欲望的驱使下各种作恶、中道而废的想法会不时出现。但是在孔子看来，只要我真正的"欲仁"，那么一些负面想法、行为就一定会被自己求仁的意志克服掉。这说明"仁"就是人最真实的本质，而"自私"和"恶"则不是。假如孔子认为人的本性是恶的，或者其中还有恶的一面，那么他在逻辑上是不太可能有"我欲仁，斯仁至矣"这样一种自信的。因为那样一来，人的求仁意志必定不是那么坚定，甚至不会生起"我欲仁"的想法。只有当人向着自己的"仁性"本质回归时，才会有一种只要努力就一定能成功的自信。否则就是与自己的本性相矛盾，只会越努力越别扭、越努力越痛苦，绝对不会有必将成功的自信。因此，"我欲仁，斯仁至矣"实际上暗示了孔子人性本善之观点。

另外，"三军可夺帅也，匹夫不可夺志也""为仁由己，而由人乎哉"等表述也说明孔子实际上持有人性善的观点。

对于有志气的人来说，其志向何以不可夺呢？因为这种向善的努力乃是他灵魂深处真正的自由意志，这种意志就是体现为天命的人性。因此我们可以杀死一个人，却不可以改变他的这样一种志向。假如人性本质上是自私的、恶的，那么在生死考验、名利美色诱惑前，人自然不会有志不可夺的坚定信念，只会有各种趋利避害的苟且罢了。

同样"为仁由己，而由人乎哉"也说明要想使得自己成为一个"仁人"，需要且只能依靠自己内在的意志，而不能依靠他人外在的监督和帮助。由此可以推断，孔子的人性观应该是善的。如果人性恶，或者有善有恶，都意味着人不太可能只依靠自己的力量而达成"为仁"的目标，而是必须借助外在的约束或者帮助。孔子明确否定了外在力量的必要性，强调自我力量的主体性，这就说明在其看来，人性的本质就是"仁"，就是"善"。

实际上，孔子对学习和教育的重视也说明，在其看来人性本质上是善的。只有人性本质上是善的，以"礼""仁"为核心的教育和学习才是顺人性的，才会有成功的可能。如果人性本质上是恶的，那么各种向善的教化和学习在根本上就是违逆人性和天理的，就不会有任何成功的必然性。而且，人性如果是恶的、自私的，从根本上来说人类也不太可能发展出一套以"仁""礼"为核心的学术体系，那样只会使人类陷入一种难解的逻辑悖论中。只有认为人性本质上是向善的（当然这种善不代表现实的人都是好人，现实的人可能做坏事，但是其内在都有一种不可阻挡的、向善的倾向），以"礼""仁"为核心的教化和学习才是有必要和可行的。这也从另外一个角度说明，孔子对人性的理解存在两个层面：在现实气质层面的"性相近，习相远"外，孔子还在一个更深的层面，也就是天命的层面上，持有一种性善论。

如果上述孔子人性善的论证过程能够被接受，那么我们也就能够由此出发进一步来观察后世荀子和孟子的相关思想。之所以考察这两位大儒，主要乃是因为他们关于人性的看法尖锐对立，而且他们的相关思想对后世影响颇大，导致后世在相关问题上出现了巨大的分歧。

就荀子而言，其对于人性曾有这样的理解："人之性恶，其善者伪也。今人之性，生而有好利焉，顺是，故争夺生而辞让亡焉；生而有疾恶焉，顺是，故残贼生而忠信亡焉；生而有耳目之欲，有好声色焉，顺是，故淫乱生而礼义文理亡焉。然则从人之性，顺人之情，必出于争夺，合于犯分乱理，而归于暴。"这样一种理解符合大多数人对于人性的观察，因此赢得了普遍的赞同。但这种人性观实际上只是在气质的层面谈论人性，而非像孔子那样认为在更加根本的、天命的层面上的人性乃是善的。这说明荀子没有深刻理解孔子的人性观以及建立在此基础上的整个思想体系。而且，荀子的理解与其对于"礼"的强调是存有严重矛盾的。"礼"是人顺人情而创造出来的。如果人性本恶，人又怎么会在学习"礼"的过程中感到快乐呢？荀子应该是忽略了这个问题，从而导致其整体思想存在着重大的逻辑悖论。

相对而言，孟子不仅提及了现实气质上的人性，也很准确地把握了孔子思想中隐含着的对于人性的深层次理解，明确地提出了人性在本质上是善的观点。和孔子一样，孟子所谓的人性善也并非指人在现实中显示出来的普遍的、已经完成的善，而是认为不论境遇如何，人始终都存有一种不可遏止的、向善的倾向。这种性善具体来说乃是表现为人天生具有的，包括恻隐之心、羞耻之心在内的四端。而这四端乃是人之所以为人的根本所在。所谓修身，在孟子看来就是善于存养、发挥人性生而就有的四端，并使之不断成长。而一旦不注意对其加以存养，则意味着人的行为开始偏离善的轨迹而倒向恶。然而即使如此，孟子也不会由此而认为人性是恶的。因为恶往往是后天习染的结果，并不是先天就有的。在先天善端的作用下，人最终还是会表现出一种不可遏止的、向善之倾向。

孟子对于人性的认识，从本质上来说是继承并发展了孔子在天命层面上对于人性的理解。《中庸》的作者也做到了这一点，因为《中庸》也是认为人性在最根本的层面，即天命的层面上，是善的，只是其论述方式不像孟子那样直接而已。荀子以及后来的董仲舒、王充、韩愈等虽尊奉孔子，但实际上在人性与天道这一最关键之处没有完全理解孔子真意。后世宋明理学尊崇孟子，认为孟子延续了孔子所创立的道统，诚非虚言。因为理学家们看出了孔、孟在天道、人性这些关键点上的根本一致性。当然,"二程"、朱熹等也继承并发展了孟子关于人性的理解,进一步发展出天命之性、气质之性这样一些概念,使得中国人对于人性的理解又前进了一大步。

最后需要讨论的是,很多人因为见多了现实中的尔虞我诈、弱肉强食,所以认为人本质是自私的、恶的。在他们看来,孟子还是幼稚了,没有见识过人性真正的冷酷和残忍。实际上,不是孟子幼稚了,而是世俗之人幼稚了。生活在战国时代,孟子见过的屠杀与弱肉强食,是今天任何一个人都不曾见过的,以此为理由否定孟子显然是不够的。那么,为什么见惯了尔虞我诈、弱肉强食的孟子仍然对人性抱有积极的看法呢?这可能与孟子观察人性的方法和角度有关。孟子也知道现实中人的残忍与自私,但他却能在这些自私和残忍背后发现一股真诚而又温暖的力量。正如他在对领土贪得无厌、无视百姓死活的齐宣王身上发现了一种发自内心的、不夹杂任何算计的"不忍"(不忍心听马上被用来祭祀的牛的哀鸣之声)。这种力量虽然不是很明显,但是它附着在每一个人身上,永远不会被灭绝。只要一有机会,它就会像种子那样破土而出、往上成长。在孟子看来,这才是真正的人性。而我们大多数人所采用的是一种静态统计法,即只是通过观察、统计某一时刻不同人的行为来断定人性如何。这种方法看似有道理,实际上却是太粗糙了。因为我们没有分清楚哪些行为是人发自本心的、是真诚的,哪些行为是气质层面的结果,由此也就会得出人性恶这样一个结论。而孟子则不然,他能够透过现象看本质,能够分清楚心与性的区别。这就是大哲学家和一般人的区别吧。

本章对于本土管理学来说也是意义非凡。管理学对于人性问题也是很重视的。在过去的百年里,管理学者们针对人性问题也有过很广泛的讨论，但是这些讨论往往将后天的习染错认为本质的人性，没有深入到真正的人性层面，没有意识到理解人性实际上有气质和天命两个不同的层面。无论是早期的"经济人"假设，还是梅奥的"社会人"，抑或后来的"有限理性人""复杂人""Y"假设，都是如此。"经济人"假设更多的是从气质层面出发理解人性，而与之相对的"Y"假设则只是从天命角度理解人。两者都有道理，但也都有偏颇。如此一来，整个西方管理学体系也就迟迟难以获得大的突破。儒家对于人性的理解，特别是理解人性的深层逻辑，显示了不同于西方管理学的深刻一面。这对于本土管理学进一步理解人性并以此为基础建立新的理论将具有重要的理论意义。

1.30 "割鸡焉用牛刀？"章解（17.14）

■ 原文及翻译

　　子之武城，闻弦歌之声。夫子莞尔而笑，曰："割鸡焉用牛刀？"子游对曰："昔者偃也闻诸夫子曰：'君子学道则爱人，小人学道则易使也。'"子曰："二三子，偃之言是也！前言戏之耳。"

　　孔子到了武城，听到弦歌之声。孔子微笑着说："杀鸡何必用牛刀呢？"子游对答："以前我听老师说过：'君子学习了道就会爱人，老百姓学习了道就容易治理。'"孔子说："同学们，言偃说的对。我刚才的话是玩笑罢了。"

■ 管理学解释

　　本章再次展现了儒家对于教化的重视。孔子来到了武城，看到当地用弦歌雅乐来教化百姓。孔子感到这有些大材小用了。孔子的弟子、主政武城的子游认为，当官的接受教化会在做各项决策时以民为本，百姓接受教化则会因为懂了各种的道理而更加容易管理，如此一来整个社会的治理成本也就降低很多。通过这样一番师生间的对话，本章将教化的意义阐释得非常明白。相比之下，《论语》中很多地方虽然也宣扬了教化，但是对于人为什么需要教化这样一个问题没有进行进一步的阐述，因此本章可以看作《论语》相关思想的进一步深化。

　　关于儒家的教化思想，我们在前面一些讨论中有所介绍，此处继续对这一话题进行阐述。之所以如此，主要还是因为教化作为儒家管理学的核心所在，实在是太重要了，所包含的思想也是非常丰富的，已有的讨论还须深入，所以值得再费一些笔墨进行论述。此处主要从儒家教化思想与西方的企业文化理论之间的联系和区别入手进行讨论。之所以从这样一个视角进行切入，主要原因乃是国内学术界绝大部分学者认为企业文化理论是以埃德加·沙因教授为代表的西方学者最先提出并发展起来的，是西方管理学的一大贡献，完全没有意识到相关思想或者理论在传统儒家管理思想中其实早就存在，而且从某种程度上来讲，儒家在这方面的理解甚至是更加深刻的。

今天的企业文化理论在各大学管理学院的课堂上被看作一种高大上的理论在传授。实际上该理论的核心内容对于中国人来说，特别是了解一点传统儒家文化的中国人来说并不陌生。企业文化理论的核心内涵不外乎企业通过一定的方式，例如宣教和各种仪式，来塑造全体员工的各种行为习惯、思想观念，以达到提升组织效率、获得竞争优势这样一些目的，说白了就是针对员工的一种思想教化工作（由于西方特殊的历史文化传统，不称其为教化，称之为组织文化）。有了这样一种教化，组织在管理员工时就会事半功倍，因为员工此时已经在一定程度上形成了一种符合组织期望的内在驱动力和约束力。这样一种对于管理的认识在西方出现很晚，是20世纪70年代的事情，满打满算也就几十年的时间。而早在两千五百年前，孔夫子就已经提出来了类似的思想。众所周知，儒家非常重视教化，这种教化不仅体现为对于各级官员道德素质的重视，也体现为对于普通民众的教育和改造。

例如，1. 子适卫，冉有仆。子曰："庶矣哉！"冉有曰："既庶矣，又何加焉？"曰："富之。"曰："既富矣，又何加焉？"曰："教之。"（《论语·子路》）

2. 子曰："善人教民七年，亦可以即戎矣。"（《论语·子路》）

孟子也认为："壮者以暇日修其孝悌忠信，入以事其父兄，出以事其长上，可使制梃以挞秦楚之坚甲利兵矣"。（《孟子·梁惠王上》）

孔孟都认为，人是有独立意志的，所以治理国家和社会不能单纯地依赖强制高压手段，那样做只能让人表面臣服，内心却不服气。如此一来不仅会残害百姓，很多情况下甚至适得其反，工作效率也是非常低的。所以在必要的强制手段之外，更重要的是对普通国民和士兵的教育、教化工作，例如教之以相关基本的礼、乐文化。唯有如此，每个国民才会自觉、自愿履行自己的责任，每个士兵才会知道为什么打仗、为谁打仗，才会有勇敢向前的战斗精神。所谓"善人教民七年，亦可以即戎矣""壮者以暇日修其孝悌忠信，入以事其父兄，出以事其长上，可使制梃以挞秦楚之坚甲利兵矣"等所要表达的，其实不外乎这个道理。儒家的这样一种管理思想被后世诸多出身儒家的政治家、军事家继承和发扬。例如，清末曾国藩领兵治军时，面对主要由大字不识几个的农民所组成的湘军队伍，非常重视思想教育工作。为了维护军纪，曾国藩甚至还谱写了《爱民歌》。湘军之所以能够战胜强大的太平天国军队，曾国藩对思想工作的重视应该起了很大的作用。实际上，儒家一直强调领导者所承担的"天""地""君""亲""师"的管理角色，而其中"师"的角色就意味领导者的教化责任。

可见，西方的组织文化理论虽然放在西方管理学的视野中是一种里程碑式的创新，但是放在中华传统文化和管理思想的视野里，却并不算新鲜，只是我们当时没有企业文化、组织文化这样一些概念或者说法，统称之为道德教化而已。

当然中西方在这方面除了相同点，不同之处也还是有的，这主要体现为源自西方的组织文化理论没有把人放在一个突出和核心的位置，更多的是把其当成一个达成组织目标的工具。这一点不难理解，因为西方管理学本身就是利润导向而非人本导向的，所以作为其中一部分的组织文化理论也缺少人本主义色彩。例如西方的组织文化理论往往特别强调成本意识、合作精神、创新精神等，却很少把员工的道德境界放在一个根本的位置上加以考虑。这意味着，在西方组织文化的视野里，员工更多地被当成一种工具而非主体。而传统儒家则与之相反，把人放在核心的位置上。在其看来，改变人的思想、提高人的认识，本质上是通过"传道"让其成为一个真正意义上的人。领导者不能为了达成自己的利益而对普通民众强行洗脑，更不能只是将之当作达成目的的工具。儒家对"修己安人""成己、成物"等的强调都体现了这一点。因此，儒家的教化体现了一种工具理性和价值理性的统一。而这种统一在西方管理学及企业文化理论中则没有明显的体现和强调。从这个意义上讲，西方的组织文化理论本质是对底层员工的一种思想操纵和控制，体现了福柯意义上的"规训"。而儒家的教化则是一种人本主义的教育，体现了真正的解放与自由之精神。

可惜的是，儒家以及孔孟虽然留下了杰出的管理思想，但今人特别是很多管理学者却止步于一知半解，很多人甚至视之为近代中国落后的根源，这是令人痛心的，原因就在于我们一度失去了文化自信。改革开放以来，我们虽然取得了很多成就，但也因为经济、科技上的落后而对西方社会形成了一种仰视，导致很多人、特别是一些知识分子想当然地认为现代西方一切思想和文化都是先进的，而自家的一切则都是落后的。如此一来，他们在讲授企业文化理论时自然就只愿意提及西方管理学及相关西方学者，却丝毫不提儒家管理学和孔子，更别提把组织文化理论大成的荣誉归还给儒家和孔子了。

1.31 "天何言哉?"章解（17.19）

■ 原文及翻译

子曰:"予欲无言。"子贡曰:"子如不言,则小子何述焉?"子曰:"天何言哉?四时行焉,百物生焉,天何言哉?"

孔子说:"我不想再说什么了。"子贡说:"您如果不说,那我们做学生的传述什么呢?"孔子说:"天说什么了吗?四季照样运行,万物照样生长,天说什么了吗?"

■ 管理学解释

此章语境不详,作为后人,我们不清楚孔子是在何种情况下说这番话的,又有着何种目的指向,所以后世关于这一章的解读历来分歧颇多。

宋明理学的代表人物朱熹认为,"学者多以言语观圣人,而不察其天理流行之实,有不待言而著者。是以徒得其言,而不得其所以言,故夫子发此以警之。四时行,百物生,莫非天理发见流行之实,不待言而可见。圣人一动一静,莫非妙道精义之发,亦天而已,岂待言而显哉?此亦开示子贡之切,惜乎其终不喻也。程子曰:'孔子之道',譬如日星之明,犹患门人未能尽晓,故曰'予欲无言'。若颜子则便默识,其他则未免疑问,故曰'小子何述'。又曰:'天何言哉,四时行焉,百物生焉',则可谓至明白矣。愚按:此与前篇无隐之意相发,学者详之。"

朱熹对于本章的解读历来很有影响。但王夫之认为朱熹的解读受到了佛、老的影响,因此提出了不同的意见。船山认为:向后再言"天何言哉",非复词也。前云"天何言哉",言天之所以为天者不言也。后云

"天何言哉",言其生百物、行四时者,亦不在言也。《集注》云"学者多以言语观圣人,而不得其所以言,故发此以警之",只此殊失圣人气象。

船山认为,所谓"天何言哉",乃就天之示现四时行、百物生来给予形容,在此之中,天何言哉!而君子亦然,不消多言,当重在行事,如《论语》反对"巧言令色",又认为"仁者,其言也讱",要人刚毅木讷。这都与"天何言哉"的道理相近。

相比较而言,我们可能更偏向王夫之的观点。因为整部《论语》看下来,孔子确实非常重视行,对于"言",相对来说则不是特别重视。论语中与此相关的表述很多。

例如,1. 子夏曰:"贤贤易色;事父母,能竭其力;事君,能致其身;与朋友交,言而有信。虽曰未学,吾必谓之学矣。"(《论语·学而》)

2. 子曰:"古者言之不出,耻躬之不逮也。"(《论语·里仁》)

3. 子曰:"刚毅木讷,近仁。"(《论语·子路》)

后世儒家强调"知行合一"也体现了这一点。无论是程朱理学还是陆王心学都强调"知行合一",都认为头脑的知一定要转化为现实的行。否则,所谓知只停留在口头上,也就没有什么意义了。

另外,更关键的是,"四时行焉,百物生焉,天何言哉?"实际上也是在强调"天"虽不言,却能通过四时错行而生养万物,代表一种脚踏实地的做事风格。而朱熹的相关解释突出地否定了语言的意义和作用,明显带有拈花一笑式的禅宗痕迹。这与先秦儒家及《论语》的整体框架应该是不甚相符的,存在着以禅释儒之风险。

需要说明的是,此章对于"行"的强调也体现了儒家在管理问题上一种不同于西方管理学的理解。西方管理学本质上以"知"为核心。在其看来，现实中的种种问题根源于管理者不太清楚、理解管理的相关规律和知识，无法得到来自理论的有效指导。所以西方管理学的重点在于通过研究提供相关的知识和理论。因此，西方管理学的一个非常根本的范式特点是重知，即围绕着知识的获得、传授等环节展开。

而传统儒家管理学对于"行"却特别重视。儒家重德，认为管理者是否有德会在根本上影响管理的效果。但是所谓有德不是口头意义上知"德"，而是要实实在在地体现在行动上，仅仅口头上知德并不会产生任何实际的正面效果。如此一来，儒家也就特别重视修身、重视功夫，重视诚意、正心，重视知行合一，最终发展出一种特别重视"行"的学术范式。就这点而言，儒家对于管理的理解相对于西方管理学深刻不少。应该承认，西方管理学没有完全忽略道德的重要性，但是不同于儒家的是，它没有意识到言、行之间可能存在的不一致，所以只是强调了"知"的重要性，没有将"行"提到一个应有的高度上。例如很多管理学研究和理论从知识的层面强调了道德对于领导、管理的重要性，但也仅此而已，没有意识到就道德而言，不只是知或不知的问题，更主要的乃是行与不行的问题。如此一来，西方管理学虽然重视道德，但是在理论上却面临知行不一的风险。相对于儒家而言，其对道德的理解自然也就浅了些。

除了知行问题，本章还可引出另外一个非常值得讨论的话题。此处孔子不想言语，而不想言语的理由乃是"天何言哉？四时行焉，百物生焉，天何言哉？"这就是在告诉子贡，不要总是关注老师怎么讲道德，最好还是观察一下天道。这说明在孔子的视野里，天地具有一种至高至上的权威性。所以其将天地宇宙作为自己效法、学习的对象，作为人类一切道德行为的终极根据。这体现了中国传统文化与西方文化及西方管理学极大的不同。

就西方传统而言，其本质上也是重视道德的，但与传统儒家不一样的是，它将道德的终极来源归之于神，即依靠对神的绝对信仰来保证道德的终极权威性。近代以来，自然科学的巨大进步以及思想启蒙运动使得西方社会对于上帝和宗教有了新的认识，西方社会也不得不在上帝以外为道德寻找一个终极意义上的哲学根据。其中，功利主义者将社会或者集体的利益作为道德的终极根据。边沁认为，道德的最高原则就是使幸福最大化，使快乐总体上超过痛苦。正当的行为就是任何使功利最大化的行为。而他所说的"功利"，意指任何能够产生快乐或幸福，并阻止痛苦或苦难的东西。康德则不满于当时关于道德的各种哲学思辨，视理性为道德的终极根据。在其看来，唯有普遍的理性才能在根本上保证道德的普遍性、绝对性等，而其他因素，如人的经验和情感都不能保证这一点。特别是外在的利益和目的不能成为道德的根据，因为那样做就破坏了道德的义务属性。也就是说，康德不仅主张人为自然立法，还主张人为道德立法。当然，康德也意识到了自身理论建构方面的不足，于是他在纯粹理性层面上否定上帝之后又不得不在实践理性层面上突出了一个全知全能上帝存在的必要性。因为不这样做就很难保证德、福的一致性，从而也就在根本上削弱了普罗大众履行道德义务的现实动机。

而儒家则不这样看待道德。儒家虽然强调遵守道德可以带来各种各样的好处，并以此为理由来劝说当时的统治者实行仁政，但在本质上却不认为利益、好处乃是道德之所以成立的终极根据。在儒家管理学看来，道德的终极根据不在于外在的利益和好处，那样做的结果只会是"以利制义"而非"以义制利"，会造成某些人以集体利益名义对其他民族、个人进行抢劫、屠杀，就像西方近代以来几百年的殖民掠夺那样；道德的终极根据也不在于人（虽然表现为人的理性与主动性），而在于"天"。孔子的"天生德于予"、《中庸》的"天命之谓性"以及孟子的

"四端"说都体现了这一点。宋儒在贯通《四书》基础上辨析了天、命、性、心之间的关系，说明道德虽展现了人向善的本性，但本性的终极根据则在"天"。所以道德的终极根据也只能在天，而不是在人。这与西方人通过纯粹理性为道德立法的观点是很不相同的。而这种上推到天的逻辑也使得儒家不需要像康德那样为道德的普遍性、绝对性等做论证。在儒家的情境中，所谓普遍性和绝对性都不是问题，真正的问题是人能不能克服内在的私欲、发现自己的本心和本性以达到天人合一的境界。所以，儒家的问题也就变成了为学的功夫。特别是儒家通过对"命"和"天命"的论述，很好地解决了德、福不一致可能导致的一些问题。而康德却始终无法在理论层面上解决这一问题，最后不得不重新把上帝请回来，希望依靠信仰的力量来从根本上解决人的道德动机问题。这实际上与其一直强调的理性为道德立法构成了一种内在的矛盾，有将道德的自律转化为他律之嫌。另外在康德的语境下，假若理性能够为道德立法并保证道德的普遍性、绝对性，那么接下来一个不得不追问的问题就是，人的理性或者内在的自由意志又是从哪里来的？追问下去，恐怕很可能还是得到一个与儒家相似的结论，即道德本质上来自于天命而非人性。

可叹的是，无论是康德的理性为道德立法，还是边沁等的功利主义，都没有成为西方现代管理学的道德基础。前面提到，西方管理学也重视道德，但是这种重视没有依托必要的哲学讨论为基础，完全是将道德作为了一种通向利益的工具，而没有看作一种不得不遵守的普遍化的义务。也就是说，康德的道德哲学虽然影响很大，但是并没有影响到西方管理学的内在展开逻辑。整个西方管理学的道德基础更多是在功利主义的基础上展开的，而且似乎还是一种被资本改造后的功利主义。这体现为其并没有像早期的功利主义者那样平等地重视每一个员工、消费者的利益，不是以整体的利益为根本出发点，而是以资本的利益增长为出发点并以此来确立道德行为的最终根据。今天管理学领域各种研究结论，例如道德行为导致员工的公民行为、道德行为导致组织利润最大化的行为，实际上就是这样一种功利主义的体现。从这个意义上说，西方管理学虽然认识到了道德的重要性，但是其对于道德的研究和理解还是有些肤浅了。它甚至没有理解同样源自西方的功利主义和康德哲学，更遑论东方儒家对道德的理解了。从这个意义上讲，将西方管理学作为主流管理学范式必然会给社会带来各种各样的矛盾和冲突。

1.32 "长沮、桀溺"章解（18.6）

■ 原文、注释及翻译

　　长沮、桀溺耦而耕。孔子过之，使子路问津焉。长沮曰："夫执舆者为谁？"子路曰："为孔丘。"曰："是鲁孔丘与？"曰："是也。"曰："是知津矣。"问于桀溺。桀溺曰："子为谁？"曰："为仲由。"曰："是鲁孔丘之徒与？"对曰："然。"曰："滔滔者，天下皆是也，而谁以易之？且而与其从辟人之士也，岂若从辟世之士哉。"耰而不辍。子路行以告。夫子怃然曰："鸟兽不可与同群，吾非斯人之徒与而谁与？天下有道，丘不与易也。"

　　1. 易：改变。
　　2. 辟：同"避"。

　　长沮、桀溺两个人一起耕田，孔子从旁边经过，让子路去询问渡口。长沮问子路说："驾车的那个人是谁？"子路说："是孔丘。"长沮说："是鲁国的孔丘吗？"子路说："是的。"长沮说："他早该知道渡口在哪儿了。"子路又去问桀溺。桀溺说："你是谁？"子路说："是仲由。"桀溺问："你是孔丘的学生吗？"子路回答道："是的。"桀溺说："社会纷乱，天下都是如此，谁能改变得了呢？你与其跟着孔丘那样避人的人，还不如跟着我们这些避世隐居的人呢。"说完，就不停地往种子上盖土。子路回来把这些告诉了孔子。孔子叹息道："人不能跟鸟兽待在一起，我们不跟天下人待在一起又跟谁在一起呢？天下如果太平，我就不会和你们一起拯救天下了。"

■ 管理学解释

　　本章比较长，也是《论语》中很有名的一章。该章生动地展现了儒家与当时隐士们之间的思想碰撞，凸显了儒门矢志不渝的救世志向。春秋时期礼坏乐崩，社会动荡。以孔子为代表的儒家学者希望恢复周礼以救世，为此不辞辛苦地奔波于列国之间。而同时期的另一些人士虽然也不满社会的黑暗与龌龊，却选择了避世隐居。孔子在周游列国的过程中就遇到了好几位这样的隐者，他们都对孔子救世的行为感到不解，规劝孔子和他们一样隐居起来，不要再去救这个无药可救的世界。对于这些隐士的不解和规劝，孔子也都一一给予了回应。此处的长沮、桀溺就是一例。

在孔子看来，像长沮、桀溺这样为躲避乱世而隐居起来的选择本质上是不可取的，因为人不是鸟兽，人的社会性决定了人只能生活在群体中，如果有能力，还是应该积极地行动起来，尽最大的努力拯救社会。由于有救世的思想，所以孔子一直没有放弃出仕做官。所谓周游列国，本质上也是为了寻找合适的出仕机会。当然，孔子谋求官位也不是没有原则的，这个原则就是必须合乎礼、合乎道。如果统治者本质上无意行道，随意破坏礼制，孔子是不会与之合作的。例如孔子曾主动辞别卫灵公，在鲁国时也不与季桓子、阳虎这样的无道权贵合作，虽然他们都很希望孔子站在自己一边。

对于长沮、桀溺这样的隐士，孔子一方面理解他们的选择，但还是认为隐居避世是不可取的。在其看来"不仕无义。长幼之节，不可废也；君臣之义，如之何其废之？欲洁其身，而乱大伦。君子之仕也，行其义也；道之不行，已知之矣"。也就是说，孔子实际上知道自己的主张很难得到统治者的认可与实行，也知道世界已经衰败到难以拯救的地步，但他还是不放弃，坚持努力。在其看来，逃避不是办法。人是社会性的动物，最终还是需要过群居性的生活，因此尝试拯救是唯一的选择，成与不成都会在所不辞。

隐士们的这种避世思想则被后来的道家学派所继承。道家庄子即是偏向于不仕的。《史记·老子韩非列传》记载，楚威王闻庄周贤，使使厚币迎之，许以为相。庄周笑谓楚使者曰："千金重利，卿相尊位也。子独不见郊祭之牺牛乎？养食之数岁，衣以文绣，以入大庙。当是之时，虽欲为孤豚，岂可得乎？子亟去，无污我。我宁游戏污渎之中自快，无为有国者所羁。终身不仕，以快吾志焉！"

庄子可能没瞧上楚威王，不想与之同流合污，所以庄子辞退楚王是可以理解的，但终其一生也不见大的救世活动，这与儒家相比就很不相同了。要知道，庄子所在的战国时期，战乱频仍，百姓的生活可谓困苦到了极点。《孟子》记载当时的惨状是"争地以战，杀人盈野；争城以战，杀人盈城"（《孟子·离娄上》）。身处此等乱世，眼看着无数生灵涂炭，道家和庄子却不愿意出来拯救天下。而和他几乎同时代的孟子年近古稀还奔波于列国之间，想尽办法劝说各路诸侯行仁政。两相比较，道家的避世特点还是很明显的。

当然，我们也不能说道家隐士是冷血的，他们实际上也是因为看不惯肮脏的现实而躲避，这种躲避本身就说明他们的心还是热的，而且他们中的有些人在避世之前可能也都或多或少地做出过抗争或拯救的努力，只是这乱世实在是太糟糕了。作为个体，他们势单力孤，力量有限，迫不得已才放弃。从这个角度讲，我们对道家隐士还是要有一份尊敬。但也正因为如此，我们才会特别感受到孔子、孟子等的伟大。

那么，如何看待儒、道两家在这一点上的差别呢？儒家的做法可能比道家更具有道德高度。因为若每个人都袖手旁观，选择避世，表面上看是不与坏人同流合污，实际上从另外一个角度看也是在纵容坏人的为非作歹。最终，这个世界就真的没救了，而届时每个人都是逃不掉的，即使隐居到没人的地方，也是逃不掉的。如果像儒家那样一直持续不断地努力,则至少还有一丝改变的希望。

此章还有一个非常有意思的地方,即作为避世者,长沮、桀溺两个人是一起耕作的,这说明他们还是要和人生活在一起,也不能绝对地脱离社会。他们所谓的逃离只是在桃花源的深处建立了一个小型化的社会而已。在这样一个社会里,他们可以彼此间提供温暖和互助。而他们可能没有想过这样一个问题,即如果这两个人、两个家庭组成的微型社会有朝一日也变坏了怎么办?还要逃吗?如果要逃,又能往哪里逃呢?可能最终还得走到儒家的拯救路线上来。

当然,孔子活着的时候没能成功地救世,但是他知其不可而为之、奋斗到最后一口气的精神感染了后世,也塑造了中华民族积极进取的文化基因。

这样一个逻辑也很好地解释了为什么是儒家而不是道家、法家等其他学派最终成为中华文化的主流。道家、法家虽然不乏各自的深刻与价值,但他们也确实无力应对乱世之局面。

儒家的这种知其不可而为之的精神很值得今天的学界、特别是管理学界深思与重视。现代教育受西方文化的影响,强调人文学科的科学化,只重视所谓的理论、概念及客观的观察。以占据主流的西方管理学为例,充斥教材的是各种理论概念和模型,并不强调管理的目的乃是为了社会的有序与每个人的健康发展,更少有强调道德和救世情怀的重要性,更不要说推崇孔子知其不可而为之的牺牲精神了。

有关部门也意识到大学文科教育的问题,正在积极推进"新文科"教育。所谓新文科教育,按照权威部门的界定,就是努力把现代信息技术融入哲学、文学、语言等传统文科的课程中,推动文理交叉融合,为学生提供综合性的跨学科学习课程,以实现知识扩展和创新思维培养这样一些目的。但从这样一个表述来看,所谓新文科的未来仍旧是令人担心的。实际上，文科教育扩展学生的知识面和培养其创新思维固然重要，但更重要的是要使得每一个学生真正地有操守，即要有内在的道德境界和理想追求，特别是要有儒家那种知其不可而为之的救世情怀。

1.33 "不知命，无以为君子"章解（20.3）

▋原文及翻译

孔子曰："不知命，无以为君子也；不知礼，无以立也；不知言，无以知人也。"

孔子说："不懂得什么是天命，就不可能成为君子；不懂得礼，就没有办法立身处世；不知道分辨别人的言语，便不能了解别人。"

▋管理学解释

这一章是《论语》的最后一章，但所讲的内容也非常重要。表现为，此处再次强调儒家管理学中最重要的概念之一——"命"。理解这一概念，对于理解整个儒家管理学及其背后的学术范式是非常重要的。

传统中国对于"命"的理解历史久远，西周中叶就已经有"有命在天""天命靡常"等记载。只不过这一观念在当时主要用来描述上天与王权之间的关系，与普通百姓的命运之间还无直接的关系。但在西周末年，政治黑暗导致民间出现了一种"怨天骂天"的声音，于是"天命"逐步摆脱原先那种解释上天与王权关系的内涵，开始与个体的人生发生更多的联系，由此逐渐形成了"命"这一概念。这一思想延伸到春秋战国时代，自然影响到儒家对于天人问题的思考，也开启了儒家关于"命"和"天命"的诸多记述。关于"命"，《论语》中有着很多的论述。

例如，1. 司马牛忧曰："人皆有兄弟，我独亡。"子夏曰："商闻之矣：死生有命，富贵在天。君子敬而无失，与人恭而有礼，四海之内，皆兄弟也。君子何患乎无兄弟也？"（《论语·颜渊》）

2. 公伯寮愬子路于季孙。子服景伯以告，曰："夫子固有惑志于公

伯寮，吾力犹能肆诸市朝。"子曰："道之将行也与，命也；道之将废也与，命也。公伯寮其如命何！"（《论语·宪问》）

3. 伯牛有疾，子问之，自牖执其手，曰："亡之，命矣夫！斯人也而有斯疾也！斯人也而有斯疾也！"（《论语·雍也》）

这些记述虽然事不相同，但都提到了"命"字。那么，儒家的"命"是什么意思呢？徐复观先生认为，"命"即是在人力所不能及之处对人发生重大影响的力量。张岱年先生认为，我们做一件事情，这件事情之成功或失败，即此事的最后结果如何，并非做此事之个人力量所能决定，但也不是以任何个人或任何其他一件事情所能决定，乃是环境一切因素之积聚的总和力量使然。如成，既非完全由于我一个人的力量，如败，亦非因为我用力不到。只是我一个因素，不足以抗广远的众多因素之总力而已。做事者是个人，最后决定者却非任何个人，这是一件事实。儒家所谓命，可以说即由此种事实而导出的。这个最后的决定者，无以名之，名之曰"命"。二位学者的理解虽在文字表述上有所不同，但其内涵并无本质之不同。所谓"命"实是一种在根本上左右人生而人又对其无可奈何、无从把控乃至无从查考的力量。它既表现先天的禀赋，又表现为后天可能遭受的种种际遇、限制，乃至生命之寿、夭、长、短这些个体完全无法驾驭的趋势，这些都属于"命"的范畴。

除了强调"命"，《论语》中还时常出现"天命"一词。

例如，1. 子曰："吾十有五而志于学，三十而立，四十而不惑，五十而知天命，六十而耳顺，七十而从心所欲，不逾矩。"（《论语·为政》）

2. 孔子曰："君子有三畏：畏天命，畏大人，畏圣人之言。小人不知天命而不畏也，狎大人，侮圣人之言。"（《论语·季氏》）

此处"天命"虽然也含有"命"字并且与"天"相关，但与前面提及之"命"已经有很大的不同。其不再表示一种不可把握的命运，而是表达了"天"赋予人类之道德本性。对人来说，"天"不仅意味着不可预测、不可左右的命运之"天"，也意味着表现为善的人性及一切义理法则的终极来源。人生活在社会群体中，必须遵守各种道德规范与义理法则，必须承担对于他人和社会的责任。而这体现的不仅仅是一种理性认知和选择，还是一种根源于天道的人生的不得不如此。所谓"五十知天命"，所要表达的就是孔子在这一个年龄阶段体悟到了道德的先天属性，感悟到上天赋予自己的道德使命。而"畏天命"则意味着对根源于天的一切道德义理的诚敬。可见，"天命"与"命"看似相似，实际却有着不同的内涵，体现了儒家理解天人关系的两个不同维度。

人生在世，无疑要追求一番生命的价值与意义。在一般人看来，生命的意义就在于求得富贵、长寿乃至声名显赫等。因此，大多数人的一辈子就是围绕着这些东西而努力。在孔子看来，这实际上是一种很不明智的行为。因为人的富贵穷通、生老病死本质上不决定于己，而决定于"命"。既然如此，人类就不应该将自己的生命价值、意义寄托于富贵、长寿以及声名显赫上，更不应为此而忧愁不安。所以当司马牛因为没有兄弟而忧愁时，子夏才以"死生有命，富贵在天"来劝解他。但这绝不意味着一种消极的生命态度，实际上，儒家正是因为不再将可遇而不可求的富贵显达作为自己的追求，才使得自己建立起一种更加积极的人生态度。在孔子看来，一方面"命"的存在使得对富贵显达的追求变得不明智，另一方面"天命"的存在则不仅解释了人世间义理法则的先天性，也决定了人生的价值与意义只能在实现自我的道德本性与使命中得以实现。所谓"畏天命"所要表达的就是这样一种生命态度。而且孔子认为在这方面人只要努力追求，就一定会有所收获。因为道德仁义是人先天固有的，不需外求。所以孔子才会展现"仁远乎哉？我欲仁而斯仁至矣"的自信。孔子的一生也很好地诠释了这样一种生活态度。生在礼坏乐崩的春秋时代，孔子一生以行道、恢复周礼为志向。虽然这在当时十分渺茫，但是孔子"知其不可为而为之"。而支撑孔子奋斗不止的信念就是其对"命"与"天命"的理解。所以孟子说："孔子进以礼，退以义，得之不得曰有命。"

和孔子一样，孟子同样认为人生绕不开"命"与"天命"的支配问题。孟子主张人生要"求在我者"，而不要"求在外者"。因为"命"的不可把控性决定了人们追求功名富贵等外在时，即使"求之有道"，结果也只能是"得之有命"。而对于"在我者"的"仁义礼智"，则是"求则得之，舍则失之，是求有益于得也"。各人虽可能在这些方面的现实修养不同，但"仁义礼智，非由外铄我也，我固有之也"。因此个人只要坚持不断地努力，就必定在这些方面有所收获。"命"的无可奈何与"天命"的先天固有使得孟子认为人生只能"正命"而逝，不能"桎梏而死"。所谓"正命"即是要"尽其道而死""居易以俟命"。

二程继承了孟子的思想，提出"天所授谓之命"的观点。二程哲学以理为本，以理统气，因此其自然将天之命分成了"德命"与"气命"两种命。"德命"即所谓的人的内在的道德理性，程颐表述为天理；"气命"则是从气上言命，即人禀气之短长厚薄影响人之富贵贫贱、祸福寿夭，禀气之清浊影响人之贤愚。程颐说："气清则才善，气浊则才恶。禀得至清之气生者，为圣人。禀得至浊之气生者，为愚人。"由此出发，二程进一步阐发了对"知命"、"正命"的理解，提出了"命在义中""以义安命"等命题。所谓"知命"即是"知有命而信之也"。知命与否，对于人之为人意义重大。因为"人不知命，则见害必避，见利必趋，何以为君子？"所谓"正命"则是"命皆一也，莫之致而至者，正命也，桎梏而死者，君子不谓命"。程颐认为，"利害者，天下之常情也，人皆知趋利而避害，圣人则更不论利害，惟看义当为与不当为便是，命在其中也"。

朱熹作为宋代理学之集大成者，强调命要"合理与气而言"，要从"理命""气命"两个不同的层次来理解。天在赋予人仁义礼智之本性的同时，亦同时赋予其赖以成形的"气"。而每个人所禀之气的厚薄、清浊不同，不仅决定了各自现实的富贵穷通，以及所值与所遇，也对每个人现实的道德水平造成影响。先天禀气的存在使得朱熹同样认为人不应该将注意力放在把控自己的名利上。朱熹也认为人可以通过努力而改命。这种改命不是体现为改变富贵穷通夭寿等方面，而是体现为人可以通过不断地修身、培养浩然正气而逐渐消除后天气禀对于天命之性的遮蔽。

对于儒家来说，"以义制利"是一个非常核心的思想。所谓"以义制利"就是将"利"放在一个受"义"调控的从属位置上。而儒家之所以如此排序，与其对"命"的理解密切相关。"命"之存在意味着，如果非要将功名利禄当作自己的目标，就意味着将自己的生命置于一场虚无缥缈的赌局中，必然以悲剧收场。因此，不能以求利作为人生的优先追求。

那么儒家为什么又要强调"义"的优先性呢？所谓义者，宜也，其原始本意强调的是分配物质财富时的一种公正的、合乎人之情理的合适状态，本质上体现的则是人世间各种普遍的当然之则。各种当然之则虽是人为制定的，本质上却是源于"天命"。所谓"天命之谓性，率性之谓道"即是"天"将仁、义、礼、智的义理赋予人为性。这些义理最终表现为各种处理人际关系、人物关系时的当然之则。"天命"的先天性在根本上决定了个体在决策时必须优先考虑自己的决定是否合乎当然之则的要求而非其他。也就是说，"命"与"天命"作为天人关系的两个维度分别对应着"利"的从属性和"义"的优先性。因此，儒家管理学自然就形成了"以义制利"的思想，最终也就发展为一种义理之学。

总之，儒家管理学整体上建立在其对"命"和"天命"的思考之上。而包括西方管理学在内的西方现代社会科学则不像儒家那样关注天人关系，没有发展出类似"命""天命"那样的概念，如此一来，也就形成了相比较于儒家文化的种种不同。具体来说，西方管理学、西方经济学、西方政治学等本质上是由实证主义哲学和牛顿力学时代发展而来。在实证主义看来，对于人类来说，唯一值得追求的是建立客观观察和研究基础上的科学知识。因此，实证主义在根本上就排斥哲学化的形上思考。如此一来，建立于其上的西方管理学、西方经济学、西方社会学等也就不会围绕天人关系展开有深度的思考，也就不可能有类似"命"与"天命"这样的思想。而这也进一步决定其不会将掌握义理看作人文社会学术的本质。

另外，实证主义认为人类社会和自然世界一样存在着稳定不变的规律，只要把握了这些规律，人就可以有效地改造和利用这个世界。也就是说，实证主义体现了一种牛顿时代的机械主义世界观。在此种世界观的支配下，西方学术界认为不存在人类不能认识、不能把控的力量。如果有，那也是因为自己付出的努力还不够，对各种规律的认识暂时还不够深刻而已。这种乐观也使其并不认可"命"这样一种不可把控的力量，从而也就很难形成"以义制利"的思想。相反，它会不自觉地将求利作为自己的唯一目标并围绕之发展出各种理论模型、工具和方法，西方社会科学由此而科学化、工具化。

复杂系统观点是近几十年来西方社会受量子力学影响而出现的一种新世界观。该观点认为现实世界本身是复杂的、充满了各种不确定性、模糊性、涌现性等。相比较于这种世界观，先前的机械主义世界观无疑是落后了，因为其无法解释现实世界中众多不确定性、模糊性和涌现性等。这样一种落后也决定了建立在机械主义世界观基础上的西方现代社会科学整体上的呆滞。而儒家对"命"的理解说明，虽然人在一定程度上能够认识和理解社会，但在本质上又是不能完全理解和把握社会的。这种不能完全理解、把握说明儒家眼里的世界是极度复杂的，充满了各种不确定性、模糊性和涌现性。因此，儒家虽然古老，但其持有的实际上是一种反映世界本质的复杂世界观。因此，相对于西方现代社会科学，儒家管理学虽然古老，但很可能是更加合理的。

总之，"命"和"天命"的意识说明，儒家对于管理的思考不仅涉及具体的治理原则和思想，还上升到了形而上的天人关系层面，即历代儒家一直从形而上的天道层面出发来认识人间的秩序、讨论人间的治理。所以，讨论儒家管理学不能忽略其对天人关系的思考。"命"与"天命"集中体现了儒家对天人关系的认识，不但从根本上奠定了儒家管理学的基本框架，使其成为一门义理之学，也从根本上造就了儒家相对于西方管理学的种种不同，认识中西方管理学范式上的种种不同，"命"和"天命"是一个绕不过去的最佳视角。

第二部分
《论语》与现代管理释疑

2.1 "十世可知"章解（2.23）

■ 原文、注释及翻译

子张问："十世可知也？"子曰："殷因于夏礼，所损益，可知也；周因于殷礼，所损益，可知也。其或继周者，虽百世，可知也。"

世：古时称三十年为一世，一世大致为一代人的时间。

子张问："今后十世的制度现在可以预知吗？"孔子说："殷代承袭夏代的礼制，其中废除和增加的内容是可以知道的；周代继承殷代的礼制，其中废除和增加的内容，也是可以知道的。那么以后如果有继承周朝的，就是在一百世以后，也是可以预先知道的。"

■ 管理学解释

此章中孔子讨论了制度、文化随时间展开过程中的变与不变问题，展示了儒家管理学对于"道"的理解。孔子认为，具体的制度都是需要随时间的变化而变化的，因为任何制度的创立都是基于一定的社会条件、为解决某种具体社会问题而出现的，然而时间的流逝往往意味着问题的转移和条件的变化，进而导致制度本身变得不再适用。因此具体制度层面上不能固化，一定要与时俱进。当然这不意味着制度本身要发生根本性的变化，因为人性不变，所以制度中有些根本性的东西，主要体现为制度所依托的、向善的价值观和精神是不变的。这个不变的善就是西周礼乐文明的根本精神，就是那个所谓的"道"。中华礼乐文明经由不断演化，在西周时已经达到了一个非常完备的状态。因此当子张问"十世可知也"时，孔子的回答就显得信心满满：岂止是"十世可知也"，即使百世也不可能脱离西周礼乐文明的根本精神。这也体现了孔子对于自身文化主张的信心：虽然目前自己的主张还不被认可，但是未来一定是会受到重视并成为整个社会之主流的。

其后两千多年的中国历史也印证了孔子这样一种自信绝非盲目。

春秋战国时代礼坏乐崩，周礼及其所代表的价值观和治世主张不断被边缘化，虽有孔子等不断呼吁，但也不见转机。此后杨、墨继起，法家、纵横家、阴阳家纷纷登上历史舞台。特别是法家，因为秦的兴起而受到当时各诸侯国的高度重视。到了汉初，主张休养生息、放任自由的黄老学说又取代法家学说而成为新的治国哲学主张与意识形态。然而在长达数百年的时间里，中国社会始终处于一种分裂的动乱状态，难以实现根本性的安定。战国春秋时代自不必说，就是汉初也发生了类似"七国之乱"的重大政治事件。到了武帝时期，一系列迫切的政治、经济和社会问题要求整个国家在文化和意识形态上做出重大的调整。由此汉武帝做出了"罢黜百家，表彰六经"决策。这一主张不仅使得儒家成为此后两千多年主流的思想意识形态，也使得中国社会彻底建立起了完善的、以中央集权为特征的郡县制，从此摆脱了春秋战国以来的政治分裂与动荡，进入一个相对统一和安定的状态。而此时距离西周时期已经过去千年，整个中国在制度、经济诸方面已经发生了诸多重大的变化，已经由先前的西周分封制演变为秦以后中央集权的郡县制。

魏晋时期，孔子思想及其代表的西周礼乐文明虽然名义上还占据主流地位，但实际上受到了比较严重的冲击。道家、佛教在一定程度上取代了儒家，成为当时社会的主流思想意识形态。但是自此长达几百年的时期里，中国社会始终处于一种由于政治分裂引发的战争与动乱中，难以获得持续的统一与安定。特别是唐中期以后的藩镇割据以及随之而来的五代十国大乱局，更是使得中国社会遭受了前所未有的蹂躏与破坏，也使得全社会从上到下开始深入思考孔子以及儒家文化的现实价值。反思的结果就是儒家价值观念在北宋初期后再次受到高度重视。经过二程、朱熹等为代表的一大批知识分子长达百年的努力，理学开始登上历史舞台并在此后八百年的时间里成为中国社会的主流文化形态，虽然宋、元、明、清几个朝代在具体的制度上有不小的差别，但中国社会也由此摆脱了魏晋以来的动荡与分裂，真正进入一个以稳定、繁荣为主要特征的时代。

清末以后，三千年未有之大变局的出现以及由此导致的政治、经济及文化之困局，使得儒家文化的主流地位受到了前所未有的冲击和动摇。饶是如此，儒家文化仍然能够扎根广阔的乡土社会，并随着20世纪九十年代以后市场经济的展开而开始复兴。随着近年来中国经济、政治实力的不断发展与国际地位的日益提高，这种复兴的势头也越来越猛。

从两千多年的历史进程可以看出，虽然不同时代面临的问题不同，政治、经济制度也有所不同，但在本质上又有着共同的、不可脱离的思想和文化基础，即儒家学说及其继承的西周礼乐文明之精神。当然有些时期因为特殊的政治、经济原因以及外来冲击而偏离了这一基础，但是整个社会往往因此陷入长期的分裂与动荡之中，最终还是不得不回归这一基础。汉武帝的"罢黜百家、表彰六经"、两宋时期的理学及新儒家的出现都说明了这一点。由此也可以看出孔子当年"百世可知"的预测绝非虚言。

此章对于当前的管理学建设也很有意义。管理世界的复杂多变使得很多研究者和管理者都明白了这样一个道理，即在一个变化莫测的时代，组织的各项规定为了适应环境变化也要不断地发生变化。这是必要的，但也往往使得很多管理者和研究者只注意了"变"的重要性，忽视了"变"之外还要有稳定不变的一面，与时俱进的同时还要以不变应万变。这个不变就是人类千古不变的、根植于天地宇宙的良知与道德。

很多组织和企业的制度建设虽然精巧，但在很多情况下也有意或者无意地偏离了管理必须遵循的根本轨道。如果学术研究者只关注具体的制度、规范乃至外在的行为研究，没有注意到那个稳定不变的基础及其根本性，则无异于舍本而逐末。此章的讨论正可以为相关管理者和研究者提供一个参考。所谓的管理有随时而变的治法，也有万世不变的治体。管理学本质上更应该关注的是这个贯穿万世而不变的治体，然后才是关注那些随环境变化而变化的治法，即制度、组织结构等方面，因为在这些方面，熟悉现实环境和条件的管理者们有着更深刻的体会和优势。而治体与治法之别也构成了传统管理学与西方管理学在范式上的一个根本区别。儒家管理学几千年来是在治体的层面上展开研究的，追求那个永恒不变的"道"。而西方管理学则是在治体的层面上发展了一百年，始终没有上升到道的层面上。

2.2 "八佾舞于庭"章解（3.1）

■ 原文、注释及翻译

孔子谓季氏："八佾舞于庭，是可忍也，孰不可忍也？"

季氏：季孙氏，鲁国权臣，与叔孙氏、孟孙氏等一起架空了几代鲁国国君，长期把持鲁国国政。

孔子谈到季孙氏说："他在家庙之庭中动用天子才能用的八佾之舞，这样的事都能做得出来，还有什么事做不出来呢？"

■ 管理学解释

这一章是《论语》中很重要的一章，体现了孔子维护周礼、维护西周以来政治秩序的主张。近代以来，围绕孔子这样一种观点，知识分子中产生了各种争论，很多人就此批判孔子为奴隶主阶级的代言人。今天有必要借着孔子对季氏的批判说说这个问题。

为了国家、社会的有效运作，任何一个社会都需要有一个等级权力秩序，虽然不能过分，但也绝不能无长幼、上下之分，古今中外，概莫如此。否则，国家很可能因为权威的丧失而陷入无休止的内斗。西周建立后实行分封制。最上边的是周天子，往下依次是诸侯、卿大夫、士等。为了维护这样一个天下秩序，周公制礼作乐，规定了天子、诸侯、卿大夫及士等各个等级享有的政治、经济、社会权利及责任等，其中就包括了不同等级在车马、饮食、礼乐等方面可以享用的标准。"八佾"作为一种礼乐表演形式，是周天子才有资格在家庙祭祀时使用的，一般的诸侯能够使用的是"六佾"。像季氏这样的级别按照规定只能动用"四佾"。但是季氏依靠自己的政治和军事实力，不但不把鲁国国君当回事，连周天子也不放在眼里了，连越两级，使用了天子才有资格使用的"八佾"。这一做法是主张恢复周礼的孔子无法容忍的。在其看来，季氏所为是一种严重的僭越。任其发展，不加约束，必然会造成鲁国国内乃至天下政治秩序大乱，最终倒霉的还是处于社会底层的老百姓。因为"名不正，则言不顺；言不顺，则事不成；事不成，则礼乐不兴；礼乐不兴，则刑罚不中；刑罚不中，则民无所措手足"。事实也证明孔子这种担心并非多余。季氏的僭越很快就引起了他人的效仿，他自己的家臣、本应忠于自己的阳虎就有样学样，利用手中的权势把持了季氏家内的大权，甚至一度囚禁了季桓子，造成鲁国"陪臣执国命"的乱局。最终鲁国费了好大的力气才平息了这场叛乱。所以孔子对季氏的批评是有深刻历史背景的，也是很有政治远见的，并不只是维护封建礼教、维护皇权那样简单。不幸的是，作为权臣的季桓子出于私利，没有采信孔子所言，导致鲁国政治一直处于一种事实上的分裂和混乱状态，在当时诸侯争霸的背景下日渐沉沦。季桓子晚年也意识到了这一点，让自己的儿子季康子找机会迎回孔子。只是孔子年事已高，无法直接为鲁国服务了。孔子晚年回国后修诗书、作《春秋》，将文化的火种传了下来，由此奠定了整个中华文明的基本精神。特别是《春秋》，高扬"贬天子，退诸侯，讨大夫，以达王事而已矣"的旗帜，对当时上层阶级各种不守礼制、不安名分的行为给予了严厉的批判，使得乱臣贼子为之惊惧，从根本上奠定了中华民族后世两千多年的"大一统"精神，为国家的统一、民族的生生不息奠定了坚实的政治和文化基础。

当然，孔子维护周礼的主张及《春秋》大一统的精神并没有为当时的统治阶层所接受。当时礼坏乐崩、"君不君、臣不臣"的混乱局面也就没有得到任何的改善。进入战国以后，这样的混乱局面反而更加严重，成为困扰当时社会的一个重大问题。时代呼唤新的政治秩序和政治结构。于是礼乐退去，权谋登场。法家与韩非子最终登上了历史的舞台，依靠法、术、势等权谋手段来重塑君主权威，重新建构了当时上层统治阶级内部的政治秩序。秦的强盛与统一说明法家在一定程度上是有用的，但是秦"二世而亡"又从另外一个角度显示法家理论存有根本性重大缺陷，不足以作为稳定国家政治秩序的理论基础。其后，主张清静无为的黄老哲学又代替法家，成为汉初主流的政治哲学。虽然黄老哲学在一定程度上促进了战后政治稳定和经济恢复，但其始终无法弥合当时分裂的政治局面，面对随后出现的七国之乱更是无能为力。于是，历史在兜兜转转几百年之后，重新回归孔子和儒家。治《春秋》公羊学出身的董仲舒继承孔子精神，重新提出了大一统的政治主张。由于其相关的主张从根本上契合了时代的重大需求，才有了后来汉武帝的"罢黜百家、表彰六经"，儒家才算真正成了官方意识形态，成了中国文化的主流。至此，自春秋战国以来困扰中国政治几百年之久的政治分裂和权威丧失问题也算是有了一个圆满的解决，"统一"由此成为中国历史的常态，成为中华民族的根本。这样一个曲折的历史进程说明了此章在整部《论语》乃至中国文化史上的地位与作用，更可见儒家"大一统"之政治主张乃是历史的一种必然选择。

春秋时期是中国生产力迅速发展的时期，这一时期铁器等的发明使得农业、手工业得到了巨大的发展，这不仅造成了原有的井田制崩溃，也造成国与国之间的政治、经济、军事力量对比不断发生变化，就是同一国家内部国君与卿大夫之间的经济、军事力量对比也开始发生重大变化。由此，西周初年开创的整个封建礼制秩序因为经济、军事等基础因素的变动开始松动、垮塌。"三桓"架空鲁国国君、僭越鲁国国政就是发生在这样一个大的社会背景下。按照相关理论观点，今天的我们可以认为西周封建礼制的崩溃是大势所趋，是生产关系适应生产力变动的必然结果，而孔子维护西周礼制秩序是一种不识历史大势、阻碍历史发展的不智之举，体现了孔子政治上保守的一面。但是事情也不能简单地这样理解，人类政治是复杂的，复杂政治斗争中的保守也不一定就是错误的。孔子时代很多像"三桓"这种架空国君、破坏礼制的行为并非像后世农民起义反对暴政那样具有正义性和进步性，只是统治阶级内部出于自身政治、经济利益的争权夺利而已，是一种严重的乱臣贼子行为，造成了整个社会的动荡不安，加重了底层民众的经济负担，使得他们流离失所，饿殍遍地。孔子反对"三桓"违背礼制主要是从这个角度出发的。而且当时西周封建体制的瓦解刚刚开始，未来政治和经济方面的走向还很不明朗。孔子在当时也根本看不到、设想不出有比周礼更好、更合适的制度体系。所以其在政治立场上必然是想尽量恢复已有的、曾经给国家和社会带来良好秩序、给百姓带来安定生活的西周礼乐政治。为此他明知其不可而为之，一生风尘仆仆地奔走于列国之间。本质上来说，这不是开历史的倒车，反而体现了一种以天下苍生为念的伟大情怀。

2.3 "吾道一以贯之"章解（4.15）

■ 原文、注释及翻译

子曰："参乎！吾道一以贯之。"曾子曰："唯。"子出，门人问曰："何谓也？"曾子曰："夫子之道，忠恕而已矣。"

忠恕：尽己之心谓"忠"，推己之心谓"恕"。

孔子说："曾参呀！我的学说可以用一个根本的原则贯通起来。"曾参答道："是的。"孔子走出去以后，其他学生问道："这是什么意思？"曾参说："夫子的学说只不过是忠、恕二字罢了。"

■ 管理学解释

本章讨论了儒家的"忠恕"之道。所谓"忠"并不只是说要忠于君主，而是说在与他人交往的过程中要努力做到自己该做的一切，而"恕"则是换位思考，自己不愿意的，也不强加于人。"忠恕"之道对于管理来说很重要，以此行事能够保证管理者做应该做的，同时也防止做那些不应该做的，由此保证相关决策的合理性与正当性，使得组织内外能够有效凝聚在一起，避免因为各种内耗而走向失败。所以孔子教育学生时重点培养的就是"忠恕"之道。只可惜今人受西方管理学影响太大，以为管理是计划、组织、控制，没有意识到"忠恕"之于管理的特殊重要性，所以也就没有将其放在一个特别核心的位置上。

除此之外，本章对于"忠恕"的强调还有助于我们从另外一个层面来了解传统文化的特点与价值。

现实中经常看到一些人讨论传统儒家文化中缺乏自由、人权的问题。在这些朋友看来，传统儒家的思路似乎跟不上现代社会的节拍，而近代西方则在启蒙运动后发展出了一套旨在维护个人权利和自由的学说体系。这样一套学说体系很吸引人，尤其是很多在现实中受到委屈的朋友更是会对之深深折服，折服到一定程度就很可能把锅甩到中国文化、特别是孔夫子和儒家的头上，认为儒家无意且不能保障人的自由与人权。例如，新文化运动时期就有很多人抨击儒家是礼教吃人。本章虽然只是讨论"忠恕"之道，实则在很大程度上也有利于我们正确理解这个问题。

传统儒家确实是很少公开讨论个人自由和权利的。所谓"父慈子孝、君仁臣敬、兄友弟恭"以及该章所强调的"忠恕"之道，根本上来说都是一种义务论，但这不代表儒家否定保障个体的人权与自由。

孔子创立儒家至今已经有两千五百年的历史，如果儒家真的无意或者不能维护个体基本的权利和自由，那么它是很难成为中国传统文化之主流的。文化作为上层建筑可能体现出某种维护统治阶级利益的意识形态色彩，但是这种作为意识形态的文化是难以持久存在的。随着生产力的发展或者阶级斗争的深入，这样的文化必定会因为不能保障大多数人的自由和人权而逐渐消亡，不可能在几千年的时间里一直占据着主流的位置。例如，魏晋到隋唐几百年的时间里佛教鼎盛，特别为统治阶级所推崇，但是最终因为不符合社会发展之根本要求与利益而退出主流的位置。因此，一种文化能够在长达几千年的时间里一直占据主流的位置，就不应仅仅以意识形态之名来对待之了，因为它本身很可能具有一种真正意义上的合理性。

现实的人是一种社会性存在，人和人之间存在着各种各样的关系。保障人的自由和权利离不开个人对权利和自由的诉求，离不开他人主动或者被动的配合，因为个人的自由和权利往往连带着他人的风险与利益。就西方而言，其自由和人权理念是在资产阶级反对封建神权的过程中发展起来的，体现的是资产阶级维护自我利益的意志和诉求。从这个角度讲，主张个人权利和自由是有一定合理性的，但是自由和人权学说本质上体现的是一种基于个人本位的权利诉求，没有充分考虑正义以及道德伦理在其中的地位与意义。而儒家则一开始就是从人与人之间结成的各种社会关系这一层面出发来理解人的权利和自由的。从儒家倡导的"己所不欲，勿施于人"及本章强调的"忠恕"之道可以看出，儒家视野里个体之自由和权利与他人之自由与权利是关联在一起的。因此儒家认为保障个体之自由与权利一方面依赖于个体对自我权利和自由的主张，另一方面也是更为本质的，则依赖于各自能否遵守正义之准则，能否尽到自己的伦理义务和社会责任，能否尊重他人合理的利益诉求。如果能够各自尽到自己应尽的伦理义务和社会责任，那就是"忠"；如果能够尊重他人合理的利益诉求，那就是"恕"。"忠恕"都做到了，那么每一个人的权利和自由自然也就会得到比较有效的保障。例如，父母在尽到自己抚养义务和责任的同时，自然也就保障了子女的生存权、受教育权等；君主在扩大征税规模的时候，多换位思考一下，民众是否能够承受，那么民众的很多自由和权利也会得到比较有效的保护。反之，即使个人有积极的权利诉求，所谓自由和人权也很难得到有效的保障。也就是说，儒家在保护民众权利与自由方面有着不同于西方的思路，这种思路也体现了儒家对于个体自由与权利的独特理解。所以不能因为儒家没有直接提出自由和权利的概念，就认为它无意乃至无法保护人的自由和权利。

西方近代自由和人权学说虽然庞杂，但本质上是个体本位的，即个人站在自我的立场上争取自己认为应该享有的自由和权利，推卸自己认为不应该承担的义务和责任。这样一套学说在弱者反抗强权、暴政时会很有价值。但如果不加节制、将之奉为一种普遍化的思想原则，就很容易使得整个社会陷入一个交相争利、弱肉强食的危险局面。因为在这样一个过程中，自由和权利被置于最高的位置，而道德伦理和正义反而处于一个次要的地位。如此一来，个体的权利和自由能否得到保障往往不是依赖于沟通和讲道理，而是依赖于自身的实力。只要实力足够，不管诉求合不合理，都能够得到有效的保护。最终必定是少数强者占据社会大部分的资源和财富，而大部分人的自由和权利则难以得到保障。更严重的是，这样一个社会必然是原子化的，缺乏足够的凝聚力和动员力。顺利时各民族、各地区、各阶级还能维持基本的合作，大难临头则必然会各自为战，造成国家、社会的解体，最终个体也会因为失去国家的保护而丧失最基本的自由和权利。

相比之下，儒家的"忠恕"要求个人严格遵循礼制，树立"己欲立而立人，己欲达而达人""己所不欲，勿施于人"的辩证思维，看似回避了权利与自由，实则通过坚持正义和道德伦理，用一种迂回且更好的方式保障了自由和权利。因为它要求个体在主张自我权利和自由的同时换位思考，想想自己应尽的义务和责任，自己的主张是否损害了他人的权利和自由等。如此一来，自我权利和自由得到主张的同时，一些过分的欲望也受到了理性的约束，从而使得自我与他人的权益都得到有效的保护。而且，这样一种思路也避免了个人本位主义的流行，使得人与人、阶层与阶层、地区与地区、民族与民族、国家与国家之间有了一种真正的和谐与融合，最终使得整个国家凝聚力不断增加与扩大。早期的中华文明从无到有，不断将周围的民族和部落吸引进来，在将自身发展为一个广土巨族的文明型国家的同时，也在东亚地区塑造了一个以和平交往、互利发展为基本特征的天下体系，就是源于这样一种理性的文化基因。

实际上近代西方主流的自由和人权观念作为一种个人主义来说是很平常的。生在红尘世界中，人很容易会形成一种自我中心意识，从而会在各种利益和感性需求的驱使下去追求自我权利和自由，也就不难发展出各种自由和人权学说，为自己的需求建造一个理论基础。相反，懂得用正义和道德理性约束欲望在一个合理的范围内却是一件很重要也很难做到的事情，需要不断超越小我、不断提升自我之境界。所谓"破山中贼易，破心中贼难"说的就是这样一个问题。人类社会的核心问题实际上是不断发展、提升自己的道德理性和境界，而不是发展、鼓吹建立在利益和需求欲望基础上的自由和权利学说。从这一点来说，传统儒家可谓抓住了社会发展的本质与关键。

当然，儒家也并非一味强调人的道德义务，也意识到单纯地强调义务与道德可能防止不了统治者的愚蠢与作恶。因此其认为如果统治者无视人民的苦难而继续实施暴政，那么人民就有通过暴力推翻其统治的权力。孟子对汤武革命的肯定就体现了这一点，从理论上肯定了弱者反抗暴政的自由和权利。从这个意义上讲，认为儒家不讲自由和权利也是缺乏根据的。

回顾历史，儒家作为传统文化的主流对中国历史及中国文化的走向产生了重大的影响。秦汉以后的中国历史，除去一些比较特殊的战乱时期，经济上，中国古代大多数家庭拥有自己的小块土地。自给自足的自然经济虽然谈不上富裕，但是正常年月里温饱还是能够实现的。遇上灾荒年月，国家还会组织大型救灾、赈灾活动以保障饥民的生存。政治上，古代是一个农业社会，皇权基本不下县，农民只要交了税，政府也不过多干预民间生活。民众的婚丧嫁娶、职业选择、生产安排、精神信仰等实际上都属于个人做主的领域。法律上，历朝历代都保护私有财产以及生命安全等。如此一来，正常年月普通百姓的生活虽谈不上多么的幸福与美满，但也不缺乏基本的自由和人权。这也是中国古代社会没有发展出西式激进的自由、人权学说的一个重要原因。而西方之所以发展出自由人权学说，本质上乃是因为基督教神权和封建王权的联合压迫使得基层社会缺乏最基本的人权和自由。所以，近代西方才会经由启蒙运动形成一套被视为普世价值的自由与人权学说。由此，我们也就进一步看出儒家在保障中国传统社会个人自由和权利时所发挥的积极作用。

儒家的"忠恕"思想及其对自由人权的保护对现代管理也很有价值。现代企业组织出现以来，一方面促成了社会经济的发展，另一方面也因为工具理性的泛滥造成了资本对于人的过度压迫与控制，极大地压缩了人的自由和权利空间。以西方管理学为代表的现代管理学对此却往往没有什么太好的办法，其本身并不太关注这些问题，工具理性的流行使其更倾向于将人当成一种资源和工具。而且从另外一个角度看，西方管理学本身在相当程度上也是造就这些问题的一个重要原因，不能指望其能有效解决现代社会里普通劳动者人权和自由被过度侵占的问题。儒家管理学实际上比较关注这些问题，其对"忠恕"的强调和对人本主义的弘扬意味着跳出了工具理性的层面，无论在理论上还是实践上都主张保障人的自由和人权。从这个意义上讲，儒家管理学及其背后的管理学范式虽然古老，但正是强调人的全面和自由发展的中国式现代化所需要的。

2.4 "敬鬼神而远之"章解（6.22）

原文及翻译

樊迟问知。子曰："务民之义，敬鬼神而远之，可谓知矣。"问仁。曰："仁者先难而后获，可谓仁矣。"

樊迟问怎样才算明智。孔子说："努力从事那些自己应该做的工作，对鬼神敬而远之，这样就算得上是明智了。"樊迟又问怎样才算有仁德。孔子说："有仁德的人先付出艰苦的努力，然后再得到收获，这样可以称得上是有仁德了。"

管理学解释

《论语》中樊迟多次向孔子问"仁"，孔子的回答都不一样。此处樊迟再次问仁，孔子回答是"先难而后获"。这一回答和其他几次关于"仁"的回答都不一样，很可能是孔子结合樊迟的某一特性所做的回答，意图应该还是启发樊迟。此章之所以重要，乃是因为孔子早在两千多年前的春秋时期就提出了"务民之义，敬鬼神而远之"的观点。所谓"敬鬼神而远之"有两层含义。一是不认同鬼神的必然性。因为人不能运用自己的感官或者逻辑推理能力证明鬼神的存在。二是也不能因为不能证明鬼神的存在而否定其存在的可能性，因为人的认知能力毕竟是很有限的，所以还应该要"敬"。如此一来，对待鬼神最理性的态度就是"敬而远之"。在此基础上，各人做自己应该做的，不该做的坚决不做，那才是一种人类该有的理智生活方式。除了此章，别的章节中孔子也表达了类似的观点。例如"未能事人，焉能事鬼？""未知生，焉知死？"以及"子不语怪力乱神"等。这些观点，对中华文明后来的发展形成了重大的影响，使之形成了一个相对于其他文明来说非常突出的特点，即现世的品格。

由于生产力和认知方面的原因,任何文明在早期都难免有一种宗教鬼神色彩。中华文明也不例外。即使是到了春秋战国时期,这种色彩还是很明显的。例如作为当时主流文化之一的墨家就是充满鬼神色彩的,《墨子》中的《明鬼篇》就花了很大的力气来证明鬼神的存在。但是不同于其他文明的是,中华文明还是比较早地走出了这一阶段,发展出了一种以理性为内在特征的义理型文明。之所以能够如此,儒家及孔子起到了关键作用。正是因为其对"敬鬼神而远之""未知生焉知死"的强调,中华民族才比较早地弱化了对鬼神的迷信和崇拜,不再将人生的幸福和意义完全寄托于天国、上帝或者轮回转世,而是主要寄托于此世的理性和努力。这也从根本上塑造了中华文化的非宗教性特点。

特别地,历史上,一些西方国家因为信仰的原因,而发生过长时间的宗教冲突和战争。孔子对"敬鬼神而远之"的强调则使得中华民族很幸运地避开了这样一些历史劫难。

当然,儒家经典中也是经常出现鬼、神二字的。例如《中庸》有"鬼神之为德,其盛矣乎!视之而弗见,听之而弗闻,体物而不可遗。"之论述。由此,似乎传统儒家有信仰、侍奉鬼神的一面。实际上儒家的鬼神不能从宗教神学的层面来理解,而是其对阴阳二气变幻莫测之效能的一种概括和认识。宋儒张载认为"鬼神者,二气之良能也",又认为"鬼神,往来、屈伸之义,故天曰神,地曰示,人曰鬼"。另外,儒家最重祭祀,这似乎是承认了鬼神的存在,但实际上也不尽然,祭祀更多的是通过一些仪式表达对天地以及祖先的敬思而已,和鬼神之存在没有什么密切的关系。《论语》强调,祭如在,祭神如神在。子曰:"吾不与祭,如不祭。"所谓"祭如在",说明儒家认为鬼神在根本上是不存在的,只是祭祀时还要当它们是真实存在的而已。因为不如此,不足以表达自己内心庄重的情感和崇高的敬意。

近代以来，随着启蒙运动的展开，西方社会的宗教色彩有所淡化，但是，又迎来了一个新的崇拜对象——金钱和物质。西方社会的资本主义化决定了整个社会的运转必然是围绕着资本的增值而展开的，由此自然也就形成了整个西方社会对于金钱和物质的狂热崇拜，从而使得其在拜神教之外又形成了一种狂热的拜物教。

中国传统社会虽然也喜欢金钱和物质，但却没有像近代西方那样形成一种拜物教，这是因为儒家不仅要求"敬鬼神而远之"，还强调"务民之义"，即在人与人交往的过程中严格遵从道德义理的逻辑，做到以义制利。在儒家看来，"生死有命，富贵在天"，世界极其复杂，人的命运本质上是不可认识、不可把控的。因此，人生不能将本质上不可把控的金钱、名利当作自己的目标。那样做是非常不明智的，只会桎梏自己的生命。

令人遗憾的是，虽然传统儒家管理哲学上防拜神，下防拜物，然而中国社会近几十年来却出现了严重的拜物教和拜神教。相当一部分人掉到了钱眼里，成为金钱的奴隶。另外一些人则拜倒在各种鬼神面前再也站不起来。而这两个问题虽然外在表现不一样，本质上却有着共同的原因，都与传统文化近百年来的被边缘化有着密切的关系。这种边缘化导致人们越来越远离传统经典，越来越忽视义理之于生命和社会管理的重要性。结果，虽然有了越来越多的科学知识，在精神上却不断迷失。这种迷失严重到一定程度，人不可避免地就会向外寻找精神寄托和人生意义。于是鬼神或金钱物质就很自然地成为很多人崇拜的对象。这样一些问题的存在也说明，重建文化自信、弘扬传统文化和管理哲学已经成为新时代一个迫在眉睫的重大问题。

接下来从管理学的角度谈谈本章的内涵。

《论语》中的管理学：范式的视角

国内外学术界多年来一直认为现代管理学诞生于近代西方，因为西方最早进入了现代工商业社会。例如，雷恩在《管理思想史》一书中认为传统社会"虽然出现了一些早期的管理理念，但他们很大程度上是局域的……，在这些非工业的情境下，没有或者几乎没有必要创造一种正式的管理思想体系"。国内学术界也有人认为由于中国传统的小农经济及中国历史上一直没有发展出现代意义上的资本主义大生产，因此中国传统社会也就没有真正的管理学。在其看来，"人类的管理思想摆脱传统经验走向现代、科学是20世纪初期的事情"。那么，事实果真如此吗？

本质上而言，管理起源于人的群体化生活，共同的利益和目标促使人类凝聚成群以满足自身之需要。但每个人在有着共同利益和目标的同时也有着自己的利益，由此个体与组织之间不可避免地会形成各种矛盾与冲突。为了实现整体的目标，组织需要将不同的个体有效地组织起来，由此也就形成了对管理的需求。这种情况下，只要有研究者对管理中出现的各种问题进行深入、理性的思考，就有可能创立系统化的管理学说。但是，这在神权占统治地位的西方传统社会是不太可能的。一方面此时社会在整体上缺乏理性，另一方面生产力的低下也使得对有效的经济管理需求并不明显。因此近代以前，西方社会缺乏形成现代管理学的社会土壤与条件。启蒙运动以及工业革命后，人本逐渐战胜神本，理性开始不断抬头，整个西方社会方才真正拥有了研究管理和组织的理性条件。同时工业化的展开使得整个西方社会开始了普遍的组织化，对有效管理有了先前不曾有过的巨大需求，这促使西方社会对包括企业在内的各种组织如何才能有效管理进行了过去不曾有过的理性思考和研究，最终导致了现代西方管理学的形成。而这样一个过程也容易让人错误地认为管理学的形成与西方工业革命以及资本主义大生产紧密联系在一起,实际上这种观点是值得商榷的。纵观人类历史,理性并非现代西方社会所独有,对有效组织和管理的需求也并非只能在资本主义大生产的背景下存在。

就中国而言,中国传统社会虽整体上是小农经济,没有发展出西方近代意义上的大工业生产,但中国社会很早就形成了大规模的官僚行政机构、家族以及军队等社会组织形式,很早就形成了对有效管理的巨大需求。此种情况下只要有好思者对如何才能有效管理包括行政机构、军队在内的各种组织、如何组织开展各种大型社会活动进行理性思考,管理学就完全可能在中国传统的小农经济中诞生。

实际上因为儒家对"务民之义,敬鬼神而远之"的强调,传统中国社会理性早启,很早就开始思考如何有效管理包括政府、军队在内的各种大型组织和社会活动。经由周公、孔子等圣贤的不断努力,最终形成了一种系统的管理思想体系。只是其对于管理的理解不同于现代西方管理学而已。后者重在通过研究提供相关概念和理论知识,而前者则因为关注人之道德境界的提升,最终形成了一个以"仁""义""礼""诚"等概念为核心内容、以内圣外王为目的的管理哲学思想体系。而且千百年来,儒家管理思想在包括中国在内的东亚地区有着极为广泛和成功的应用。因此那种认为管理学诞生在近代西方,传统中国没有管理学的观点是需要一番再审视的,因为他们没有意识到传统儒家"敬鬼神而远之"的理性精神。身处百年未有之大变局时代的中国人应该有足够的勇气和文化自信,承认管理学思想于两千多年前的中国已经形成。

本章也在一定程度上解释了中西方管理学之间何以会形成一些本质性的差别。

众所周知,西方管理学以利润最大化为目的,而此一目的的形成与其近代经历的宗教改革有着密切的关系。宗教改革的结果之一是新教伦理的登场，其与近代西方资本主义精神的形成深刻相关。在此伦理看来，挣钱逐利并不是什么羞于启齿的事情，而是人在现实世界的天职所在。由此也就促成了西方管理学以利润最大化为目的的学术范式的形成。

中国文化本质上是重视义理的，既不崇拜神也不崇拜物，其对于天人之际的哲学式探究以及对"命"和"天命"等的理解决定了其一定会将"赞天地化育""成己、成物"等当成管理的终极目的与意义之所在。由此也就形成了儒家管理哲学相对于西方管理学的一个本质性的、范式层面的特点：人本主义与重视道德义理。

2.5 "钓而不纲，弋不射宿"章解（7.27）

■ **原文及翻译**

子钓而不纲，弋不射宿。

孔子只用鱼竿钓鱼，而不设网捕鱼；用带丝的箭射鸟，但不射归巢栖息的鸟。

■ **管理学解释**

该章映射了孔子对待自然万物的态度，体现了先秦儒家的生态伦理思想，即对于大自然有节制地开发与利用。儒家认为，人类生活在世界上，不免要开发和利用大自然，不免要杀生以满足自己生存的基本需要，所以人类可以有钓鱼、捕鸟这样一些开发、利用自然资源的行为。但是按照儒家管理哲学一贯秉持的中庸理念，人类不能以主、客二元对立的态度对待自然万物，完全将之作为征服和利用的对象，而是要学会与自然万物和谐共存。所以，人类对于自然万物的利用、对于大自然的开发一定要有一个合理的限度，要做到"钓而不纲，弋不射宿"。除了这些，还要根据动植物的生长规律对之加以合理的开发与利用。《荀子·王制》篇强调，"圣王之制也，草木荣华滋硕之时，则斧斤不入山林，不夭其生，不绝其长也；鼋鼍、鱼鳖、鳅鳝孕别之时，罔罟、毒药不入泽，不夭其生，不绝其长也；春耕、夏耘、秋收、冬藏，四者不失时，故五谷不绝，而百姓有余食也；污池、渊沼、川泽，谨其时禁，故鱼鳖优多而百姓有余用也；斩伐养长不失其时，故山林不童而百姓有余材也"。

今天的西方经济学、管理学等也强调保护生态环境、与自然和谐相处等的重要性，因此孔子的生态伦理思想可能显得很普通，并不是特别高明。但是，这样一种想法忽略了一个事实，即孔子的生态伦理思想形成于两千五百年前。当时的中华大地还没有得到大规模的开发，更不存在今天这样严重的生态破坏和污染，可谓到处是郁郁葱葱的森林，遍地是飞禽走兽，白天没有雾霾，夜晚一眼就能望见满天星斗。而正是在这样的自然环境下，孔子却"钓而不纲，弋不射宿"，主动寻求人与自然万物之间的和谐共处，这就是非常了不起的生态伦理思想了。要知道，当前全世界之所以重视环保与生态平衡，本质上还是因为在过去几百年中随着工业革命和资本主义的全球扩张，人类对自然的过度开发已经造成了各种极为严重的生态灾难。由此，人类不得不停下发展的脚步来反思自己的发展模式，进而提出了各种各样的环保思想和主张。这从时间上来说已经属于事后反思了，是20世纪以后的事情了。也就是说，今天的各种环保主张实际上更多的是一种受过度开发自然资源反噬后被迫无奈的行为。相比之下，儒家哲学内涵的生态主张却是一种有着深远预见性的智慧。单从这一点上来说，我们就不能将"钓而不纲、弋不射宿"简单地等同于今天西方经济学、管理学等主张的那些生态主义或者可持续发展思想，虽然它们在某些内容上确实有相当的一致性。

那么，儒家管理学为什么能如此早地发展出这样一种高度智慧且领先的生态伦理呢？个人认为，主要还是因为儒家或者中国的先人很早就通过观察、理解天地宇宙而发展出了一种万物一体的哲学思想。

《周易·系辞》认为："天地之大德曰生，圣人之大宝曰位，何以守位曰仁，何以聚人曰财，理财正辞、禁民为非曰义"。又说"夫'大人'者，与天地合其德，与日月合其明，与四时合其序，与鬼神合其吉凶，先天而天弗违，后天而奉天时"。从中可见，在儒家看来，天地并非一个没有生命的物质性空间，而是有其存在目的与德性的，这个目的和德性就表现为生生不已、化育万物。因此对于"大人"或者君子来说，就应该主动地赞天地之化育，而不是戕害万物，破坏生态环境。

众所周知，儒家十分重视"仁"。这个"仁"作为人之本性的表现，本质上源于天命，是天地生物之大德在人身的表现，因此最终一定会表现为恻隐之心的生生之意。也就是说儒家视野中的"仁"不仅仅表现为亲人、朋友之间建立在交流、感通基础上的关怀与爱护，还会超越人与人的界限，将处理人际关系的"忠恕"与"絜矩"之道扩展到人与动物、植物乃至石块等自然之物之间的关系上。君子不但要"亲亲而仁民"，还要"仁民而爱物"。在儒家看来，草木禽兽虽然不是人那样的高级生命形式，但也是有情感、有生命的，是和人类一样的生命存在。人应该对其有一份悲悯与关爱之心，像体会人心之悲欢那样体会到动物身上那份跳动的生命与情感。正如《孟子·梁惠王》指出的，"君子之于禽兽也，见其生，不忍见其死；闻其声，不忍食其肉"。董仲舒《春秋繁露·仁义法》也强调"质于爱民，以下至于鸟兽昆虫莫不爱。不爱奚足谓仁？"（当然儒家认为人毕竟还是高于物的，不能完全将人等同于物。正如"厩焚。子退朝，曰：'伤人乎？'不问马"所揭示的那样）。

正是因为有这样一种关于天、地、人的哲学理解，儒家才很早就发展出了一整套旨在追求人与自然万物和谐相处的生态伦理思想，才有了"成己、成物""参天地之化育"这样一种终极人生与国家治理目标。由此也就很早地发展出了包括"钓而不纲，弋不射宿""斧斤以时入山林"在内的一整套生态伦理思想。这样一种哲学理解到了宋明理学时期被进一步发扬光大。宋儒张载在其《西铭》中指出"乾称父，坤称母；予兹藐焉，乃混然中处。故天地之塞，吾其体；天地之帅，吾其性。民，吾同胞；物，吾与也"。这种万物一体、"民胞物与"的思想随着宋代儒学的复兴进一步影响了中国传统社会，成为处理人与自然万物伦理关系的根本原则。

反观今天那些源自西方的各种环保思潮，虽然也体现了人类对自身历史的反思与对未来命运的谋划，但其在某种程度上来说还是不够深入的。因为它主要还是从人类生存的角度出发思考问题，没有像儒家那样从天人之际的层面来理解问题，从而也就无法建立起类似"成己、成物""参天地之化育"这样的终极使命，使得各种流行的环保理念缺乏一种终极意义上的哲学根基。从这个角度看也会发现儒家管理学在范式层面上与西方管理学、西方经济学等的不同，而这种不同也从一个层面体现了儒家的深刻。

　　西方历史学家汤因比认为："对现代人类社会的危机来说，把对天下万物的义务和对亲爱家庭关系的义务同等看待的儒家立场是合乎需要的，现代人应当采取此种意义上的儒教立场"。我们认为，对于世界来说，生态问题的真正解决或许要等到全世界深刻理解儒家管理学之价值并接受其内涵的"天地之大德曰生""成己、成物""参天地之化育"这样一些哲学观念乃至终极使命的那一天才能实现。没有相应的哲学思考，人类的理性很难战胜发展经济、资本增值的欲望冲动。从这个角度讲，传统儒家文化的复兴就具有了世界性的意义。它不仅事关中国当前的文化自信与国家崛起，实际上也关乎全人类的前途和命运。

2.6 "民可使由之，不可使知之"章解（8.9）

▌原文、注释及翻译

子曰："民可使由之，不可使知之。"

1. 由：引导之意。
2. 知：折，强行控制之意。
3. 之：代指道。

君主应该通过教育和身体力行来引导民众向道，而不能强行命令他们遵循自己的想法。

▌管理学解释

此章是《论语》中非常重要的一章。自《论语》问世以来，学术界对于该章的解读是比较一致的，并没有什么大的分歧。朱熹《四书章句集注》对于此章的解释是"圣人设教，非不欲人家喻而户晓也，然不能使之知，但能使之由之尔"。即是说，圣人不是不想将自己的道德学问传授给普通民众，但是普通民众理解和学习能力有限，所以圣人也是很难做到让亿万民众彻底明白相关道理和学问，只能尽可能地教育、引导他们按照相关道理要求的那样去做。由于《四书章句集注》自元代以后就被指定为科举考试的官方教科书，所以朱熹的观点不但代表了宋明理学的观点，实际上也是历代学者的一个共识。但是，近代以来围绕此章释义却出现了分歧。

鸦片战争以后，随着中国在政治、经济、军事等方面的全面衰退，文化方面也不得不经受来自西方的巨大冲击，经历了一个从文化自信到自我怀疑、否定的重大转折。很多人高举打倒"孔家店"的招牌，将孔子以及儒家描述为封建统治的维护者，认为其在本质上是专制和愚弄民众的，而其主要的证据之一就是该章的"民可使由之，不可使知之"。孔子"愚民"的观点出现以后，以康有为、梁启超为代表的很多学者都对之进行了批驳。但当时社会反孔、反儒之浪潮高涨，康梁的辩驳实际上效果有限，"愚民"说反而得到了广泛的传播，以至于今天很多人一看到这样的字眼，本能的反应就是"专制""愚民"，而其主要证据就是"民可使由之，不可使知之"。可以说，对于本章的解释已经成了今天传统文化复兴过程中一个不得不严肃面对的问题。因此，有必要对本章内涵专门进行一番清理和辨析。

"愚民"一说整体上来说是不成立的，原因有以下几点。

首先，"愚民说"与孔子"有教无类"的教育理念严重不符。孔子是中国历史上民间办学第一人，是伟大的教育家，一生坚持"有教无类"。正是因为孔子的努力，西周以来的礼乐文化才由高高在上的官学转变为普通民众都能接触、学习的大众学说。孔子一生弟子三千，大多数学生并非来自上层社会，而是来自社会中下层，可见孔子在根本上并不主张"愚民"。将"民可使由之，不可使知之"理解为"愚民"与孔子"有教无类"的教育思想是严重冲突的，更无法解释孔子一生呕心沥血办教育这样一个事实。

其次，假设认定此章"愚民"，那么就不得不面临这样一个问题，即此章之外，儒家经典中再也没有出现任何主张愚民的论述。儒家经典虽浩如烟海，但也有着非常严格的道统与师承关系。如果孔子是主张"愚民"的，那么这样重要的观点在《论语》《中庸》《孟子》等儒家经典中肯定是要反复出现和被强调的，不太可能是一个孤例。但是我们翻遍所有儒家经典，也没有发现相似的论述，反而都是主张要教化、启蒙民众的。这说明，"愚民"一说实际上是难以成立的。

再次，历代儒家对于此章的解释并不支持"愚民"的观点。孟子认为"行之而不著焉，习矣而不察焉，终身由之而不知其道者，众也"（《孟子·尽心上》）。朱熹在解释此章时认为，"圣人设教，非不欲人家喻而户晓也，然不能使之知，但能使之由之尔"。宋儒张栻也认为："凡圣人设教，皆使民之由之也。圣人非不欲民之知之，然知之系乎其人，圣人有不能与。"

仔细阅读这些论述，就会发现儒家并不主张愚民，只是认为客观存在"民愚"这样一种情况。"民愚"说不等于"愚民"说。虽然二者表面看起来只是字序之差，实则差别巨大。"愚民"说的核心是存心愚弄、误导民众，使其本有的智力与聪明智慧得不到开发，从而便于统治者的专制统治；而"民愚"则只是说明了当时社会的客观现实，其本义还是要尽力教育、引导百姓按照道义的要求行事，但不强求让所有百姓都明白相关的道理，因为这在当时来说是不可能实现的。古代生产力极为落后，民众整日劳作尚不得温饱，缺乏学习的基本条件和机会。时间久了，就显得比较愚昧，即使是孔子也难以保证一定能教会他们相关的道理。另外，儒家学问看似只是一些常识，实则有着极为高深的一面。普通民众智力、精力有限，恐怕一时难以明白、体悟其中的一些奥妙。实际上，孔门弟子三千，学有所成者也只有七十二贤而已，而像曾子那样从根本上悟得夫子之道的更是凤毛麟角。既然如此，孟子、朱熹等认为"民愚"也就很自然了。

最后，最新的考古证据也不支持"愚民"说。1993年出土的郭店楚简《尊德义》篇记载："民可使道之，不可使知之。民可道也，而不可强也"。这一段话的前半部分是"民可使道之，不可使知之"，与孔子的"民可使由之，不可使知之"是非常像的，应该表达的是同一个意思。而后一句"民可道也，而不可强也"则是对前一句的意思进行了解释。国内学术界据此普遍认为所谓的"民可使道之，不可使知之"绝不是指向愚民，而是意在说明应该用教育、以身作则等方法引导民众走在正道上，不能单纯依靠法律、政令强迫民众服从。此外，郭店楚简中的《成之闻之》篇也强调，"上不以其道，民之从之也难。是以民可敬导也，而不可掩也；可御也，而不可牵也"。根据上下文可知，其中的"掩"和"牵"有强制、强迫之意。这一段话表达的意思是说，统治者如果自身所行非道，民众是很难跟随他的；统治者可以通过教化的方式引导民众向道，不能强迫民众向道。这和《尊德义》篇表达的意思是一致的。由于郭店楚简在时间上距离孔子时代比较近，所以其相较于后世的相关解释，可能更加准确、完整地反映了孔子的本意。就这一考据来说，认为孔子愚民的观点也是站不住脚的。

值得注意的是，儒家"愚民"一说出现得很晚，其出现与清末来华的西方传教士密切相关。1895年，传教士林乐知发表《欧华基督教益叙》一文，其中有一段话涉及对"民可使由之"章的解读。

古时希腊罗马之博学人，自视过高，视民太轻，每谓学问之事，乃在上者之责，非所望于愚民也。罗马盛时，有诗人叹曰，可恨者惟成群之愚民耳。即在中国，亦有此说，如所谓"民可使由，不可使知"者，皆不屑教民之意也。自基督教出，世人方知读书一事，实为人生当尽之职分，无一人可自外于教道，即无一人可自外于学问也。

这段可考文字第一次将孔子的"民可使由之，不可使知之"与"愚民"联系起来。此外，林乐知在另外一篇文章中也指出："西人读《论语》者，皆曰孔子真圣人也，而独不服此章之训，谓民皆具爱国之心，苟不使之知，乌乎得其爱？"由此可知，不仅林乐知认为孔子的"民可使由之，不可使知之"是在宣扬"愚民"，当时的西方世界也普遍认为这句话是在倡导"愚民"。而这样一种来自西方世界的观点却在当时中国那些日渐丧失文化自信的知识分子中间形成了一种广泛的影响，导致他们人云亦云孔子和儒家是专制和"愚民"的。但是他们忽略的是,西方世界也好,林乐知本人也好,对于孔子和儒家多是一知半解而已,而且相关观点的提出也缺乏严格的论证。但就是这样一些极为粗糙的观点却被当时的知识精英们广泛接受和传播,以至于像康、梁这样的大学者站出来正本清源也无济于事。

2.7 "叩其两端而竭焉"章解（9.8）

■ 原文及翻译

子曰："吾有知乎哉？无知也。有鄙夫问于我，空空如也，我叩其两端而竭焉。"

孔子说："我有知识吗？没有知识。有一个愚钝的人来问我，我对他谈的问题本来一点也不知道，只是从他所提问题的正反两端出发反复探求寻找答案罢了。"

■ 管理学解释

本章不是很难理解，主要说明儒家管理哲学用来解决问题、求得知识的一种思维方式——辩证思维或者阴阳思维。这种思维方式不仅包含了一般意义上的逻辑推理，也包含了情感、直觉等非理性因素在内，体现了中国人思维方式的独特性，使得中国人在思考问题的时候兼顾事物的正反两个方面并由此做出通盘的考虑：不仅要考虑其优点，也要考虑其缺点；不仅要考虑自己，也要考虑他人。在这样综合思考的基础上，通过权衡不同事物的优缺点，最终达到一个合适的解决办法。

这种思维方式自古以来就是中国人思考问题、解决问题的主要凭借，虽不同于近代西方社会发展出的那样一种主、客二元对立的科学分析思维，但也为五千年中华文明的形成和发展做出了重大贡献。然而这种思维方式在近代以来却遭受了众多的诘难（包括来自管理学界的诘难）。理由是它的存在导致中国缺乏近代西方那样主、客二分的逻辑思维并阻碍中国发展出近代西方那样的自然科学。这样的研究很多，读者可以自行搜索，这里就不一一列举了。

今天的中国，敢于批评社会现象的大有人在，但是敢于批判"科学"的则几乎没有。所以，一旦被戴上阻碍科学发展的帽子，那么儒家管理学的落后本质也就是确定无疑的了。事实果真如此吗？我们有必要从西方现代科学的发展历史出发，就儒家与现代科学之间的关系进行一番探讨。

第一，需要明确的是，西方传统的以主、客二分为特点的逻辑思维与现代科学技术间即使有关系，这种关系也可能是非因果的。按照主流史学的观点，西方以主、客二分为特点的逻辑思维方式可上溯至亚里士多德时代。如果这是客观实际的话，那么这种思维方式的存在距今已经两千多年了。而从那时开始到西方现代科学技术的兴起，中间也差不多有一千六七百年的时间了。在这漫长的一千六百多年的时间里，为什么欧洲没有产生现代科学技术，其科技水平反而还要大幅落后于据说缺乏主、客二分式思维的古代中国呢？答案只能是其与现代科技的形成之间并没有必然的关系。将其当成现代科学得以形成的原因并以之为标准来评价传统儒家实际上是缺乏深度思考的。

第二，批评中国传统文化不能产生现代科学的观点事实上包含了一个隐性的、不易察觉的观点，即现代科学技术是一个绝对美好的、可以用来评价包括传统文化在内的一切事物的标准。而事实却不一定是这样的。

一个广为人知的事实是，现实的需求才是推动科技进步的最根本动力。恩格斯认为在推动科技进步方面，现实的需求比十所大学还要有用，这是非常有道理的。科技活动本身是一项投资大、风险性大的活动，正常情况下人类没有特别的冲动去把有限的资源投入投资大、风险高的科技研发中。对于人类来说，好好的种地、织布、养儿育女，平平安安的生活是完全可以接受的生存方式，也是幸福的生活。只有在现实的巨大需求形成后，人类才会投入巨大的资源去搞科学研究。

具体到现代西方来说，战争和殖民活动引发的社会需求是其爆发现代科技革命的根本原因。欧洲近代长达五百年的战争及对外殖民拓展过程中，各国迫于生存，对武器和各种新设备、新技术有了巨大的现实需求，由此也就促使当时整个欧洲社会不顾一切地将巨大的人力、物力投入各种研发活动中来，进而导致了近代以来各种实质性的科技进步与革命。具体来说，由于13世纪蒙古大军的东征将火炮技术传到了欧洲，所以近代欧洲的战争是一种热兵器时代的高强度战争，这一点不同于我国的春秋战国时代，而且这一时期欧洲战争的规模往往极大，持续时间也特别长。此前的五百多年间，欧洲各国之间就是不断地打来打去，从欧洲大陆打到各国在世界各地的殖民地，又从世界各地的殖民地打到欧洲大陆。长时间、高烈度的热兵器战争催生了各国对与战争相关的军事装备及其他相关技术的极大热情。文一教授在《科学革命的密码》一书中介绍，从伽利略时代开始，欧洲人就开始热衷于研究炮弹如何才能打得准，火药的爆炸原理是怎么样的，如何才能造出威力更加巨大的火药等重大军事科学问题，欧洲各国前后也为此投入了巨资，建立了包括皇家科学院及现代大学在内的现代科研体制。最终的结果就是欧洲人率先建立了以牛顿力学为代表的现代物理学体系和以拉瓦锡化学为代表的现代化学体系，率先实现了科技革命和产业革命。而也正是在这样一个持续的战争及其引发巨大科研投入的时代背景下，才会催生出现代科学研究所重视的实验法、理论推理法，使得主、客二元式的逻辑思维变得流行起来。如果没有长期的战争及对外殖民活动，欧洲的科技进步将缺乏那个最重要的、作为牵引动力的现实需求，科技革命是否发生或何时发生就很难讲了。因此，不能将中国科技落后的原因简单归咎于科学思维方式的缺乏，更不要将锅甩给传统儒家。单纯的主、客二元思维方式产生不了科技革命，它在本质上来说更像是科技革命的一个结果。

第三，现代科学知识仅是人类众多知识类型中的一种，将之看作评价包括传统儒家在内的相关文化有无价值的绝对标准是值得商榷的。现代社会高度重视科学，因为科学往往关系到一个国家的经济、科技和国家安全等问题，所以现代人往往将科学知识当作第一知识，也容易将其当作评价一切事物有无价值的绝对标准。实际上人类社会本身是非常复杂的，所需要的知识类型也是多种多样的，并不止于科学知识一种类型。例如人类要想有效地组织起来并形成稳定的社会结构，各种伦理道德知识就是必不可少的，而且这些知识对于人类社会来说可能更加重要。在人类历史相当长的一段时间里，人类是没有现代科学知识的，有的只是一些简单的、基于生产、生活经验的技术知识。但即使如此，人类社会还是得以生存了下来，并创造了灿烂的古代文明。所有这些都说明，现代意义上的科学知识虽然重要，但并不是人类知识的全部，也并非人类生存的基石。如此一来，以现代科学知识为标准来判定一个事物的优劣就是很值得讨论的了。具体到儒家管理学来说，其独特的思维方式即使无助于现代科学知识的发展也不是什么了不起的事情，只要它有助于人类道德伦理的形成和发展，有利于人类社会的稳定和有序，它就仍然是有着重大现实意义的。从这个意义上说，那些因为传统思维方式不能产生科学知识而彻底否定传统文化和儒家管理学的观点就是片面的。

实际上，20世纪以来的科技发展证明，传统的阴阳辩证思维在科技发展方面可能有着更加广泛的意义。20世纪之前，现代科技的发展还不够充分，还处于牛顿力学这样一个比较低级的阶段，所以特别倚重那种主、客二分式的逻辑思维。20世纪以后，量子力学兴起，开始将现代科技带入一个新的、以复杂性为基本特点的时代。而新的时代要求新的学术范式和思维方式。于是先前牛顿时代的那种思维方式变得有些不太适应了，而传统的阴阳辩证思维却因为与量子力学、复杂科学乃至医学等科学有着更多的契合之处而展现出更光明的应用前景，这一点已经为国内外很多著名的科学家认识到并得到学术界的广泛承认。从这个意义上来说，也不要动辄将传统文化或者儒家管理学与现代科技的发展对立起来。

第四，在现代科技已经存在的当下，判断传统儒家之价值大小就没必要再着眼于其是否在历史上催生了现代科技，而是应该以其当下是否能推动现代科技的进一步发展为更加根本的标准。回顾历史，我们可以发现，传统儒家曾经为现代中国科技的起步和发展提供强大的精神动力。现代科技的发展不仅仅需要科学知识，也需要科技工作者具有良好的道德素质和爱国精神。没有这些道德素质和爱国精神为基础，科技的发展与进步是不可能的。而传统儒家虽不甚重视科学，但却能培养、提升人的道德境界与爱国心。这一点在一国科技领先世界的时候也许没什么明显的作用，但是当其科技落后并因此而挨打的时候，它就很快转化为整个国家、民族追求科技进步的巨大精神动力。钱学森、邓稼先等伟大的科学家之所以能为新中国科技事业献身，一生孜孜以求，不为名不为利，本质上乃是因为他们爱祖国、爱人民，是在传统儒家"修己安人"的熏陶下长大的传统知识分子。就是"五四"、新文化运动时期，高举"科学、民主"大旗、激烈批判儒家的陈独秀等人也是传统文化熏陶下成长起来的。传统文化虽然没有教给他们现代科学知识，却培养了他们危难时刻为民请命的壮志情怀。正是因为这种情怀，他们才会在民族危亡的时刻高举起科学的旗帜，希望通过发展科学来救国救民。所以，传统儒家与现代科技之间并不是对立关系。作为一种重要的文化资源，它可以为现代中国的科技事业提供巨大的精神动力。这在中国当下尤其重要，也应该受到更多的重视。

第五，传统儒家可以为现代科技的发展提供重要的伦理基础。科技是把双刃剑，能够给人带来巨大的好处，但一旦应用不当，也会带来颠覆性的灾难。过去一百多年的历史证明，科技越是进步，其对人类道德伦理方面的要求也就越高。一旦人类这方面的水平赶不上科技进步的速度，问题就会变得非常严重。两次世界大战的爆发已经充分说明了这一点。从这个意义上讲，传统儒家与现代科技的发展并不矛盾，甚至可以说传统儒家文化乃是现代科技发展不可或缺的思想营养，可以为现代科技的发展提供必要的伦理保障，使其在造福人类的同时减少负面效应。

总之，虽然中国传统文化没有催生现代科学，但不能因此而否定传统儒家管理思想的价值。实际上在今天这样一个追求科学的时代，传统儒家文化对于中国社会来说仍然有着重大的、不可替代的价值。管理学界没必要将儒家管理学和科学对立起来，更没必要将科学当作评价儒家管理学有无价值的唯一标准。

2.8 "季氏富于周公"章解（11.17）

■ 原文及翻译

季氏富于周公，而求也为之聚敛而附益之。子曰："非吾徒也，小子鸣鼓而攻之可也。"

季氏比周天子身边的王公贵族还富有，可是冉求还为他搜刮，再增加他的财富。孔子说："冉求不是我的学生，你们大家可以大张旗鼓地去攻击他。"

■ 管理学解释

春秋时期，礼坏乐崩，人民生活困苦。孔子希望改变当时礼坏乐崩的政治局面，一生周游列国却不得其志。晚年回到鲁国，专心于整理各种典籍，同时寄希望于自己的弟子们能够通过出仕而逐渐改变当时的局面。冉求就是在这样一种背景下出仕为季氏家臣的。但是令人遗憾的是，冉求虽然很有政治才能，但在很多方面还是表现得不够好，没有达到孔子的期望：不但不能改变季氏和当时的政治局面，反而帮着季氏聚敛钱财。孔子对其非常失望，故而措辞严厉地号召孔门弟子鸣鼓而攻之。

孔子的严厉批评可能使人有一种错觉，以为冉求是一个很不堪的人，实际并非如此。冉求本人很有治国才能，孔子曾经称赞他："求也艺，于从政乎何有？"《论语·公冶长》篇也认为："千室之邑，百乘之家，可使为之（指冉求）宰也"。冉求在孔门十哲中和子路同属于政事科。冉求擅长理财，曾担任季氏宰臣，表现出很强的政务处理能力，而且还立下了不小的战功。史书记载，公元前484年冉求率左师抵抗入侵齐军，身先士卒，最终战胜齐军取得了胜利。但是，冉求为人比较软弱，遇事往往不能坚持原则（这一点与子路正好相反。子路做事往往用力过猛，勇猛有余但是考虑不周，属于过犹不及）。

有一次，季氏将要攻打颛臾。作为季氏的家臣，冉求与子路去见孔子。孔子批评了冉求在征伐颛臾这件事上不能及时地劝谏季氏，而冉求则不断为自己推脱责任，认为"今夫颛臾，固而近于费。今不取，后世必为子孙忧。"孔子听后很生气，对冉求进行了一番深刻的批评和教导："求！君子疾夫舍曰欲之而必为之辞。丘也闻有国有家者，不患寡而患不均，不患贫而患不安。盖均无贫，和无寡，安无倾。夫如是，故远人不服，则修文德以来之。既来之，则安之。今由与求也，相夫子，远人不服而不能来也；邦分崩离析而不能守也。而谋动干戈于邦内，吾恐季孙之忧，不在颛臾，而在萧墙之内也。"（《论语·季氏》）

还有一次冉求对孔子说："非不说子之道，力不足也。"孔子听后很生气，批评道："力不足者，中道而废。今女画。"（《论语·雍也》）

实际上作为老师，孔子很了解冉有这样一个弱点，所以经常对其因材施教。《论语》记载，子路问："闻斯行诸？"子曰："有父兄在，如之何其闻斯行之？"冉有问："闻斯行诸？"子曰："闻斯行之。"公西华曰："由也问：'闻斯行诸？'子曰：'有父兄在'；求也问：'闻斯行诸'。子曰'闻斯行之'。赤也惑，敢问。"子曰："求也退，故进之；由也兼人，故退之。"（《论语·先进》）

可见冉求身上的问题，孔子不是不知道，也对其进行过针对性的批评、教育。但是此处孔子实在是无法忍受冉求的错误了，只能对之加以激烈的批评，甚至要将其逐出师门。冉求也成了《论语》中唯一一个受到老师如此严厉批评、享受逐出师门待遇的弟子。伶牙俐齿、白天睡觉，被孔子认为是"朽木不可雕也"的宰我都没有享受到这份待遇。之所以如此，乃是因为冉求此处犯了一个特别严重的错误——帮着季氏敛财。这样一种罪过，历史上很多人都犯过，很多人也不以为过，但在儒家看来却是非常严重的,甚至比贪污还要严重,因为这会使得百姓的生活雪上加霜,有可能会对整个国家政治稳定造成颠覆性危害。所以,当冉求帮着已经富于周公的季氏聚敛时,孔子的怒火自然是无法控制的。实际上,冉求在孔子晚年回归鲁国的过程中出了大力,而且对晚年孔子的生活照顾颇多。但孔子是圣人,不可能因为私人恩惠而放过冉求的严重错误。

冉有也知道自己的特长在政事,德行方面的修养不够,特别是对复兴礼乐秩序方面不太感兴趣。所以当孔子问自己之志向的时候,冉求回答道:"方六七十,如五六十,求也为之,比及三年,可使足民。如其礼乐,以俟君子"(《论语·先进》),明确表达了自己在德行修养和复兴礼乐方面没有太大的追求。

需要强调的是,孔子教育弟子出仕做官并不是像今天很多人那样为了谋得一碗饭,而是为了行道于天下,改变当时礼坏乐崩的局面。孔门弟子受孔子影响,一般都很尊重君上,但春秋乱世,难免要面对君主的各种不道德、不仁义的行为。这种情况下怎么办呢?孔子对冉求的批评说明,在儒家看来,做人臣的不能一味迎合上级。上级犯错误的时候,要规劝之,如果上级不听,还要据理力争,不能放任君主做出各种不义之事,这样才算是真正的贤臣。那些不论君主对错,一味附和、阿谀君主的,在孔子看来只能算是具臣。《论语·先进》篇指出:"所谓大臣者,以道事君,不可则止。今由与求也,可谓具臣矣。"

后世反儒者,特别是新文化运动以后,对儒家文化多加批判,给孔子戴上了维护封建专制的帽子,所谓"君为臣纲""君要臣死,臣不得不死"等都成了孔子维护君主专制的证据。孔子此处的"非吾徒也,小子鸣鼓而攻之"说明,真实的孔子并非如此。孔子思想的本质是行道,恢复曾经的礼乐文明,这在孔子生活的年代体现为要维护君主的权威。

之所以如此，主要是因为当时君权旁落，"三桓"当政，导致整个国家秩序大坏，人民生活困苦不堪。此时恢复礼制，维护君臣间的上下等级名分，不但有利于维持整个国家的秩序，也顾及广大人民群众的根本利益。但孔子的主张从根本上来说并不是要维护君主专制，当君主或者上级行事无道之时，儒家则是主张要诤谏的，否则就是失职。若多次诤谏后君主还是不听，则应该去职，不与无道同流合污。后来的孟子继承并进一步阐述了孔子的这一思想。孟子甚至强调臣下有推翻无道昏君的权力。

《孟子·万章下》记载，齐宣王问卿。孟子曰："王何卿之问也？"王曰："卿不同乎？"曰："不同，有贵戚之卿，有异姓之卿。"王曰："请问贵戚之卿。"曰："君有大过则谏；反复之而不听，则易位。"王勃然变乎色。曰："王勿异也。王问臣，臣不敢不以正对。"王色定，然后请问异姓之卿。曰："君有过则谏，反复之而不听，则去。"

另外，《孟子·梁惠王下》记载，齐宣王问曰："汤放桀，武王伐纣，有诸？"孟子对曰："于传有之。"曰："臣弑其君，可乎？"曰："贼仁者谓之贼，贼义者谓之残，残贼之人，谓之一夫。闻诛一夫纣矣，未闻弑君也。"

《荀子·子道》篇也认为，"入孝出弟，人之小行也；上顺下笃，人之中行也；从道不从君，从义不从父，人之大行也。"

总之，先秦儒家虽主张恢复周礼，但对于君权膨胀也是主张有所限制的。当然，这种限制主要是理念上的，并没有像后世，特别是像近代西方那样建立一套约束君权的制度规则，但也不能因此而对孔子过分苛责。孔子在世的时候，君主专制的现象并不突出，甚至君权旁落严重。典型如鲁国的"三桓"长时间把持朝政，而整个春秋时期则"弑君三十六、亡国五十二"，这给社会各方面都造成了很大的危害，所以孔子才强调要"必也正名乎"。实际上，稍后的法家面对着几乎同样的问题，也建议加强君主集权，但是君主权力得到加强已经是秦汉以后的事情了。特别是明清两朝，君主的权力得到大幅度加强，最终达到了中国古代社会的一个巅峰。如此，孔子、孟子、荀子等很难对如何限制君权有特别强调与研究，只能是从理论上进行一些论述，不可能提出一套完整的制度安排。限制君权、防止君主滥用权力是明清后的儒家才会面对的问题，而相关制度也只能在长期的历史演化中经由多方博弈逐渐形成，不可能在问题还没有出现以前由某一个人依靠自己的想象和推理能力设计出来。从这个意义上说，批评孔子和儒家在当时没有提出一套限制君权的理论或者制度是不合道理的。

当然，后世一些儒家知识分子为了升官发财，对于君主的错误不敢批判与揭露，甚至通过歪曲孔、孟观点来维护君主的统治，宣扬什么"君叫臣死，臣不得不死"，终于使得君主的权力越来越大，难以得到有效的制约。从这个意义上讲，新文化运动的相关批判是有道理的，但是批判应该找准对象，不应该让孔子来代替后人承担过失，更不应该认为儒家管理哲学本质上就是维护君主专制的，此其一。其二，由于孔子是传统文化的集大成者，对孔子的错误批判实际上造成今天相当一部分人对整个传统文化和中国历史的片面理解，是造成文化和历史虚无主义的重要原因。

实际上，中国历史上真正大张旗鼓地鼓吹君主集权和独裁的学派是法家。只要看一下韩非子对法、术、势的强调，就很容易明白这一点。所谓的"儒表法里"指的也是君主们表面上标榜儒家的"仁义道德"，暗地里却是用法家的思想加强自己的集权和对臣下的控制。社会普遍崇尚法治的情况下，一部分人在没有全面理解法家思想的情况下将之树为标杆，一方面强调复兴法家，一方面却又反对君主专制，不但形成了一种错乱的逻辑，还将维护君主专制的帽子错误地戴在了孔子的头上。

2.9 "君君，臣臣，父父，子子"章解（12.11）

■ **原文及翻译**

齐景公问政于孔子。孔子对曰："君君，臣臣，父父，子子。"公曰："善哉！信如君不君、臣不臣、父不父、子不子，虽有粟，吾得而食诸？"

齐景公向孔子询问政治。孔子回答说："国君要像国君，臣子要像臣子，父亲要像父亲，儿子要像儿子。"景公说："好哇！如果真的国君不像国君，臣子不像臣子，父亲不像父亲，儿子不像儿子，即使有粮食，我能够吃得着吗？"

■ **管理学解释**

社会在漫长的发展过程中形成了各种各样的社会角色，这些角色决定了每一个人在社会生活中应该享受的权利和应该承担的义务，而整个国家和社会的稳定和发展则依赖于相关人等能否扮演好自己的社会角色。如果每个人都能扮演好自己所承担的社会角色，那么整个社会就是和谐的，国家也是有力量的。反之，国家和社会将陷入混乱，也就谈不上任何发展了。

此处，齐景公问政于孔子，孔子的回答就是要求每个人扮演好自己的社会角色。这个回答看似简单、普通，实际上是很有针对性的。齐景公是齐国历史上当政时间比较长的一位君主，在其当政的前期还能够兢兢业业，励精图治，齐国的国力也一度蒸蒸日上。但是到其执政的晚期，个人沉迷于享乐奢华，对于国家政事也不再像年轻时那样认真，相反宠幸小人，滥用民力，整个齐国一片乌烟瘴气。特别是后来代齐的田氏已经发展起来了，通过笼络人心开始威胁到齐国宗室的地位，但是齐景公却似乎对此没有足够的警觉和行动。孔子的"君君，臣臣，父父，子子"对齐景公进行了两方面的提醒：一是提醒景公首先要从我做起，要有个君主的样子，要肩负起对于齐国百姓的责任；二是也在提示景公要注意齐国国内的政治情况，使得大夫臣子们各安其位，各尽其责，不要违背周礼，乱了君臣秩序。齐景公应该也是理解了孔子的意思，但是其终究未能任用孔子，也未能从自身做起刷新齐国的政治。齐国的政治在其死后很快就走向了混乱，最终发生了"田氏代齐"这样著名的历史事件。

　　孔子的回答虽然简单，但实际上高度总结了管理工作的本质，即每个人都要认真扮演好自己所承担的各种角色。如此一来，组织、个人自然都会得到安定和发展。应该说这个道理并不复杂，但是很多人却做不到，特别是很多领导者做不到。其中的原因可能有很多，根本原因则是道德出了问题，被名利及物质享受蒙蔽了双眼，因此总想越过自己承担的义务和权利边界，做一些自己不应该做的事情。所以现实中经常出现各种"君不君、臣不臣、父不父、子不子"的现象。由此可知，修身对于管理和领导的根本重要性。

　　关于这一章还有一点需要进行特别的说明。过去很多年来，社会上乃至学术界有一种非常流行的观点，认为儒家的"三纲五常"是中国封建社会一切专制与黑暗的总根源。五常者"仁、义、礼、智、信"也，三纲则体现为"君为臣纲、父为子纲、夫为妻纲"。而孔子的"君君，臣臣，父父，子子"则被认为是三纲的来源，因此很多人将批判的矛头指向孔子，认为其维护封建专制下的君权、父权和夫权，要为此后中国几千年的专制与黑暗负总责。

　　实际上这是对孔子天大的冤枉。因为孔子的"君君，臣臣，父父，子子"并不代表君主对臣子、父亲对儿子绝对的权威和专制，只是要求君臣、父子各自履行好自己的职责。对于理想的君臣关系，孔子在很多地方也有过比较详细的描述。总体来说，孔子要求做臣子的要忠于自己的君主，但这种忠心并不意味着任何时候都要听君主的，更不是拍马屁、讨君主欢心，而是在君主犯错误的时候要敢于直谏，必要时甚至要有严厉的批评，做到"从道不从君"。而且如果君主实在无道，不听劝谏，孔子也不认为大臣还有必要继续服务于君主。同时，孔子认为君主对于大臣也要以礼相待，特别是在重要问题上要尊重、倾听大臣的意见，而且这是大臣忠于君主的前提。可见孔子虽然维护君权，但并不认为君主拥有绝对的权威和权力，更谈不上所谓的禁锢思想。

对于父子关系，孔子也有过类似的表述。一方面当儿子的要尊重、孝敬父亲，不能忤逆父亲；但是父亲做错了事，当儿子的也要努力劝谏。孔子认为这很重要，做不到第二点，就是陷父亲于不义，属于大不孝。当然，如果当父亲的就是不听，当儿子的也没办法，只能"又敬不违"了。但我们还是可以从中看出，孔子并不主张绝对的父权，所以认为孔子主张君主和父亲拥有绝对权威，认为其禁锢了人们的思想，这是有待商榷的。

实际上，儒家在君权问题上有着相当开明的认识。例如孔子作《春秋》，其真实的目的在于"贬天子，退诸侯，讨大夫"。对于天子和国君的错误，孔子是照样批评的，并没有将君权放到一个绝对的位置上。孟子在谈到"汤灭桀、武王伐纣"时，认为其并没有违背基本的君臣关系。因为桀、纣作恶多端，早已经算不得是君主了，而是残害百姓的独夫民贼。因此"汤灭桀、武王伐纣"只是"诛一夫纣矣，未闻弑君也"。而正是这样一种石破天惊式的论述，赋予了中国农民革命造反的合理性，使得历代统治者不得不有所忌惮和收敛。因此，将封建专制的帽子戴到孔孟和儒家头上是不合适的。

一般认为"君为臣纲、父为子纲,夫为妻纲"是西汉学者董仲舒提出来的,而且这一主张的提出是对先秦儒家相关思想的阉割和扭曲,因此学术界常常认为是董仲舒以及后来的二程、朱熹等造成了两千年封建专制与黑暗。然而近百年来,学术界也始终有另外一种声音,认为"三纲"其实有一定的历史合理性。例如方朝晖教授认为,"三纲"更多的是在描述国家、家庭内部决策权力分配以谁为主的问题。具体来说,国家政治生活中,大臣们虽然都可以发言提建议,但最终的拍板决策权要掌握在君主的手中。家庭内部也是如此,子女、妻子可以发言提建议,但最终拿主意的还是当父亲和当丈夫的。一旦当君主、当父亲、当丈夫的拿定了主意,做大臣、做子女、做妻子的要尽量配合,不能因为自己有不同意见而无组织、无纪律。方朝晖认为,这样一种权利分配本质上为了维护国家政治和家庭内部的稳定秩序,虽然有其缺点,但整体上来说还是利大于弊。因此在其看来,"三纲"并不全是糟粕。而后世之所以认为其全是糟粕,将各种罪名安在其头上,主要是受了近代西方民主思想的影响并以之作为评价标准的结果,并不一定具备历史合理性。当然也有很多学者不同意方教授的观点,双方争执不下,至今难有定论。介绍这些观点的目的是想说明,在"三纲"是不是糟粕这个问题上学术界还是存有争议的,我们应该广泛听取各种观点,在深入阅读经典的基础上给出自己的判断和回答,不能人云亦云,草率地将专制、黑暗的帽子扣在孔子和儒家管理哲学的头上。

方朝晖教授的观点其实有着一定的合理性。传统社会里,皇权虽然在理论上至高无上,但并不必然地具有权威。很多情况下,外戚、权臣会凭借手中的实力架空、篡夺皇权。而皇权一旦失去权威,就意味着国家政治根基的彻底动摇,就意味着连绵不断的内战和万千人头落地,这在历史上经常发生。西汉初年的七国之乱、东汉末年的三国纷争、西晋初年的八王之乱、唐朝中后期的安史之乱以及藩镇割据，本质上都根源于皇帝权威性的丧失。此时，维护皇帝的核心地位，强调"君为臣纲"，是必要的。实际上，就是在现代组织中，为了组织的稳定和有序，对于最高领导者的权威性也是应该予以必要尊重和保护的。在尊重相关人等知情权和发言权的基础上，组织重大事务的决策权应该掌握在最高领导者的手中。相关决策僵持不下时，最高领导者应该具有最终拍板定夺的权力。而一旦拍板定夺了，所有人都应该坚决执行，不能因为意见不同而自行其是。否则，组织很可能会陷入动荡。因此，对于"三纲"不能简单地冠以糟粕了事，还是应该回归真实的历史、直面政治的残酷与无奈，如此才能更好地理解"三纲"背后的深意。

2.10 "名不正则言不顺"章解（13.3）

■ 原文、注释及翻译

子路曰："卫君待子而为政，子将奚先？"子曰："必也正名乎！"子路曰："有是哉，子之迂也！奚其正？"子曰："野哉，由也！君子于其所不知，盖阙如也。名不正则言不顺，言不顺则事不成，事不成则礼乐不兴，礼乐不兴则刑罚不中，刑罚不中则民无所措手足。故君子名之必可言也，言之必可行也。君子于其言，无所苟而已矣。"

1. 卫君：卫出公，名辄，卫灵公之孙。其父蒯聩被卫灵公驱逐出国，卫灵公死后，蒯辄继位。蒯聩要回国争夺君位，遭到蒯辄拒绝，父子遂发生冲突。

2. 正名：即正名分。

3. 迂：迂腐、迂阔，不切实际之意。

子路说："卫国国君要您去治理国家，您打算先做些什么呢？"孔子说："首先要正名分。"子路说："有这样做的吗？您真是太迂腐了。这名何必要正呢？"孔子说："仲由，你真是粗鲁啊。君子对于他所不知道的事情，总是采取存疑的态度。名分不正，说出的话、发布的政令就不具有合法性，说出的话、颁布的政令不合法，事情就办不成。事情办不成，礼乐也就不能兴盛。礼乐不能兴盛，刑罚就不会得当。刑罚不得当，百姓就不知怎么办好了。所以，君子一定要有一个光明正大的名分，必须能够颁布相应的政令，政令颁布出来一定能够得到执行。君子对于自己的政令，是从不马虎对待的。"

■ 管理学解释

此章在整部《论语》中算是比较长的一段了。面对子路的质疑，孔子花大力气解释了自己为何重视"正名"。师生间一问一答，对于理解孔子和儒家的思想非常有帮助。每个人在社会中都有自己所要扮演的角色，这个角色意味着相应的权利和责任，还要建立在一定的社会规则的认可之上。所谓"正名"，就是每个人要端正自己的名分，在履行好自己的社会角色所规定的义务的同时也不越过自身角色相应的范畴。如此一来，整个社会和国家就会比较有序、和谐，每个人也会得到一份安定的生活。反之，当爹的不像爹，当儿子的不像儿子，当领导的不像领导，当下级的不像下级，整个国家和社会就乱套了，最终每个人都会深受其害。特别是，如果统治集团内部有人不安于自己的名分，导致上级不像上级，下级不像下级，如此对整个国家、社会的危害尤其大。可见，"正名"是非常重要的，而子路没有理解到这一点，贸然发表言论，因而遭到孔子的批评。

此章中，子路在质疑孔子时用了一个很有意思的字眼——"迂"。这里的"迂"有迂阔与迂腐双重内涵。前者指的是子路埋怨孔子做事情不从卫国具体问题出发，脱离实际。后者指的是在这样一个礼坏乐崩的时代，孔子还想着复兴几百年前的周礼，可谓空想。而这样一个"迂"字也经常被后世学者所广泛引用，认为孔孟为代表的先秦儒家是比较迂阔和迂腐的，只知道讲道德伦理，不能给当时的统治者提供具体可行的建议。所以孔子虽然周游列国，却最终落了个"累累若如丧家之犬"的结局。这样一种观点直至今天还有着相当的社会影响力，成为很多人挪揄、反对儒家的重要理由。那么，孔子、孟子这样的儒家圣人真的如传说中的那样"迂"吗？这里有必要辨析一下。

就卫国当时的情况来说，孔子的"正名"建议并不算"迂"。孔子和子路的对话应该发生在卫出公在位之时。此时卫灵公已经去世，卫国内部正面临着父子争位这样严重的"名分"问题。当初卫灵公所立的太子蒯聩因为得罪了灵公最宠爱的夫人南子，不得已逃往了晋国。灵公死后，立蒯聩的儿子、自己的孙子辄为君，是为卫出公。但是此时晋国的赵简子又把蒯聩送回卫国，借以侵略卫国。卫国抵御晋兵，自然也拒绝了蒯聩的回国。由此，围绕着君位，蒯聩和蒯辄父子俩互不相让，其内部也分作不同的派别，爆发了长期、激烈的政治冲突。孔子由此认为卫国当前最应该做的就是"正名"。唯有如此，卫国的最高权力核心才具有为政必需的合法性和权威性。否则，无论谁当政，都会"名不正而言不顺"，都会严重影响卫国的政治稳定和民众的生活。从这一点来说，孔子准确地把握了卫国的核心政治问题并提出了解决问题的根本办法。而子路可能更多考虑的是如何治理军队、田赋这样一些具体问题，没有意识到"名分"不正对于一国政治稳定和安全的重大影响，所以才会认为孔子"迂"。实际上不是孔子"迂"，而是子路的头脑简单了，看问题的高度不够。而正是因为不懂正名的重要性，子路贸然涉足卫国政治，最后无谓地死在卫国父子争夺君位的内斗中。

实际上，孔子主张的"正名"、恢复周礼等主张不止在卫国问题上不"迂"，应用在其他一些国家也不"迂"。以鲁国为例，鲁国当时也存在着严重的名分不正问题。"三桓"这样的权臣联合起来把持朝政已经有几十年的时间，导致鲁国政治一直处于动荡状态。孔子在鲁国时就主张恢复公室的权威，起初不被理解。但是，上梁不正下梁歪，季氏的一些家臣也有样学样，开始凭借手中的实力架空季氏。此时，季氏等才意识到孔子主张的重要性，于是采用了孔子的主张来"堕三都"。虽然最后没有成功，孔子也无奈地离开了鲁国，但是季氏等最终还是认识到了孔子主张的价值，只是碍于利益冲突，没有将孔子迎回来。季桓子临终曾自责："昔此国几兴矣，以吾获罪于孔子，故不兴也。"又对自己的继承人季康子说："我即死，若必相鲁；相鲁，必召仲尼"（《史记·孔世家》)。这说明，季氏在根本上还是认可孔子之主张的。在其看来，孔子并不迂阔，其实是非常有才能的。季康子在迎回孔子后，虽终不能大用（主要还是因为孔子的主张和季氏家族的利益有根本性的冲突），但从没认为孔子是迂阔的。相反，他经常向孔子请教各种治国方面的问题。

孔子在齐国时，齐景公一度想任用孔子，但是被大臣晏婴以"其道不可以期世，其学不可以导众"而阻止了。晏子是中国历史上著名的政治家，行政能力出众，很多人由此而认为孔子的思想和观点大而无当，没有什么实际的用处。实际上真的如此吗？

《论语·颜渊》中记载，齐景公问政于孔子。孔子对曰："君君，臣臣，父父，子子。"公曰："善哉！信如君不君，臣不臣，父不父，子不子，虽有粟，吾得而食诸？"

此章是《论语》中很重要的一章。一般注解认为孔子此处揭示了治国理政的关键：端正名分。而齐景公也比较认可孔子的理念，虽然其理解并不到位。如果再结合齐国当时的国情，就会发现孔子此处观点大有深意，绝不是在泛泛而谈，更是和"迂阔"一词不沾边。

齐景公在位时间比较长。在其执政的前半阶段，整体上还是一位明君。后半期则耽于享乐，不但搜刮民脂民膏，还任用了很多拍马屁的小人，因此齐国的政治很长一段时间内是非常混乱的，存在着君不像君、臣不像臣的问题。《论语》记载，"齐景公有马千驷，死之日，民无德而称焉"。可见孔子是了解齐国国内情况的，也很了解齐景公身上存在的问题，因此在回答景公问政时，孔子并没有像回答自己的学生或者季康子等问政时那样泛泛而谈，而是回答以"君君臣臣"，实际上是暗示景公应该振作精神，刷新吏治，整顿朝纲，安抚百姓。另外，齐国虽不像鲁国那样存在着权臣掌握国政的问题，但是也已经有类似的苗头了。日后代齐的田氏经过几代人的积蓄，已经有了雄厚的政治根基，如果齐景公不加注意，鲁国的局面很可能在齐国上演。齐景公应该也是知道这个问题的，因为晏婴也对他谈到过这个问题。所以他对孔子"君君、臣臣"的回答很是认可，只是他没有采取有效的措施，导致田氏越做越大，最终在景公死后不多年的时间里上演了"田氏代齐"这样的历史大戏。所以，孔子的回答抓住了齐国政治的根本问题，是很有针对性的。部分人以晏婴的评价来否定孔子，是典型的一面之词。

除了孔子，孟子也因为喜欢谈论仁义而被后世很多人冠以迂阔、不切实际的帽子。在其看来，孟子所处的战国时代已经是一个以力称霸的时代，这个时代的统治者最需要的是各种能够富国强兵的策略和人才，而孟子能够提供的却只是仁、义这样一些主张，无疑不切合当时各国激烈竞争的实际。例如梁惠王急于富国强兵，而孟子一见面却是"何必曰利"，这与当时梁惠王的诉求是有很大的差距的。梁惠王无疑更希望孟子拥有像苏秦、张仪那样的计谋和才干，由此也就没有重用孟子的意愿。后来孟子去了齐国，还是强调行仁义，最后也没有得到齐威王的任用。因此，孟子被很多人认为是迂阔而不切实际的。事实真的如此吗？我们认为这同样很难成立。

在孟子见梁惠王之前，魏国在军事上刚刚遭受了一系列重大的失败，被迫让出了包括河西在内的大片土地，虽不至于亡国，但也是国力大损。这种情况下，梁惠王虽然急于复仇以恢复先前的大国地位，但是以魏国的实力以及当时周边的地缘政治环境（魏国处于四战之地，和周边的赵、韩、齐、秦等国关系都非常敌对），实际上很难在短期内达到这样一个目标。因此孟子认为魏国只能行仁政，与民休息，收拢民心，慢慢积蓄力量。同时更加重要的是，惠王毫无顾忌地公开言利而不顾仁义，实际上作了一个坏榜样，会使得属下的公卿大臣纷纷各求自利。如此一来，魏国内部距离上演"田氏代齐"或者"三家分晋"这样的篡逆大戏也就不远了。此种情况下，只有广倡仁义，实行仁政，才能避免这样一种局面。从这个角度讲，孟子的"王何必曰利，亦有仁义而已矣"实际上是对魏国国情深入分析后才提出的非常有针对性的策略，绝非什么迂阔不切实际之言。特别是"万乘之国弑其君者，必千乘之家；千乘之国弑其君者，必百乘之家"这句话对于梁惠王来说应该是很有心理冲击力的，因为此时距离韩、赵、魏"三家分晋"刚过去没多少年，惠王应该是非常熟悉这段历史的，因为自家祖宗就是重要的当事人。因此他才会"立于沼上"再次接见孟子，而且一番深入交谈后向孟子表达了"寡人愿安承教"的真诚态度。可见，孟子并不迂阔，他实际上很熟悉魏国的历史以及魏惠王面临的根本问题，只是领导者缺乏实施相关建议的远见和决心，孟子的主张才没有被采纳。

与孔孟形成鲜明对比的是，同时代的兵家、法家、纵横家、阴阳家等都得到各国统治者的重用，很多人以此认为孔孟和儒家是迂阔、不切实际的，但是这种观点也是难以成立的。孔子和儒家不受重视在其他时代也是有过的，并不只是先秦，但这些都只是历史的插曲而已。长期来看，治国理政、社会安定是离不开孔子和儒家管理学的。历史已经多次证明，一旦儒家和孔子被边缘化，社会距离大乱也就不远了。例如，佛教在唐朝更受统治阶级重视，儒家在很大程度上被边缘化，结果李唐前期虽有贞观和开元两个大盛世，但是接下来很快就出现了安史之乱并由此引发了藩镇割据、黄巢起义及五代十国这样的大乱局。因此，如果我们相信历史在主观性之外还有其客观性之一面，就不应该否定儒家的价值。要是孔子和儒家真无大用，不符合历史的客观本质与规律，即使统治阶级喜欢，也只能一时得势，是很难成为中国文化之主流的。

实际上，传统皇权与儒家的关系是一种经过漫长磨合后的相知与接纳。这种接纳说明儒学关注的乃是国家治理中最根本、最重要的问题，而且还能够提供最佳答案。统治者最终都要回到儒家的轨道上来。有些时候统治者之所以觉得孔孟无用、迂阔，那不是孔孟的原因，而是因为统治者自身水平低、视野不够开阔，不能理解孔孟的深刻。法家、兵家、阴阳家、纵横家的思想直接针对各种具体的问题，相对来说更加容易理解，因此往往会得到更多的重视。然而这些学派本质上是在"用"和"末"的层面上思考问题的，不能从根本上使得国家长治久安。秦重用法家一百多年，虽然统一了六国，但是却很快就被推翻了，教训深刻。西汉刚开始时更喜欢用黄老之术，强调休养生息。虽然有一定效果，最后却是社会贫富差距急剧拉大，内不能应对迅速壮大的地方势力和割据藩王，外不能应对匈奴的骚扰和入侵。汉武帝正是在这种情况下起用董仲舒，通过"罢黜百家、表彰六经"加强中央集权，从而对内消除了分裂势力，对外取得了对匈奴作战的一系列胜利。这也说明，是历史内在的需求和客观规律而不仅仅是少数统治者的主观喜好，决定了儒家在中国历史上的正统地位。因此，用"迂阔"一词来概括儒家思想是很不恰当的，那只是一种对历史缺乏深入理解的世俗认知而已。

2.11 "君子和而不同"章解（13.23）

■ 原文、注释及翻译

君子和而不同，小人同而不和。

1. 和：建立在事物多样性基础上的统一状态，表现为彼此间的尊重、认可与合作。

2. 同：放弃事物多样性后的绝对单一化状态。

君子能相和，却不强求别人与自己完全一致。小人强求别人与己完全相同，却不求相和。

■ 管理学解释

此章也是《论语》中非常重要的一章，道出了君子与小人之间的一个重要区别：君子尚和，小人求同。君子尊崇知晓义理，能够以义制利，所以在与他人相处的时候能够换位思考、能够尊重他人合理的利益诉求与价值观点，不会强求他人一定要与自己的观点、立场相同，但也不会放弃原则来迁就他人，而是会在尊重彼此合理诉求与利益的基础上保持和谐。小人不知义理为何物，眼里只有利益，因此在与他人相处的时候，或者为了利益放弃自己的立场和原则来保持与他人的一致，或者为了利益强迫他人与自己的立场和原则一致。所以君子能够和而不同，小人则是同而不和。之所以有这样一种差别，根本原因还是因为君子、小人对于道德义理的理解和认识不同。

儒家管理思想之所以尊崇"和而不同"，还因为"和而不同"符合生生不息、万物并育而不相害的天道。天地之所以生生不息，根本上还是因为它能包容与承载万物，使得彼此不同乃至对立的事物之间互为补充、彼此协作，从而不断地孕育出新的生命和事物。"和而不同"也是如此，给予不同的观点、利益、立场以合理的生存空间，促进彼此间的相互补充、相互协作、相互关爱，从而有助于新事物的不断创造和发展。而"同而不和"则意味着一种极度的狭隘，由此也就不可能存在彼此间的相互补充、相互协作，从而断绝了新事物的创造和发展。《国语·郑语》认为的"夫和实生物，同则不继。以他平他谓之和，故能丰长而物生之。若以同稗同，尽乃弃矣。故先王以土与金、木、水、火杂以成百物"，就是这个道理。因此，按照"天人合一"的最高原则，君子必然是要"和而不同"的。而小人之所以是小人，也是因为他违背了天地生生不息之道、片面坚持"同而不和"之故。正是因为这样一些原因，儒家管理学特别尚"和"。其实不仅是儒家，道家也是尚"和"的。老子的"万物负阴而抱阳，冲气以为和"，体现的也是这样一种观念。

儒家对"和而不同"的重视构成了传统中国区别于西方社会的一个重要特征。历史上，西方一些国家多次以信仰的原因对其他一些国家和地区发动战争，甚至其内部也因为信仰和教义的不同而发生过长时间的冲突。启蒙运动后，宗教的影响力开始减弱，但另一种不宽容却开始登场。一些国家将自己的制度和价值观当作唯一真理向全世界传播，其他国家的制度和文化则难以得到其应有的尊重与认可。

中华民族曾经长时间领先世界，在技术、文学、哲学等方面取得了辉煌的成就。然而即使如此，中华民族也从未试图将自己的文化、制度等强加于其他国家和民族。历史上中国传统文化曾经传播到了日本、朝鲜半岛、越南等地，形成了一个以中国为核心的文化圈。但是这种传播完全是其他民族倾慕中华文化的结果，中国本身并没有强行推广自己的文化。对于他国不同于自己的一些制度、文化乃至风俗习惯等，中国也给予了充分尊重，并没有强迫其与中华文化接轨。

另外，就内部文化体系来说，中国历史上也有着不同的宗教和学派。儒、释、道三家及其他宗教整体上能够相安无事，彼此尊重，相互学习，以至于最后还能够深度融合，最终形成了本土化的禅宗。这在中国文化史乃至世界文化史上，都是一个非常成功的文化融合案例了。

中西方之所以在"和"还是"同"的问题上表现出很大的差别，很重要的一个原因在于中国是一种义理文化，而西方则不是。义理型文化主张换位思考、以义制利，自然会对其他国家和文化给予充分的尊重。而非义理型的文明则是将"利"摆在首位，经常借助推广自身文化和价值观来达到谋利的目的。西方一些国家之所以卖力地在全世界推广其口中的民主、自由、人权等价值观，与这样做能够分化相关国家国内的政治力量，最终控制其政治、经济和文化有着密切的关系。

另外，西方社会习惯于搞"同而不和"与其持有的唯一真理观也有密切的关系。中世纪对神的崇拜，与现代西方对民主自由的崇拜，虽在形式上有所不同，本质上却是相似的，都体现了一种唯一真理观的思维。如此一来，西方社会必然不会像传统儒家那样形成一种"和而不同"的管理哲学，西方管理学也必然不会认可"和而不同"的价值与意义。

而传统中国则没有"唯一真理"的观念。虽然我们也追求真、善、美，但是同时也认为真、善、美具体到不同国家和民族来说可能会有不同的表现形式。因为各个国家和民族的经济、政治、地理等方面的情况是很不一样的，因此真理不是唯一的。国与国、民族与民族在交往的时候要多一些包容和尊重，不能认为自己的就是最好的，更不能强迫别人和自己一样。那样做有违天道自然，会带来巨大的灾难。

最后需要说明的是，儒家的"和而不同"并不是一些后现代主义者主张的无底线的宽容与让步。后现代主义在打破现代主义的一元真理观方面是有巨大贡献的，但是有些后现代主义者却走得太远，提出了一种过分的、无底线的多元主义。儒家管理学虽然在很多方面体现出与后现代主义相通的特点，但在这一点上却是非常不一样的。在儒家看来，"和而不同"一定要建立在合乎一定逻辑和道理的基础之上。譬如说，一国的制度如果是从其人口、地理、面临的具体问题等因素出发不得不如此的结果，那么其他人和国家都应该尊重该国的制度选择。但如果有些事显然是做错了，不符合人之常情，那就不能"和而不同"了。例如面对季氏"八佾舞于庭"，孔子的态度是"是可忍，孰不可忍？"同样的，孟子对于杨朱、墨子等的错误言论也没有"和而不同"。杨朱"拔一毫以利天下而不为"，墨子则主张"兼爱"，虽各自都有道理，但本质上都是在走极端了，不符合人的自然情感规律，但是在当时却被很多人当作真理。孟子认为这样的思想如果流行起来，将会给天下带来巨大的灾难，所以一定要揭露、批判他们的错误。因此，儒家管理学的"和而不同"是有界限的，需要以基本的合理性为基础。

2.12 "乡人皆好之"章解（13.24）

原文及翻译

子贡问曰："乡人皆好之，何如？"子曰："未可也。""乡人皆恶之，何如？"子曰："未可也。不如乡人之善者好之，其不善者恶之。"

子贡问道："人人都喜欢他，那这个人怎么样？"孔子说："难说。""人人都厌恶他，这个人怎么样？"孔子说："还是难说。最好是好人喜欢他，坏人厌恶他。"

管理学解释

《论语》此章意义重大，不仅影响了中国人做人做事的标准，也影响了中国此后几千年的政治运作。

就一般人而言，特别是受过西方选举文化影响的现代人而言，一个人的好坏、一件事该不该做，往往习惯于依靠众人的意见与得票多少做出判断。如果大部分认为一个人及其主张还行，那他就行，反之就不行。儒家管理学是不太认可这一观点的。在孔子看来，一个人即使很多人都反对他，也不一定说明他是错的；即使很多人都赞同他，也不能说明他就是对的。只有有德的人喜欢他，他才算是好人，是对的；只有有德的人讨厌他，他才算是坏人，是错的。很明显，孔子和儒家将道德和正义置于最高的位置，将之作为最终的标准来衡量一切人事，而非简单地以众人意见为是非标准。孟子也认为："左右皆曰贤，未可也；诸大夫皆曰贤，未可也；国人皆曰贤，然后察之；见贤焉，然后用之"（《孟子·梁惠王下》）。这里体现的是同样一个逻辑。

《左传·成公六年》还记载，"晋栾书救郑，与楚师遇于绕角。楚师还，晋师遂侵蔡。楚公子申、公子成以申、息之师救蔡，御诸桑隧。赵同、赵括欲战，请于武子，武子将许之。知庄子、范文子、韩献子谏曰："不可。吾来救郑，楚师去我，吾遂至于此，是迁戮也。戮而不已，又怒楚师，战必不克。虽克，不令。成师以出，而败楚之二县，何荣之有焉？若不能败，为辱已甚，不如还也。"乃遂还。

于是，军帅之欲战者众，或谓栾武子曰："圣人与众同欲，是以济事。子盍从众？子为大政，将酌于民者也。子之佐十一人，其不欲战者，三人而已。欲战者可谓众矣。《商书》曰：'三人占，从二人。'众故也。"武子曰："善钧，从众。夫善，众之主也。三卿为主，可谓众矣。从之，不亦可乎？"

晋国的最初的目的是"抗楚救郑"，本是占据正义的一方，但却在楚国已经撤退、郑国已经解围的情况下侵略了蔡国，实际上已经是不合道理了。此时如果继续与救援蔡国的楚国作战，实际上是一场不义之战。虽然十一员大将中八人主战，仅有三人主张退兵，但是栾书还是做出了退兵的决定，而其中的理由则是"善钧，从众。夫善，众之主也"，强调的也是正义在决策中的绝对性和至上性。当然，如果两个选择都合乎正义，都能讲出一番道理，此时选择哪一个，就应该考虑人数多的一方。

中国文化强调善与正义的至高无上，所以做人做事不主张以势压人，也不主张以众压人，主张的是以理服人。钱穆先生曾从气候、地理环境等因素出发，讨论了为什么中国难以实行西方式民主政治。实际上单从文化层面上来说，中国也很难实行西式的民主选票体制。因为中国很早就认识到了"夫善，众之主也"这样一个道理。如此一来，以票数定输赢的西式选举和决策机制在主流中国社会是很难得到文化认同的。

当然，强调"夫善，众之主也"绝不是不尊重民意，而是不主张简单地以票数定输赢。深入民间、倾听民众的心声是非常必要的，但是不能完全为民意所左右，因为民意有时候是短视的。况且百姓意见驳杂，各种意见经常冲突不说，甚至还存在民意被操控的情况。因此做领导的需要仔细分辨，分清楚什么是组织的根本利益所在，在综合民众意见的基础上做出符合组织根本利益的选择，这才是负责任和有效的领导。否则，完全按照百姓投票来决定最终的结果，那实际上是事事跟在群众后面的尾巴主义。毛泽东和中国共产党在中国革命实践的过程中提出了著名的群众路线和协商民主机制[1]。二者虽然在形式上和应用领域有所区别，但本质都是要将正义、善放在一个最高的位置上，以国家和民族的根本利益为出发点，倾听民众的声音但又不是简单地看选票和各派人数的多少。本质上来说，这才是真正的、大众的民主。

反过来，从"夫善，众之主也"的高度来审视西方的各种民主选举体制，也容易看出其在理论上的重大缺陷，因为其不知正义与善乃是比票数多少还要重要的因素，须知真理并不一定掌握在多数人手中。西式民主体制下，相关决策暂时来看可能赢得了很多人的支持，但本质上却可能破坏了正义和善的原则。它可能符合某一利益集团的诉求，却并不一定符合整个国家、民族的根本利益。例如，一些所谓的"民主"国家在利益集团的影响下，滥用药物竟然获得了合法地位。这样一种政治体制看似给予了大众充分表达和参与的政治权利，但本质上来说还是算不上是民主政治。因为真正的民主政治本质上要追求一种保证群体共同利益的合道德性。没有这样一种合道德性，就没有所谓的民主。而西式民主选举体制恰恰在这一点上存在致命缺陷，以至于最后只能依靠数人头的方式来定输赢。如此一来，所谓政治很可能演化为多数人对少数人、优势种族对弱势种族的合法压制。长此以往，不同种族、利益集团间必

---

[1] 孟祥锋：健全协商民主机制，新华网，2024年08月29日。

定是纷争不止、矛盾不断，甚至很可能会使得整个国家陷入可怕的分裂；政治将越来越短视，不可避免地沦为对票箱的无节制讨好。

对善和正义的重视使得儒家管理学特别重视管理者的道德素质，并将之作为选拔官员的根本标准，这与后来的西方那样重视被考察对象在法律、经济学等方面的知识水平有很大的不同。一些人由此诟病传统中国的选拔机制不够合理，不如西方的先进、科学，实际上这是对政治和管理理解不够的表现。儒家的逻辑恰恰反映了政治和管理的本质，因为政治和管理本质上就是要追求总体合理性或者正当性。儒家强调的是以义制利，这虽然在现实操作中也会有一些问题，但其基本的逻辑是对的，能够更有效地处理不同阶层、集团的利益纠纷和分配问题，消除彼此间的各种已有或者潜在的矛盾，最终将不同风俗、不同信仰的人群和民族团结起来，最终形成一个统一的国家。中华民族之所以能够发展成一个广土巨族的文明型国家，之所以能够两千年来一直维持着大一统的局面，应该说儒家这样一种重德的政治和管理理念起了根本性的作用。而西方国家几百年来分裂的现实也从另外一个角度说明儒家管理学这一逻辑的合理性。

2.13　"卫灵公问陈于孔子"章解（15.1）

■ 原文、注释及翻译

卫灵公问陈于孔子。孔子对曰："俎豆之事，则尝闻之矣；军旅之事，未之学也。"明日遂行。

1. 陈：同"阵"。

2. 俎豆：古代盛肉食的器皿，用于祭祀，此处指代与祭祀礼仪相关的事情。

卫灵公向孔子询问战争排兵布阵之事。孔子回答说："祭祀礼仪方面的事情，我听说过；排兵布阵之事，则没有学过。"第二天孔子就离开了卫国。

■ 管理学解释

因为宠幸南子，卫灵公给后人留下了好色与昏庸无道的印象，但实际上此人在当时是少有的明君，孔子亦称赞过他知人善任。《论语·宪问》记载，子言卫灵公之无道也，康子曰："夫如是，奚而不丧？"孔子曰："仲叔圉治宾客，祝鮀治宗庙，王孙贾治军旅。夫如是，奚其丧？"孔子一生两次入卫，在卫国待的时间也很长，可见卫灵公对孔子还是礼遇有加的。但孔子后来还是离开了卫国，根本原因乃是因为和灵公志趣不同。灵公虽总体不算昏庸，但生在春秋乱世，难免和其他一些君主一样热衷于开疆拓土，希望成就一番霸业。他在军事、外交方面也确实有着一定的才能，不免以军事、战阵之事问询于孔子。孔子虽然不绝对反对战争，但其根本志向却是行周礼以安天下，这就与卫灵公的目标有所不合。因此卫灵公就战争咨询于孔子时，孔子对曰："俎豆之事，则尝闻之矣；军旅之事，未之学也。"其实孔子未必不懂战阵之事，而是看透了卫灵公志在霸道,所以也就很决绝地"明日遂行"了。

　　这里要强调的是孔子周游列国时强烈的行道之志。众所周知,孔子周游列国,以行道天下为己任。但是没有几个君主赏识他,所以孔子很快就把自己搞得"累累若丧家之犬"。一般人到了这个地步,刚好遇到卫灵公这样一个比较赏识自己的国君,肯定像抓住救命稻草一样,迎合一下对方的喜好,争取在他手下谋得一份像样的差事,做一番功名事业。但是孔子不这样想,他始终抱持着"以道事君,不可则止"的理念,将行道看得比什么都高,所以绝不会降志屈身以迎合卫灵公的霸道思维。孔子的志向和风骨由此可见一斑。后来的孟子也是完全地继承了孔子的志向和风骨,虽周游天下希望得到重用,但也和孔子一样从不枉道而事人。相反,时时处处有一种"说大人则藐之,勿视其巍巍然"的豪杰气象。

　　相比较于孔孟和儒家,其他一些人和学派在这一点上表现得就似乎差了点。以法家学派的代表人物商鞅为例,众所周知,商鞅离开魏国后,走投无路来到了秦国,看到了秦孝公的求贤令,就被深深地吸引住了,于是动用自己的关系打通关节,也就有了后面我们熟知的商鞅三次游说秦孝公的故事。商鞅第一次见秦孝公所谈是"帝道",可是孝公没什么感觉,听完后把商鞅晾在一边了。第二次面见孝公,商鞅改变了打法,谈"王道",可是孝公还是没有感觉。两番求职不成功,商鞅终于知道了孝公所要的是什么,于是通过关系第三次面见孝公。这次商鞅兜售的是开疆拓土、一统天下的"霸道"。结果终于说到孝公心里去了,于是有了后来的商鞅变法,也拉开了秦统一六国的大幕。

　　后世对于这段历史,都是以孝公富国强兵之选择为准则,说明法家有大用而儒家迂阔不切实际。实际上这个故事本身很难说明法家就一定比儒家高明,因为法家比儒家高明的结论至少需要建立在这样一个事实的对比之上：即一个和秦国国力、地理条件等差不多的国家因为采用儒家学说而失败了。如此，方能比较有力地证明法家高明于儒家。但是很可惜，这样用来做参照对象的国家在当时是没有的。因为当时各国普遍采用、信任的是法家、纵横家，没有一个国家愿意采用儒家学说实行"仁政"。因此秦孝公三次面试商鞅的历史故事并不能说明什么法高于儒，至多只能说明法家比其他那些被关东六国广泛重用的阴阳家、纵横家高明一些而已。

这里重点还不在于儒、法两家谁更有效一些，重点在于商鞅在求职过程中的表现与孔子周游列国时形成了一种鲜明的对比。商鞅两次求见孝公，所谈乃是帝道、王道，可见在其心中，帝道和王道才是治国之上选与正道，霸道并不是其政治理想之所在。奈何孝公不识货。遇到这样的局面，换作孔子，也就"明日遂行"了。但是商鞅没有像孔子那样。在摸透了孝公的心思后，他再次改换打法，开始逢迎孝公富国强兵、称霸诸侯的追求。至于这样一个追求对于天下黎民百姓、对于秦国的百姓到底有多大意义，孝公不讲究，商鞅也不愿意多思考。于是，君臣二人很默契地走到了一起，以农战为立国之原则，开启了秦国的变法自强，也开启了秦对六国的大规模杀戮和征服，最终将当时的中国彻底地拖入了"杀人盈城、杀人盈野"的末世局面。两相对比，可以看到，孔子作为儒家圣人的风骨与境界是多么的崇高与难得。

春秋战国是一个君权旁落的时代，也是一个百姓因战乱死亡无数的时代。儒家看到了百姓的苦难，所以苦劝当权者从修身做起，实行仁政。法家却日夜担忧君主权力不够稳定，所占地盘不够广大，所以从商鞅开始就前赴后继地迎合当时各国君主的权力欲和占有欲，最终由韩非子贡献了法、术、势这样的统治绝学：对内加强君主的绝对集权，不但压制大臣，更压制百姓，甚至汤武革命、推翻桀纣这样的暴君都被法家认为是非法；对外推行积极的扩张政策，最终将整个国家变成了一部服务于君主个人权力和野心的战争机器，而民众的生存空间则被大大压缩，最终变为国家战争机器上大大小小的一些零件而已。所以当时的君主们不太喜欢儒家，却都喜欢法家。法家还嫌君主不够重视自己，于是韩非子作《说难》《孤愤》等文章抒发忧愤之气。实际上法家学说大流行于整个战国时期。从李悝在魏国变法开始直到韩非子，法家不同时期的代表人物一直被各国君主所重视，而孔孟和儒家不见用于当时。但是孔孟知其不可而为之，在困难和权贵面前从不降身辱志。最终，在发现大道确实不得行后退居乡里，著书为业，以期未来发扬光大，两相对比，气象迥异，法家诸子媚君之本质也由此而显露无遗。后世儒家之所以瞧不上法家，法家之所以成不了中国文化的主流、只能暗地里充当"儒表法里"中的那个"里"，本质上也正是因为这一点。

本章对于我们今天的管理者培养也很有意义。今天的管理学教育追求西化与科学化，只注重如何占领市场、如何提升效率，对于学生的志向、理想等却少有注意，以至于今天各大商学院毕业的本科生、研究生们，在求职的时候根本不关注相关公司、企业所做的领域和工作是否对于国家、社会有基本的价值和意义，只关注薪水有多少，自己能否尽快得到晋升等。如此一来，很多情况下不免造成重大的选择失误，甚至会糊里糊涂地助纣为虐。而儒家非常重视管理者之志向、理想的培养，这不但有利于处理具体的人际关系，也使得学生在应聘的时候能够跳出一般的思维模式，进行更全面的思考：不但要看对方是否有意愿聘用自己，还要看对方的志向和理想是什么，有没有一种服务于国家和民族的理想情怀。从这样一个角度讲，儒家管理学是今天的管理教育所亟须的。国内的管理教育应该尽快实现学术范式的转变，让学生知道风骨的价值和意义。

2.14 "四体不勤，五谷不分"章解（18.7）

■ 原文、注释及翻译

子路从而后，遇丈人，以杖荷蓧。子路问曰："子见夫子乎？"丈人曰："四体不勤，五谷不分。孰为夫子？"植其杖而芸。

子路拱而立。止子路宿，杀鸡为黍而食之。见其二子焉。明日，子路行以告。子曰："隐者也。"使子路反见之。至，则行矣。

子路曰："不仕无义。长幼之节，不可废也；君臣之义，如之何其废之？欲洁其身，而乱大伦。君子之仕也，行其义也。道之不行，已知之矣。"

1. 蓧（diào）：古代在田中除草的工具。
2. 芸：通"耘"。

子路跟随孔子落在后面，遇到一个老人，用手杖挑着除草用的工具。子路问道："您看见我的老师了吗？"老人说："四肢不劳动，五谷分不清。谁是你的老师？"说完，把手杖插在地上开始锄草。子路拱着手站在一边。老人便留子路到他家中住宿，杀鸡做饭给子路吃，还叫他的两个儿子出来相见。第二天，子路赶上了孔子，并把这事告诉了他。孔子说："这是个隐士。"叫子路返回去再见他。子路到了那里，老人已经出门了。子路说："不出来做官是不义的。长幼之间的礼节不可以废弃，君臣之间的道义又怎么可以废弃呢？本想保持自身纯洁，却破坏了重大的伦理道德。君子出来做官，是为了施行君臣之义。至于我们的政治主张行不通，那是早就知道的。"

■ 管理学解释

孔子生活的时代礼坏乐崩。面对这样一个时代，孔子及其弟子选择

245

了积极救世，为此他们不辞辛劳，奔波于列国之间，希望自己的主张被采纳。而另外一些人虽然也不满当时的乱象与黑暗，却没有像孔子那样汲汲于救世。他们可能是感到了自己力量的弱小，因此索性退隐江湖，做起了隐士。孔子周游列国的途中遇到了好几位隐士，他们都对孔子热衷于救世的做法表示不理解，甚至是嘲讽。荷蓧丈人就是其中的一位隐士。针对他的避世，孔子和弟子们表示了自己的观点。孔子认为，礼坏乐崩的乱局下，虽然努力不一定有好的结果，但君子出仕做官拯救天下是不可荒废的大义。如果人人都洁身自好，不出来做官拯救天下，那乱世又怎能得到拯救呢？可见此章表达了儒门不同于隐士的积极进取之精神。

此章之所以值得深入说一说，还在于该章提出了"四体不勤、五谷不分"这一说法。一段时间里，这句话常被很多人拿来批判、嘲笑孔子，孔子被描述为一个四体不勤、五谷不分，脱离生产实践且骑在人民头上作威作福的奴隶主代言人。时至今日，这样一种对于孔子的看法在很多人心中仍然根深蒂固地存在着。而对于事情的真相，即孔子是否真的四体不勤、五谷不分，孔门弟子是否真的脱离了生产实践，却难见有人严肃认真地加以讨论。

朱熹《四书章句集注》在注释此处时认为，"四体不勤，五谷不分"是荷蓧丈人对子路的批评，而非是对孔子的评价。但是也有很多人偏向于认为荷蓧丈人所说的"四体不勤，五谷不分"乃是指向孔子，而孔子并没有针对荷蓧丈人的这一批评发表任何不同意见，因此也就想当然地认为孔子认可了荷蓧丈人对自己的评价。"四体不勤，五谷不分"在漫长的传统社会中一直没有引起人们的注意和争论，但是后来情况就不同了。几十年前，"四体不勤，五谷不分"成了孔子的一大罪状而受到相当部分人士的猛烈批判，但是这样一种批判是缺乏深入论证的，也是经不起推敲的。因为,"四体不勤,五谷不分"是荷蓧丈人的单方面评价,孔子没有反驳,但这也不意味着荷蓧丈人就是对的。就好比法院断案,我们不能仅凭一面之词就断定是非曲直。

众所周知,孔子出生在一个没落贵族家庭中,乃是其父叔梁纥和其母颜徵在野合所生,身份低贱,而且父亲在其很小的时候就去世了。在那样一个宗法制的社会中,孔子从小只能和母亲在外相依为命。这样的家庭背景决定了孔子不可能从小就过上那种脱离生产、不事稼穑的上层生活。我们虽然不能断定孔子年轻时代一定从事过农业生产,但他必然是干过很多粗活的。否则,生在那样一个时代和那样一个家庭,他是活不下来的,而且孔子本人也提及过这一点。

《论语·子罕》篇记载,太宰问于子贡曰:"夫子圣者与?何其多能也?"子贡曰:"固天纵之将圣,又多能也。"子闻之,曰:"太宰知我乎!吾少也贱,故多能鄙事。君子多乎哉,不多也。"

从中可以看出,孔子年轻时并不是过着贵族式的、两耳不闻窗外事的读书人生活,而是从事着一些很具体、很平凡的工作,即所谓的"鄙事"。这些工作到底有哪些呢?孔子没说,我们今天也不是很清楚了。但是孔子年轻时做过一些很具体的工作是肯定的。

《孟子·万章下》记载,孔子尝为委吏矣,曰:"会计当而已矣。"尝为乘田矣,曰:"牛羊茁壮长而已矣。"《史记·孔子世家》也记载:孔子贫且贱。及长,尝为季氏史,料量平;尝为司职吏而畜蕃息。由是为司空。已而去鲁,斥乎齐,逐乎宋、卫,困于陈蔡之间,于是反鲁。

从中可见,孔子年轻时管理过粮仓,管理过牛羊畜牧业,而且干得相当出色。结合这样一些实践经历,后世批评孔子脱离实践,说他是"四体不勤,五谷不分"的奴隶主阶级,这是很难成立的。

《论语·子路》篇记载：樊迟请学稼，子曰："吾不如老农。"请学为圃，曰："吾不如老圃。"樊迟出。子曰："小人哉，樊须也！上好礼，则民莫敢不敬；上好义，则民莫敢不服；上好信，则民莫敢不用情。夫如是，则四方之民襁负其子而至矣，焉用稼？"

很多人以此为证批评孔子和儒家看不起人民群众，是脱离生产实践的奴隶主，实际上这也很难成立。孔子此处批评樊迟为"小人"并不是对其道德境界的评价，而是对樊迟之认知能力和视野的评价，即批评樊迟没有认识到君子之学对塑造当时社会和国家优良秩序的重大价值。

根据历史记载，樊迟的出身是比较低贱的，并非不事生产的贵族。因此其和孔子一样，对于当时的一些农桑之计应该有基本的认知，对于民间的疾苦也应该有非常直接的体验。孔子的办学目的并非培养农业专家，而是以培养道德君子为目的，因此孔子自然认为樊迟在求学阶段更需要关注的是学习各种诗书礼仪，努力提升自己的道德境界，而非将自己变成一个精通稼穑的农业专家。

对于孔子来说，他的绝大多数弟子都出身社会底层，除极少数出身贵族外，绝大多数都缺乏出仕当官的机会。所谓的官僚主义、脱离生产实践对于孔子和其弟子来说颇有言不及义之嫌。绝大多数孔门弟子在向老师学习的同时并没有脱离生产实践的一线（实际上他们也很难脱离生产实践，因为一旦脱离就很可能连基本的生活都维持不下去了，例如颜回）。对于孔子而言，也就没有再额外强调重返生产一线、体验民间疾苦的必要性，因为弟子们本身就属于平民百姓，他们天天都在体验着底层生活的艰辛与不易。一旦探究真实的历史场景就会发现，质疑批判孔子及其弟子脱离生产实践实际上是经不住推敲的，就像要求吃不饱肚子的穷人不要浪费粮食一样不合情理。

西汉以后，随着儒家学说正统地位的确立，特别是科举制确立后，中国社会的确出现了"两耳不闻窗外事，一心只读圣贤书"的士大夫阶层，其中的很多人一生不事生产，却又因为读书好、考试好而得享高官厚禄。批评他们"四体不勤，五谷不分"，瞧不上劳动人民、脱离生产实践是可以的，但是孔子活着的时候还不存在这种情况。因此板子还是不要乱打，不要把孔子拉出来替这些后人负责。这样乱打一气，除了暴露批判者的无知，徒增戾气，百害无益。

第三部分
阅读延伸

3.1 传统文化的管理学属性、范式特点及其对本土管理学之价值研究

传统中国社会是否存在真正意义上的管理学，这是一个颇为值得研究的问题。本章首先从管理学形成的两个必要条件入手，反驳了那些认为管理学是西方近代工业革命产物、中国传统社会不存在管理学的观点。中国传统社会虽是农业社会，但也有着自己的管理学，因为传统儒家文化本质上就是一门管理学。在此基础上，本章从学术范式的角度出发进一步研究了儒家管理学相对于西方管理学所具有的特点。这些特点体现为求道、求善，重视以象思维为代表的非理性思维以及独具特色的经学传统等几个方面，而且在本研究看来这样一种范式对于本土管理学来说也有着独特的意义，体现在能够解决本土管理学的目的指向问题，包括"应该做什么""怎么做""知行合一"以及走出管理理论丛林等几个方面。

3.1.1 引言

西方管理思想史家雷恩在其《管理思想史》一书中曾认为，传统社会"虽然出现了一些早期的管理理念，但他们很大程度上是局域的。组织可以依靠君权神授、教义对忠诚信徒的号召以及军队的严格纪律进行管理。在这些非工业的情境下，几乎没有必要创造一种正式的管理思想体系"（雷恩，2012）。受此种观点之影响，国内学术界有不少人认为，由于中国传统的小农经济以及中国历史上一直没有发展出现代意义上的大工业生产，因此中国传统社会难以成就真正意义上的管理学，"人类的管理思想摆脱传统经验走向现代、科学是 20 世纪初期的事情"（谭力文，2015）。当然，这一观点不一定是学者们普遍认同的，但国内持有

此种观点的学者确实不在少数。由此也就带出一个颇具价值的话题：中国传统社会到底有没有自己的管理学。如果有的话，它是一门什么样的管理学？有着什么样的特色？它对于今天的中国管理学来说又有着什么样的意义？对于这样一些问题，本土管理学界整体而言还少有正式的讨论。这不但导致我们对中国本土管理思想认识的模糊不清，也影响了本土管理学的进一步发展。基于此，本章将对相关问题进行讨论，一方面尝试从理论上辨析学术界之相关疑问和争论，另一方面也为本土管理学与传统管理思想之融合修桥补路。

3.1.2　中国传统社会拥有自己的管理学

在正式讨论相关问题之前，本章首先从管理的历史出发，就管理学出现、成立的条件进行分析。众所周知，管理起源于人的群体化生活。物质、精神等方面的共同利益和目标促使人类凝聚成群以满足自身之各种需要。但群体中的每个人在有着共同利益和目标的同时也有着自己的利益，由此不可避免地形成了个体与组织之间的各种矛盾与冲突。为了实现整体的目标，组织需要将不同的个体组织起来并努力协调彼此之间的利益和行为，由此也就形成了对于有效管理的需求。这种情况下，只要有研究者对管理中出现的问题以及如何才能有效管理进行深入、理性的思考，就有可能创立学术化的管理思想体系，即一般意义上所说的管理学。当然这在理性缺失、神权占统治地位的西方中世纪是不太可能的。一方面当时的社会在整体意义上理性比较缺失，另一方面社会生产力的极度低下使得有效管理的需求并不明显。因此近代以前，西方社会在根本上缺乏催生现代管理学的社会土壤与条件。近代西方经过启蒙运动以及工业革命后，人本逐渐战胜神本，理性逐渐战胜迷信，原先统治西方社会的基督教神权逐步瓦解，整个西方社会方才真正拥有了研究管理和组织的理性条件。同时，工业化的展开使得整个西方社会开始了普遍的组织化，大批工厂和现代化组织的不断涌现使得西方社会对有效管理有了先前不曾有过的巨大需求，这就促使西方社会对包括企业在内的各种组织如何进行有效管理展开了过去不曾有过的理性思考和研究。例如十八世纪时欧文、巴贝奇等管理者和学者就已经对有效管理进行过深入的研究。这样一些研究络绎不绝，最终导致在20世纪初由泰罗等开创了现代意义上的西方管理学。这样一个历史过程很容易使人形成一种印象，即管理学的诞生与西方工业革命以及资本主义大生产紧密联系在一起。西方以外的国家与社会缺少工业化的过程，因此这些国家在历史上也就不可能形成真正意义上的管理学。实事求是地说，这样一种观点是广泛存在的，以至于我们一提起管理学就认为它是西方工业文明的产物，但这种观点是值得商榷的。纵观人类历史，理性并非现代西方社会所独有，对有效组织和管理的社会需求也并非只有在资本主义大生产的背景下才会形成。就中国而言，中国传统社会虽整体上是小农经济，没有发展出西方近代意义上的大规模生产，但中国社会很早就形成了大规模的行政机构、家族以及军队等社会组织形式，很早就有了对这些组织进行有效管理的社会需求。而中国传统社会向来不是一个西方意义上的神权社会，理性早启、不语怪力乱神是商周之变后中国社会和文化的一个重要特点。此种情况下，只要有沉静好思者对如何有效管理各种组织、如何组织开展各种大型社会活动进行理性思考，管理学完全可能在中国传统的小农经济中诞生。也就是说，资本主义大生产并不一定是促成现代管理学出现的绝对必要条件，只是在特殊的历史背景下成了西方学者探索、发展管理学的切入点。不考虑历史渊源和因果关系，将其任意推广并由此认为中国古代社会没有形成自己的管理学则值得商榷。

实际上，传统中国很早就开始思考如何有效管理各种组织和大型社会活动。如前所言，中国古代很早就形成了包括政府、军队在内的各种大型社会组织，也一直在开展包括抵抗外敌入侵、治理水患在内的大型政治、经济与军事活动。由此中国社会虽然没有发展出后来的资本主义大生产，但实际上很早就形成了对各类组织以及社会有效管理的需求。在理性未启、迷信盛行的远古时代，巫术、暴力总是不可避免的和组织治理纠缠在一起，但是当中国社会进入西周以后，巫术和迷信开始退场，以周公、孔子等为代表的文化精英开始理性思考如何管理国家、军队等大型组织以及有效开展治水、战争等大型经济、政治和军事活动，由此中国传统社会逐渐形成了具有本土特色的儒家管理思想体系。具体而言就是形成了以"仁""义""礼"等为核心的、有着内在逻辑体系的、以"成己、成物"等为目的的儒家管理学说。

例如，儒家所重视的"礼"，本质上就是与各级组织的有效管理密切联系在一起。《荀子·礼论》认为："礼起于何也？曰：人生而有欲，欲而不得，则不能无求，求而无度量分界，则不能不争。争则乱，乱则穷。先王恶其乱也，故制礼义以分之，以养人之欲，给人之求。使欲必不穷乎物，物必不屈于欲，两者相持而长，是礼之所起也。"这样一个论述一方面涉及"礼"的起源和本质特点，另一方面也说明"礼"之于有效组织和管理的重要性，凸显了儒家学说的管理学色彩。

作为儒家学派的创始人，孔子最大的贡献在于引入了"仁"这一概念，并使之成为儒家学说的核心所在。春秋乱世，礼坏乐崩，孔子由此认识到治理国家和社会仅仅有"礼"是不够的。"礼"作为一种自然法意义上的行为规范，需要有一种更加根本的、发自人心的道德情感来支撑。所谓"礼云礼云，玉帛云乎哉；乐云乐云，钟鼓云乎哉"就说明了儒家的这种认识，而当时的社会恰恰普遍缺乏这样一种内在的道德情感。因此，孔子认为问题的关键在于"正人心"，由此突出强调了"仁"这样一个概念。在孔子看来，没有"仁"做支撑，就没有遵守"礼"的内在自觉，"礼"就会演变为一种形式主义。所谓"人而不仁，如礼何！人而不仁，如乐何"是也。而且这样一种仁德的在场对于组织的领导来说意义非凡。"为政以德，譬如北辰，居其所而众星共之""子帅以正，孰敢不正"等论述解释了"仁"对于组织管理以及有效领导的意义。因此"仁"这一概念的提出，本身就和现实的管理密切相关，也从根本上说明了儒家文化的管理学本质[1]。而儒家对于"仁""礼"等价值的分析与论证过程也从根本上说明，儒家管理学说绝不是简单的经验认识一词可以概括的，和雷恩意义上的宗教神权和暴力更是毫无联系。

众所周知，孔子开创了中国历史上私人讲学之传统。这样一种学术传统以培养"君子"为最终目的。在现代意义上的"君子"往往被理解为一道德范畴，而这一概念在先秦时代则不仅仅是一个道德范畴，它实际指称的是那些拥有领导才能、能够有效管理当时各种组织或者共同体的领导者。《左传》指出，"赏庆刑威曰君"。董仲舒《春秋繁露》也认为，"君也者，掌令者也"。《荀子·君道》则对"君"之内涵做了详细的阐述："君者何也？曰：能群也。能群也者何也？曰：善生养人者也，善班治人者也，善显设人者也，善藩饰人者也。"这里"能群"以及"善生养人者也，善班治人者也，善显设人者也，善藩饰人者也"等实际指明了君子肩负的管理责任及需要具备的领导才能等。可见儒家"君子之学"并非仅仅是一个道德范畴，本质还是要培养能有效管理各级组织和共同体的领导者，因此其本质是一门管理之学。就孔子自身而言，

---

[1] 当然中国古代少有"管理"一词。但是中国古代典籍中大量出现的"为政""治"等词汇实际上都表达了传统儒家学说的管理学传统。

其非常重视"学而优则仕",强调"不仕无义"。而"仕"则意味着君子学业有成后出来做官,参与当时社会各级组织的管理与领导。而部分孔门弟子,如冉有、子贡和子路等,也确实都选择了出仕。这些都进一步说明了传统儒家学说的管理学属性。

当然,按照西方管理学之标准,传统儒家学说确实与西方管理学差异很大。近代以来自然科学的迅猛发展及其对社会的巨大影响深深地影响了西方世界对于学术的认知。西方语境中,学术往往与科学乃至狭义的自然科学方法联系在一起,这一点也影响到管理学。西方近代以来的管理学建立在实证主义哲学基础之上,受科学主义影响至深。它以各种管理现象为出发点,通过理性分析和逻辑推理,发现现象背后的规律并以此构建各种概念和理论。在其看来,只要管理者们掌握了这些理论知识,就能够有效应对管理实践带来的各种挑战。

相比较于西方管理学,儒家管理学在形式和内容上显然有着很大的不同。前者以探索、构建知识和理论为主;而后者则重在求善,追求一种道德境界或智慧。但是这种不同也只意味着中西方对管理内涵的不同理解,并不意味着前者是管理学而后者一定不属于管理学之列,更不意味着其不理性、不正式。管理世界的特殊性、复杂性及其与自然世界的本质不同,使得管理学作为一门实践性很强的学科实际有着相当的开放性。而管理的实践本质则决定了,一种学说是否可以称之为管理学,本质上并不在于其是否具有成体系的概念以及理论模型等,而在于能否培养出有效的管理者并指导实践。因为学术若能反映现实世界之本质,则必定能对现实世界形成有效指导。而若不能对现实世界形成有效之指导,则意味着其未能反映现实管理之本质。邓晓芒认为,一旦进入大科学和中间科学,就必须超越狭义的逻辑数学和当下的经验而扩展自己的范围。对于社会科学来说,这个标准被扩大为"实践是检验真理的唯一标准"(邓晓芒,2016)。

因此，一种学说只要从根本上有助于解决现实管理之问题、能够培养有效的管理者，就应该属于管理学之范畴。否则，无论其中的概念和理论模型在形式上如何漂亮都难以称之为真正的管理学。

以这样一个标准看待西方管理学，则会发现其能否称得上是一门真正的"学问"还存有疑问。因为学术和实践"两张皮"、学术难以得到实践的承认一直是西方管理学面临的一个重大挑战（罗文豪、章凯，2018）。这种挑战的存在也说明，西方管理学作为一门学术在反映现实管理之本质方面应该是有所欠缺的，也决定了它不应该成为评判中国传统社会是否有真正管理学的绝对标准。

儒家管理学在形式上虽不符合西方主流管理学之标准，但却能一直有效地指导实践。历史上，儒家文化一直被广泛用来治理国家、社会以及其他社团组织。在培养众多杰出管理者和领导者的同时也为中华文明的绵延做出了极大的贡献。时至今日，儒家文化在现实管理实践中仍有着极为广泛的应用，而且这种应用不仅体现在中国，也体现在日本、韩国乃至东南亚等国家与地区。这说明，儒家管理学虽不符合西方主流管理学之形式或标准，但必定在根本上抓住了管理实践的本质。几千年的管理和社会实践已经为儒家管理学的存在与成立做了最好的证明，因此否定中国传统社会有着自己的管理学是不合理的。这种否定不仅忽视了管理学固有之开放性，也是对儒家传统文化之本质缺乏认识的表现。

实际上，不仅传统儒家学说有着浓厚的管理学属性，道家、法家等也形成了自己的管理学说体系。以道家为例，道家老子所强调的"无为""自然"及"虚静"等概念本质上都是和当时的国家、社会、军队等的有效管理紧密联系在一起的，其根本目的是保持领导阶层与被领导阶层之间关系的阴阳平衡与和谐，保证管理的有效性。《汉书·艺文志》有言，"道家者流，盖出于史官，历记成败存亡祸福古今之道，然后知秉要执本，清虚以自守，卑弱以自持，此君人南面之术也。"所谓"君人南面之术"，从本质上说明道家之学问有着鲜明的领导学、管理学属性，只是其与儒家学说同样有着不同于西方管理学的外在形式而已。

相关学者对于传统文化的管理学本质已经有过一定的论述。罗运鹏先生认为，"管理乃是国学之本然""国学中的许多经典即是管理学经典"，而且"国学具备完备、科学的（管理）理论体系"（罗运鹏，2014）。这些研究也从另外一个角度说明，中国传统社会本质上并不缺少管理学。所谓管理学是近代西方才有、中国传统社会缺少管理学的观点值得商榷。

3.1.3 儒家管理学之范式特点

以上主要讨论了传统儒家的管理学属性。传统儒家学说虽然在本质上是一门管理学，但是其在形式上与西方管理学相比还是有着很大差异的。西方管理学中常见的一些理论、概念及研究方法等在传统儒家管理学中也确实难以找到，这也是相关学者难以认同其管理学本质的根本原因。儒家管理学之所以在外在形态上不同于西方主流管理学，根本原因乃是因为其相比较于前者，对于管理有着不同理解和自己独特的学术范式。这种学术范式体现了儒家对于管理的独特理解，也从根本上决定了其外在的形态及内容体系等，因此有必要对儒家管理学之内在范式进行研究。之所以如此，乃是因为只有从学术范式的角度入手，方能全面、深刻地认识儒家对管理的独特理解。而如果仅仅从"仁""义""中庸"等具体的思想内容和概念出发探讨儒家对管理之理解，则相关探讨必定是肤浅的。

范式（paradigm）一词是美国著名科学哲学家托马斯·库恩

（Thomas Kuhn）提出并在《科学革命的结构》一书中作了系统阐述。它指的是一个共同体成员所共享的信仰、价值、技术等的集合，体现了从事某一科学的研究者群体所共同遵从的世界观和行为方式。在其看来，范式是一种对本体论、认识论和方法论的基本承诺，是科学家集团所共同接受的一组假说、理论、准则和方法的总和并在心理上形成科学家的共同信念。"范式"之所以重要，在于其从根本上决定了相关学科的发展形态及其具体理论内容。例如，西方管理学之所以表现出今日之学科形态、之所以发展出各种各样的管理学理论，本质上源于西方管理学者有着共同遵从的学术范式。这表现为秉持实证主义的哲学观念；重视人的纯粹理性；相信相关逻辑推理与数据分析方法在发现管理规律、建构管理理论中的作用；认可建构在实证主义范式上的知识和理论能够有效应对实践的挑战等。正是因为这样一些共识或者信念的存在，西方管理学才发展出了一系列科学化的理论、概念、模型等，并最终形成了今日西方管理学之学术形态。

儒家管理学相比较于西方管理学来说是很不相同的，这种不同源于儒家在最根本的学术范式上与后者大不相同。相比较于西方，儒家管理学在范式上具有明显的人文主义色彩，可称之为人文主义范式。其特点主要体现为以下几个方面。

第一，重视对形上之"道"的理解与把握。受实证主义及自然科学发展之影响，西方管理学重视对管理进行分科研究，西方管理学由此出现众多的分支学科，且分科越分越细，每一个学科都代表了一个细分的研究领域，而所谓学术研究就是在各个具体细分领域内进行实证研究以获得某种具体理论知识的过程。因此，西方管理学以理论知识之发现为主要追求，这一追求已经持续了上百年，直至今天仍然如此。而儒家管理学却与之有着明显的区别。儒家并不像西方管理学那样追求分科而治意义上的具体理论知识，主要追求贯穿于一切组织和管理活动中的那个普遍适用的"道"。儒家之所以重"道"不重"理论"，乃是因为其已经意识到具体的理论知识无论如何高深总是具有一定的局限性，总是与一定情境联系在一起，因此并不足以有效应对极度复杂、变化莫测的管理世界，因此儒家几千年来一直强调"君子不器"。所谓"器"，指的是有着具体功能和形态的器物，代表了具体、专业的技能或者理论知识。"君子不器"就是主张管理者不能做只通晓某一方面技能的、具有局限性的专家，而是要在"技"的基础上进一步求"穷通"，将对"道"的把握当成自己的学习目标。而所谓"道"则超越了具体的知识和理论，超越了具体的分科领域，体现为宇宙、人生在整体上所必然遵循的根本法则。因此儒家强调君子要"志于道，据于德，依于仁，游于艺"。具体到管理中来说，修"道"不仅可以"治身"，还可以"治家""治军""治国"，乃至于"平天下"。不仅能够适应某一环境下的组织管理，还可以主动适应、化解组织内外环境变化所带来的各种挑战。因为世界万殊，本质上都根源于"道"（后世所谓"理一而分殊"意为"道"是万物存在、发展所遵循的根本原则），组织自身的发展变化也不例外，其本质上乃是以"道"为本源，是大道运行的具体外化。因此应对复杂的管理实践，必以把握"道"为根本。对"道"的把握最终会内化为管理者的道德境界，使其在纷繁复杂的变化中灵活应对而又不失根本。因此求道也就成了儒家管理学的核心所在。当然重视求道或者强调"君子不器"并不意味着儒家真的反对、摒弃具体技能和理论知识，而是其要求作为管理者的君子或者"士"要"由技入道""转识成智"，在把握具体知识、技能的基础上进一步跃升到智慧的层次。总之相比较于西方，重视把握形而上的"道"是儒家管理学术范式的一个重要特征。

第二，重视以象思维为代表的非理性思维方式之价值。西方管理学以科学化为目标，视知识、理论的创造为核心任务。而知识、理论的创造又和概念的定义、逻辑推理、归纳总结等理性思维方式密切相关，因此西方管理学特别重视上述思维方式的运用，其本质是一种概念思维。西方管理学意义上的培养管理者很大程度上也就是对这种思维能力的训练与培养。相比较于西方管理学，儒家管理学在学术范式上则以象思维这样一种非理性思维为基础。所谓象思维，是指在彻底开放而不破坏事物所呈现之自然整体性的前提下，对事物进行概括，探索事物整体规律的思维（刘长林，2008）。其本质是借"象"之形式而搭建现象与规律关系的学说。概念化思维建立在主客二元对立的基础之上，将所要认识的对象外在化、对象化，其本质是概念的形成与展开。而象思维则以"象"为中心，围绕着"象"而展开。何谓"象"？《易·系辞上》说："圣人有以见天下之赜，而拟诸其形容，象其物宜，是故谓之象。"象是非实体、非概念、非对象的，也就是说那种主客二元对立、外在化、对象化的认知方式在象思维中是找不到的。象思维内涵丰富，其本质核心可以概括为"观物取象""象以尽意"，具体体现为直觉、联想、体悟等非理性思维方式。儒家代表的传统文化之所以重视象思维这样一种非理性思维，本质上是因为其与个体对形而上的道的理解和把握紧密联系在一起。道的整体性、形而上性从根本上决定了西方主流的、以对象化为特征的概念化思维在求道过程中的作用有限（甚至是反作用）。对象化意味着将"道"静态化，进而加以切割式的规定，因此只能离弃"道"这一万全之象。而象思维却能够在这方面弥补概念化思维，以及一般意义上语言文字的不足。它具有动态、整体、直观的原发创生性，能够使人在体悟中与宇宙一体相通，在直觉中体悟形而上的道[1]。所谓"观

---

[1]朱熹："言之所传者浅，象之所示者深。"见《周易本义·卷三》。

物取象"在本质上意味着一种非对象化思维，意味着观者与万物的一体相通，跳出理性思维的束缚而形成对事物整体、动态的把握（即所谓直觉），并通过联想而形成关于事物的意象。这种意象是一种超出事物外在形象的"意"与"象"的融合，体现了观者更高精神层次的联想，代表了"象的流动与转化"。由于象本身所具有的全息性特点，因此通过"象的流动和转化"，个体有可能通过直觉和联想进一步会解其中之意而回归"本原之象"，体悟到宇宙整体之象或者"道"的本质内涵。《易经》作为传统六经之一，从根本上体现的就是这样一种象思维。《易经》正是通过六十四卦象及其变化等来阐述宇宙万物变化的阴阳之道以及各种人生义理的，而个体也只有通过卦象爻辞等意象语言才能领悟到卦象背后所要表达的那种难以言传的形上之"道"，即所谓的"意"。所以才有"古者包牺氏之王天下也，仰则观象于天，俯则观法于地，观鸟兽之文与地之宜，近取诸身，远取诸物，于是始作八卦，以通神明之德，以类万物之情"之说。孔子也强调"圣人立象以尽意，设卦以尽情伪，系辞焉以尽其言"。后世相关研究也指出"以'象'为核心和由'象'展开的思维特征，在《易经》中最为明显也最为典型"（王树人，2006）。而这样一种思维及其变种在《论语》等其他一些儒家经典中也有着广泛的应用。《论语》中对很多儒家义理的解释和把握很大程度上是通过"观物取象""象以尽意"来实现的。例如"为政以德，譬如北辰，居其所而众星共之"就体现了这样一种会意方式。孔子通过借用天上众星拱卫环绕北极星而运转这样一种动态"意象"来阐述道德所具有的领导力量及德性的本质。这样的例子很多，这里不再赘述。后世学者将传统文化所用之语言称之为象语言，就是从这个意义上说的。总之儒家是重视象思维并以之来表达和阐述形上之"道"的[1]。由此以象思维为代表的非理性思维方式也是儒家管理学学术范式的一个重大特点所在。

当然，儒家重视象思维这一非理性思维方式并不意味着其否定以逻辑推理、归纳总结等为内涵的概念化思维之价值，只是其认为概念化思维不足以把握形而上的"道"而已。孔孟以后，儒家实际上越来越重视概念化思维。荀子作为先秦儒家的代表人物，已经体现出对概念性思维的高度重视。在其著作中，荀子已经开始对什么是"礼""君"等进行客观、精确的研究和定义。后世宋明理学更是进一步突出了概念的定义及建立在概念基础上的逻辑推理。例如《论语》中没有进行过严格定义的"仁"被朱熹定义为"爱之理"。但是整体而言这种概念化思维不是儒家之主流，儒家对管理者的培养也不是止步于具体知识和理论层面，本质还是要"技进于道"，因此其从根本上强调象思维之运用与根本价值。象思维也因此而成为儒家管理范式区别于西方管理范式的重要特征之一。

儒家管理学有着独具特色、用以培养管理者的经学体系。儒家重视管理者对"道"的把握，而"道"不同于一般性的具体知识和理论。后者的传授与把握可通过对相关概念、模型的讲述而实现，但是对"道"的把握则难以通过上述途径而实现，因为"道"本质上属于非名言之域，概念和模型对于把握"道"来说作用非常有限。这使得儒家管理学形成了自己独特的、不同于西方管理学的经学体系。以先秦儒家为例，先秦儒家主要以习"六经"作为培养学生的基本课程[2]。所谓"六经"

---

[1] 实际上道家也是如此。《道德经》强调的"涤除玄览"及以水喻道本质上都是在"观物取象""象以尽意"。而《庄子》则有"寓言十九，重言十七，卮言日出，和以天倪"。对寓言这种修辞方式的大量运用本质上也是一种象思维的表现。

[2] 这里以先秦儒家对管理者的培养为例进行说明。后世略有不同，但其根本的经学精神未发生本质性变化。

者，指的是"诗""书""礼""易""乐""春秋"。"六经"整体而言分属于文、史、哲之范畴。按照主流管理学之理念，"六经"无疑是很难和管理联系在一起的，但是儒家却将之作为培养管理者的基本课程体系，这也显示了其与西方管理学在学术范式上的巨大差异。而之所以如此，在于"三极彝训，其书言经。经也者，恒久之至道，不刊之鸿教也"。也就是说，"经学"实际上寓道于文，与管理者智慧灵性的培养、与其对形上之"道"的把握紧密联系在一起。以"诗"为例，所谓"诗"，就是《诗经》，其看似属于文学艺术之范畴，但本质上与管理者智慧和灵性之培养密切相关。孔子认为，君子（管理者）养成要"兴于诗，立于礼，成于乐"。为什么必须学"诗"？因为《诗》三百，一言以蔽之，思无邪"；"诗可以兴，可以观，可以群，可以怨。迩之事父，远之事君，多识于鸟兽草木之名"。王夫之也认为《诗经》之特点为"感悟道情，吟咏情性"。这些都是强调"诗"所表达的纯正情感能够引起人内心道德情感的共鸣，长期浸润于其中可以潜移默化地养成明辨是非的能力，促进其智慧与灵性的生长。关于这一点，学术界已经有不少的研究。例如王树人先生道，"从诗魂之象来看，在真正的诗人那里，特别是在大诗人那里，其代表作都是对其融会人生之情甚至融会宇宙之情，作整体性的显示或把握"（王树人、喻柏林，1998）。胡伟希先生也指出，中国以《诗经》为代表的抒情诗"通过意境的实现，教人了解天地之美和宇宙之和谐，教人在物我交融、主客一体中领悟宇宙之奥秘——庄严神圣的道"（胡伟希，2018）。也就是说，儒家意义上的《诗》不仅是情感的，还是认知的。"诗"和人们对道的把握、认知及管理者培养有着极为密切的关系。而"春秋"虽然属于历史学之范畴，但其本质也是和人对于"道"的把握、和人的智慧灵性等密切联系在一起的。"春秋"作为历史著作之最大特点，在乎其于展开历史叙事的过程中有着自己极为鲜明的价值与是非判断。赵汀阳认为，《春秋》为"历史叙事建立了普遍的标准，即人道必须符合天道"。所谓"春秋笔法""微言大义"之本质，即在于以天道为准去鉴别什么是可变的秩序或什么是不可变的秩序（赵汀阳，2016）。因此，学习"春秋"的过程也就是浸入其中，学习、理解、接受相关价值与是非观念，进而体道、悟道的过程。其他如"书""易""礼"等大致也是如此。《易经》作为中国传统文化的根基之一，其本质也指向"道"的言说与把握。通过六十四卦象及其中爻辞和卦辞等意象语言，从根本上展示了中国古人对宇宙本源、演化及人生的认识与理解等。因此儒家学习《易经》重点不在占卜，而是意在引导君子由表面具体之"言"、之"象"而得其形上之"意"。这一过程有益于领导者心性之修炼，最终化作其对天道、人道的理解与把握。《尚书》作为儒家重要经典，一方面记载了夏商周历代的礼法制度，同时也记载了上古时期贤君与能臣关于治国的理念与言行。学习《尚书》的过程，实际上也是一个学习者将自身代入已逝历史情境，接受先贤之思想启发、提升自我德性进而理解治国理政之大道的过程。而"礼"本身也与领导者培养密切相关。古人认为"礼者，人道之极也"（《荀子·礼论》），又认为"礼者，因人之情，缘义之理，而为之节文者也"（《管子·心术上》）。具体而又烦琐的礼仪背后是儒家对人性、社会乃至世界根本规律的理解，这决定了学习"礼"不仅仅是一个把握具体礼仪、矫正自我行为的过程，还是一个涵养性情、培养内在仁爱精神，进而体道、悟道的过程。总之"六经"绝不仅仅是现代学术分科意义上的文学、历史或者哲学学科可涵盖的，其本质上与领导者心性的修炼及其对形上之道的理解和把握联系在一起，体现了儒家对于领导者培养的独特理解。因此，明儒刘宗周认为，"学者欲窥圣贤之心，尊吾道之正，舍四书六籍，无由而入矣"。

以上总结了儒家管理学在学术范式上的几个重要特点。总结而言，儒家非常重视求道之管理价值和意义。由重视求"道"进而重视以象思维为代表的非理性思维并最终形成"六经"代表的经学体系等，儒家管理学由此形成了自己独特的学术范式。其中求道是该范式的核心和目的所在，象思维和以"六经"为代表的经学体系则构成了这一范式的基础。同时象思维和六经之间也并不是毫无联系的割裂状态。六经究其本质而言是建立在象思维的基础之上，是象思维的具体运用。而象思维也不是离开六经单独存在的，其本身也扎根、体现于六经之中。具体内涵可参见图1。

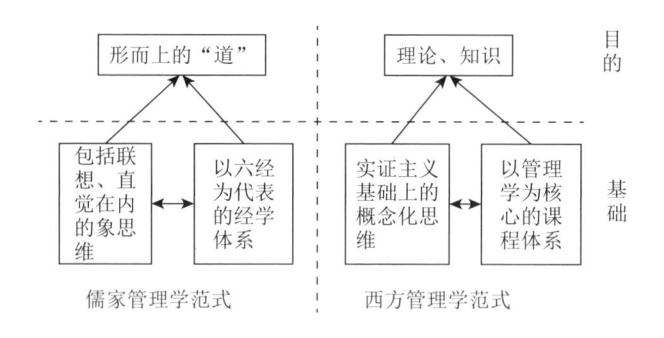

图1 中西方管理学范式

相比较于西方管理学，儒家学术范式确实有着很明显的不同之处。西方管理学重视理论知识之价值，儒家管理学则重视形而上的"道"；西方管理学重视以概念为基础的逻辑推理思维，儒家管理学更加重视的却是象思维这一异质性思维方式；西方管理学以科学为目标，发展出了战略管理、组织行为学等课程体系，儒家管理学却重视文、史、哲的管理学价值，很早就形成了以"六经"为核心的经学体系。这些不同的存在使得儒家管理学成为一种与西方主流管理学有着重大差别的学术体系。如果说西方管理学突出的是管理的科学性，儒家管理学强调的则是管理的哲学性；如果说西方管理学强调的是管理的功利性，儒家管理学却从一个更高的视角突出了管理学应该具有的人文性；如果说西方管理学意在追求一种可明确表达的知识和理论体系，儒家管理学所追求的则是一种难以言传、难以文字表达的德性之知。当学术界认为传统中国社会不存在管理学的时候，其更多是以西方管理学及其内涵的科学性为标准来审视、评论之，这是一种对本土传统文化缺乏深入理解的表现。管理的实践本质决定了管理学之"学"在内涵上具有相当的开放性，这种开放性决定了管理学不可能只是表现为科学化的、西方意义上的管理学。传统意义上的儒家文化实际也属于管理学之范畴，因为管理学不仅要在理论的层面上求真求知，也需要教人求善、求美，即在智慧的层面上求真求知，学术范式上的不同并不足以否定儒家文化之管理学属性。其实，就是从现代西方哲学的视角来看，儒家学术范式之合法性也很难被否定，它虽迥异于实证主义哲学之内在要求，但在"二战"以后兴起的、至今仍属于显学的诠释学那里却完全可以印证其范式的合理性。儒家对《诗经》《春秋》等传统经典的重视以及源远流长的注经传统，从根本上来说是与现代诠释学之内在精神一般无二的。历代儒家学者对于"六经"等经典的注释和解读，本质是研究者从自身视野出发，对卦象、文本等背后所蕴含之"意"加以把握或者重新解读、创造的过程。而以伽达默尔为代表的西方现代诠释学本质上也是通过对文本的诠释，运用联想、隐喻等非理性思维来探究存在或者真理的本质。儒家虽没有像后者那样创立完备的诠释学理论体系，但是其整个学术思路暗合现代诠释学的方法和思想却是无疑的。"在儒学的思想理论内部，总是或显或隐地存在着一种注释学的基本模式"（周光庆，2005）。因此，即使从当代西方学术的视角出发，儒家管理学及其学术范式也不是"落后"一词可以概括的。诠释学的不断发展及其在与实证主义哲学斗争中的节节胜利,实际上从另外一个角度证实了传统管理思想及其学术范式的合法性。这种合法性的存在也说明用"落后""不科学"等字眼概括、评价传统管理学是错误的。关于这一点,国内外学术界实际已经有一系列研究,限于篇幅这里不再详细介绍,有兴趣的读者可以参阅相关研究成果。当然,儒家管理学及其学术范式之合法性不仅仅来自其与西方哲学的相容,还来自其对本土管理实践及本土管理学术的切实价值。

3.1.4 本土管理学视野下的儒家管理学范式之价值

改革开放以来,中国管理学走了一条和西方管理学不断接轨的道路。这种接轨对当时来说是必要的,也取得了很大的成绩,但是随着时代的进步,这种接轨也显示出相当的问题。这体现为国内管理学和西方管理学一样,难以对现实实践给予足够有效的指导,学术和实践存在脱节的问题。为了有效指导实践,学界在过去十余年中就本土管理学如何发展进行了广泛热烈的讨论,但是时至今日,学术研究与现实相脱节之问题似乎并未得到有效解决,甚至"管理研究与管理实践之间的鸿沟在某种程度上越拉越大"(罗文豪、章凯,2018)。因此,面向实践、有效指导实践仍旧是本土管理学的根本任务,这也从根本上决定了儒家管理学及其背后的学术范式仍旧有着巨大的理论价值,它不但可以为本土管理学之定位和发展提供一种全新的视角,还能够从根本上解决管理实践中的诸多问题,一定程度上弥合学术与实践之间的脱节。这主要体现在以下几个方面。

第一,儒家管理学可以为本土管理学提供有效指导实践所需要的指归。管理本质上是实践,而实践是人在一定目的意识指导下的行为活动。管理实践的形式虽然多种多样,但是没有最终目的和理想指向的实践却是不存在的。目的和理想之所以重要在于其很大程度上决定了管理实践的根本方向、战略选择及管理模式等。此种重要性决定了本土管理学对实践的有效指导不能像西方管理学那样止步于效率层面的指导，更关键的是目的层面的指导。忽略目的或者没有正确的目的，学术就会将管理实践引向错误的方向，也就难以称得上是有效指导实践。因此本土管理学必须说明正确的、根本意义上的管理目的和理想。但是本土管理学在这一点上还不能令人满意，因为其和西方管理学一样忽视了对管理应有之义的讨论。

本土管理学之兴起根源于学术界对西方主流管理学不能有效指导本土实践之反思。研究者们希望本土管理学在继承西方管理学基本框架的同时更加贴近本土管理实际，在吸收本土既有管理思想、借鉴本土管理实践的基础上建构出能够反映、指导本土实践的管理理论。在其看来"没有什么比好的理论更加重要的了"（谢佩洪，2016）。由于重视理论创新，本土管理学研究一个突出的特点是非常重视基于本土情境的研究及案例研究等研究方法，自有其合理之处。但是，对理论构建的重视导致其忽略了对管理应有根本目的与理想之研究和讨论。本质而言，其所重视的仍旧是具体意义上的知识或者理论（当然这些知识和理论可能有着更多的本土化色彩），仍重在研究实然性的问题。而管理之根本目的和理想本质上是一个应然性的问题，本土管理学的内在学术范式仍旧难以解决应然性的目的问题。

儒家管理学对于本土管理学最大的价值在于其能够提供一个代表管理应有之根本指向的管理目的或理想。儒家以贯通宇宙人生的"道"为自身的追求。而这种追求最终导向的则是"成己、成物"的最终目的，之所以如此乃是因为求道本质上意味着对"天人合一"境界的自觉追求。这种境界意味着人道合于天道，管理者要以天地为榜样、帮助天地化育万物之成长，而这必然导向"成己、成物"这样的目的追求。所谓"成己"意味着成就自身，特别是成就自身的精神境界，使自己成为一个真正意义上的自由之人。"成物"则意味着成就他人成长和自由的同时，也成就自然世界中的万物，使得他们各尽本性，构筑人与人、人与自然世界的和谐共存。"成己、成物"是儒家的根本追求，体现了儒家对于管理和领导工作的深刻理解。它一方面超越了西方管理学利润最大化的目的追求，另一方面也从根本上代表了一切管理实践之应有根本目的。人活一世，只能以追求幸福为自身生活之唯一目的，舍此以外的追求，都是一种虚妄，非人生之最终目的所在。而幸福虽与物质金钱密切相关，但却不是唯一相关，而"幸福与做人却是一回事"（赵汀阳，2010）。对于个体来说，要追求自己的幸福，意味着要提升自己的各方面能力，实现全面的发展，特别是提升自己的心灵境界，做一个成就道德意义上的人。这意味着人生能够确立真正有意义的追求并沉浸于其中。此种快乐是自足的，它不假外求，是一种真幸福。因此做人乃所有人生之根本目的与追求，舍此之外，无所谓幸福。

做人的根本性决定了管理所涉及的相关主体，包括被管理者、管理者乃至消费者等，本质上都要以做人为根本追求。如此一来，管理作为一种组织实践也必须以此为目标，否则所谓的管理就是阻碍人生幸福之获取，就是在戕害人生。它不但将阻碍被管理者、消费者之人生幸福的实现，甚至也将阻碍管理者本身人生幸福的获取，如此一来，所谓的管理必将因为与人性之根本追求相悖而不能长久。从此种意义上说，儒家"成己、成物"之目的恰恰是本土管理学应有之根本追求。本土管理学理论上应该将之作为自身之根本目的并以此来重构整个管理学学术范式。

第二，儒家管理学能提供本土管理学指导实践所需要的道德判断力，有助于其解决"应该做什么"这样一类问题。管理者的实践活动形式众多，但本质而言可分为两大类型：一为"应该做什么"，另一为"怎样做"。这样一种划分决定了有效指导实践不仅仅意味着具体情境下指导管理者如何做以谋求效率最大化的问题，还内含了指导管理者具体情境下"应该做什么"的问题。"应该做什么"对于管理者来说非常重要，因为其涉及了管理行动的正当性。如果行动没有正当性，则管理只能依靠强力压制和利益交换，是断不能持久的。而正当性的建立根源于以下两个方面。一是相关行为选择从根本上来说要符合道义之标准，即符合伦理道德之根本要求。二是相关行为选择符合现实的原则。对于管理实践而言，首先要解决的问题就是实践之道义性问题。但是目前的本土管理学对于处理此类问题却难说有效。因为该类问题本质而言是一个价值与是非判断的问题，其解决主要依赖于人的道德判断力。科学意义上的知识和理论无力解决人的道德判断问题，也就不能从根本上解决具体情境下的价值和是非判断问题。因为"价值判断是关于未来、理想和最好状态的想象"，而知识和理论是一种对事实的判断和解释，"价值判断不可能被还原为事实判断"（赵汀阳，2010）。本土管理学的重点在于发现具有本土特色或者能够指导本土实践的知识或者理论，而且相关研究坚持将重点放在实然性问题上，认为"在中国的管理研究中更应该坚持实然取向，而非应然"（韩巍，2009）。这样一种取向决定了本土管理学实际上无力提高管理者的道德判断力，无助于具体情境下的价值和是非判断问题之解决。

而儒家管理学则能够比较有效地解决此类问题。一是"成己、成物"作为一种根本性的目的以及人类应该追求的理想状态，为具体情境下的"应该做什么"提供了终极意义上的道德判断标准。管理者在具体行动选择上最大可能地遵守这一指向则意味着社会对自身选择的接受，实际上也就从根本上解决了自己的正当性问题。二是儒家对道德境界和情感的重视有助于解决管理实践的正当性问题。儒家将道德境界以及求道当作管理者培养之重点所在。道德和求道之根本作用体现为促使具体情境下的管理者放下自己的成见和私心，做到"廓然大公"，秉持"絜矩之道"，自觉站在别人的角度思考问题。这恰恰是解决复杂情境下各种价值与是非判断问题的关键所在。成见和私心既隐，人之天生良知和灵性智慧自然凸显。如此一来，价值和是非判断自然也就不再是大问题，行为和选择的正当性在理论上自然也就建立起来。正如王阳明所强调的"能致良知，则心得其宜矣。故集义亦只是致良知，君子之酬酢万变，当行则行，当止则止，当生则生，当死则死，斟酌调停，无非是致其良知，以求自慊而已"（《传习录·答欧阳崇一》）。所谓"致良知"就是坚持对道的追求。"当行则行，当止则止，当生则生，当死则死"则说明儒家管理学对道的追求，可以帮助管理者有效应对纷繁复杂情境下各种"应该做什么"的问题。

第三，儒家管理学能提供本土管理学指导实践所需要的辩证思维能力，有助于其解决"具体怎么做"这样一类问题。作为一种行动管理实践不仅涉及"应该做什么"，还涉及具体情境下如何行动，即具体应该"怎么做"。后者也非常重要。因为只有经过具体的"怎么做"，"应该做什么"才会从构思变成现实，管理者才会对现实形成真实的作用和改变。"怎么做"意味着从具体情境和条件出发，灵活设计、选择达成目标的各种手段和途径，意味着将普遍化的理论与现实条件有机结合起来，本质上则是追求一种"无过无不及"的合理性或者"度"的把握。对于这样一种合理性或者"度"的把握，本土管理学目前是难言有效解决的，因为其重在发现各种理论知识和模型，重在解释现象与现象之间的关系，这虽然有助于管理者对于现实管理的理解，但并不能真正解决行动上具体应该"怎么做"的问题。"怎么做"意味着对各种理论知识的合理运用，而理论知识本身解决不了理论知识的有效应用问题。从根本上说，"怎么做"之有效解决除了理论知识，还与管理者是否具有辩证、整体的思维方式密切相关。这样一种思维模式不但能够帮助管理者理解各种理论的优势，也有助于其理解其内在不足和局限。由此不但避免了不顾现实生搬硬套相关理论的教条主义风险，而且会促使管理者从现实条件出发，灵活应用各种理论和知识，从而实现对"度"的合理把握。这样一种思维方式的养成，本质上与人对宇宙本源的探索，对宇宙、人生的穷通联系在一起，是一个哲学和智慧领域内的命题。受西方管理学科学化之影响，本土管理学仍旧志在各种理论知识的发现与创造，仍旧习惯于主客二分式的研究，对于整体、辩证思维方式的养成实无太大帮助，因此本土管理学在解决"怎么做"的问题上存有一定的局限性，而儒家文化和管理学背后的求道思维却能够有效弥补这一局限。求道本质上是中国传统语境下对宇宙本原、人生本质的探索和认识，意味着对事物整体、动态的把握而非片面、静止的研究，这从根本上保证了整体思维和辩证思维的生成和在场。如此一来也就在很大程度上弥补了本土管理学在应对"怎么做"以及合"度"问题上的局限。实际上，整体思维和辩证思维也确实是以儒家文化为代表的中国传统文化之特色。儒家所强调的"中庸""叩其两端而竭焉"等本质上都体现了这样一种思维方式，构建了中国人的整体思维与合"度"意识，而这也进一步说明儒家管理学范式对于本土管理学进一步发展的价值和意义。

第四，儒家管理学能提供本土管理学指导实践所需要的行动意志力，有助于解决管理实践中普遍存在的"知行不一"问题。受西方主流管理学之影响，本土管理学非常重视知识和理论的科学建构。在其看来，学术之所以不能有效指导实践根源于知识及理论自身之缺陷。只要有了合适的知识和理论，就能够应对现实实践的各种挑战，正如在自然科学领域人们只要掌握相关理论知识就能够有效应对自然世界挑战一般。因此本土管理学本质上还是以"知"为导向的。

对于管理实践而言，"知"固然重要，但更加重要的却是"行"。"行"代表了对现实世界的直接作用和改变。若理论上的"知"不能够转化为实实在在的"行"，再多的"知"都是无意义的。而管理世界中"知"与"行"并非必然联系在一起。"知"本身代表了一种对外部世界和人生社会的认识；而"行"除了与认识相联系外，更重要的是与"意志""动机"等联系在一起，对理论知识的把握则不一定意味着行动动机和意志力的必然形成。正如一个人了解了公平的概念和理论知识并不意味着公平举动的必然发生。由于"行"更多与人的价值判断和内在的真情实感联系在一起，价值判断和真情实感的缺失也就意味着行动意志和动机的缺乏，必然导致"知"与"行"的分离。现实世界中的管理者们虽不缺乏知识和理论，却往往因为"欲望"的过分强盛而缺乏行动所必需的意志和勇气。因此管理世界中一个普遍存在且亟须解决的问题就是"知行分离"。本土管理学虽志在指导实践，但实际上也难以有效解决此一问题。究其本质，本土管理学重在发现有着本土特色、反映本土实践的理论知识。这样一种定位决定了其和西方管理学一样，定位于科学化，本质上并不注重管理者内在的行动意志、勇气等非理性因素之于管理的实际价值，并非致力于消除管理者心中不合理的欲望。如此一来，就难以解决管理实践中普遍存在的"知行不一"问题。

儒家管理学及其范式则能够比较有效地解决这个问题。儒家看重"知行合一"，在强调"知"来源于"行"的前提下也强调由"知"向"行"的转化。在儒家看来，没有"行"的"知"是一种悬空的思索，是一种不值得提倡的"口耳之学"。为了实现"知行合一"，儒家特别强调"知"要通过"以义制利""致良知""养浩然之气"等功夫转化为内在的道德与真情实感，看破并消除不合理的名利引诱，促进具体情境下行动意志和勇气的形成，从而实现由"知"到"行"的自然转化。《大学》所谓的"正心"和"诚意"，也是意在强调这一点。"正心"意味着作为管理者的君子端正内心，集聚正气使心志不受欲望邪念之影响；"诚意"则意味着摆脱恐惧、兴奋、愤怒等不良情绪的干扰，使得内在良知成为支配自身意念和行动的主导力量。二者本质上都指向行动意志和勇气的集聚与形成。而这种集聚和形成意味着由"知"到"行"的转化。因此儒家管理学不但理论上重视"知行合一"，实际也有着促进"知行合一"的现实保障机制。本土管理学如果能够吸收儒家此类理念，将大大有助于自身对现实实践的指导。

以上主要从管理实践的视角出发，简单总结了儒家管理学对于本土管理学的几点启示。本土管理学如果真的想解决自身所面临的与实践脱节问题，就应该认真对待并继承儒家对于管理的独特理解以及独特学术范式。果真如此，其必将率先走出学术与实践脱节以及知识碎片化的尴尬处境。历史上儒家文化或者儒家管理学之所以长盛不衰、为包括历代帝王、士大夫、商人所重视，根本原因还在于其实践上的有效性。今天批评主流管理学不具有实践价值的管理者大有人在，但极少有管理者批评儒家管理学有此问题。相反，大批杰出领导者都是儒家管理学的忠实拥趸，这也进一步证实了本土管理学吸收借鉴儒家管理学精华及其内在学术范式的重大价值。

3.1.5 结束语

上文从论证儒家文化的管理学属性出发，对儒家文化内涵的管理学范式及其对于本土管理学的价值进行了讨论。研究结果显示，中国传统社会并不缺乏真正的管理学，传统儒家文化本质上就是一门管理之学。

相对于西方而言，儒家有着自己对于管理的独特理解，也形成了自己独特的学术范式。这样一种学术范式对于本土管理学来说有着重要的价值，不但能够提供管理实践所必需的根本目的，也能够有效解决管理实践中绕不开的价值判断和"度"的问题，还能够解决管理实践中常见的"知行不一"问题。当然，儒家管理学及其范式有其不足，这体现在其缺乏对物的关注和研究。但上述价值的存在也说明其并非如某些学者所认为的那样落后，从某种意义上说甚至是非常"先进"的。正如相关学者所指出的，"中国古典学术体系是比现代西方学术体系更为复杂的一种学术体系。它涵盖从哲学到政治经济学到科学的各个领域，它不是太简单，而是太复杂，因此才不为世人所知。从整体上说，中国古典学术相对于西方现代学术，具有精深、动态、统一的特点"（翟玉忠，2014）。从这个意义上说，管理学术界应该对儒家管理学及其学术范式给予足够的尊重，在尊重、学习、体会的基础上方能谈得上进一步批判和超越。

3.2 国内管理学术脱离实践的原因及发展路径探索：一个基于实践内涵的思考

3.2.1 引言

学术与实践相脱节、难以得到实践的认可是国内管理学长期以来面临的一个现实问题。学者们对国内管理学为何脱离实践、未来应该如何发展进行了反思与讨论。郭重庆教授主张，中国的管理学应该面向中国的管理实践，在接着西方管理学讲的同时还要接着中国传统文化讲、接着中国近现代管理实践讲（郭重庆，2008）。徐淑英主张，"有经验的学者和新一代的年轻学者能够共同合作，通过深入情境化，提出更新颖的问题和理论构建来完成全新情境下的研究，发展多元化的研究视角"。"建立在情境研究范式之上的理论比直接产生于不同社会文化背景下的理论具有更高的内部效度和外部效度"（Tsui A S，2004）。吕力则主张通过管理学的技术化来缓解学术研究与实践之间的矛盾。在他看来，求真与致用在目的、推理方式和知识体系三个方面存在显著的区别，导致了管理科学理论与实践的脱节（吕力，2011）。陈春花教授认为，要解决学术与实践相脱节的问题，研究者必须找出有价值的问题，尤其是能够指导实践的问题，这就是实践先行，而科学性则是后续研究中应该遵循的原则。为此学者需要深入观察中国企业，基于"中国经验"提出更多"以实践为先导"的研究命题（陈春花、吕力，2017）。

上述讨论说明国内学界已经就学术与实践脱节的表现、原因及改革思路进行了诸多的探索。既然如此，为什么还要对这样一个话题继续讨论呢？主要有以下两点原因。

第一，学者们对于国内管理学脱离实践的原因以及解决问题的出路并没有形成统一的意见。例如很多学者主张走情景化研究的道路，但也有研究认为情景化研究不足以解决学术与实践相脱节的问题（罗文豪、章凯，2018）。还有学者认为国内管理学应该定位为一门技术之学，走一条技术化的道路。可以说在此问题上学术界观点杂陈，远未达成共识。

第二，学界虽然已就相关问题进行了诸多研究，但是仍旧存有相当的讨论空间。主要表现为已有研究忽略了对何为实践、何为有效指导实践这样一个基本问题的分析，而这样一个分析是很重要的。如果在这个问题上缺乏基本的研究，相关观点和思路就缺乏必要的理论基础。在过去几十年里，哲学界已经对人文社科学术研究与实践的关系问题进行了广泛的探索，形成了非常深入、系统的思想体系，但是由于种种原因并没有被及时地反映到国内管理学的讨论中来。这进一步凸显了对相关问题进行研究的必要性。因此在以往讨论的基础上，借助哲学领域的相关研究，下文将对国内管理学研究缘何脱离实践以及出路何在这一问题进行进一步的研究。

3.2.2 管理实践以及有效指导实践之内涵

对于管理实践一词，管理学界并不陌生，追求学术对实践的指导一直以来是管理学追求的目标。然而何为实践，学界却少有研究。甚至连写过《管理的实践》一书，将管理学定位于指导实践的德鲁克也没有留下一个明确的定义和解释。类似的疏忽迫使我们不得不将目光投向哲学等人文社科其他领域，重新思考什么是管理实践。

"实践"作为一个概念，实际上很早就见诸西方哲学。亚里士多德最早对实践之内涵进行过考察。在其看来，知识有科学理论、实践智慧、制作技巧之区分（洪汉鼎，1997）。亚里士多德对实践智慧的考察除了点明实践与智慧的对应关系外，也显示其所理解的实践主要指向人类社会政治、伦理等方面的活动。这些活动展开于具体的、各不相同的情境中，以"善""幸福"为自己的根本追求目标（杨国荣，2013；黄志军，2015；田海平，2018）。亚里士多德对于实践的理解更多是在政治、伦理领域展开的，其后的西方哲学基本上继承了这样一个思路。康德将实践理性作为哲学探讨的重要问题，以此区分了实践哲学和理论哲学。康德意义上的实践理性首先与人的道德行为相联系，同时在更宽泛的层面上也涉及法律的领域。也就是说在康德看来，实践与人对道德规范、法律规范的制定、遵守等方面紧密联系在一起，后二者内含的理性法则担保了行为的自由性质。黑格尔也将实践与"善"的理念联系起来。按照黑格尔的观点，实践包含了三个环节："目的""目的的实现""被创造出来的现实"。在其看来，实践是目的和结果的中介，一方面扬弃了目的的主观性，另一方面又克服了"对象"的现象性，体现了主观与客观的沟通。

作为实践哲学的开创者，马克思首先将近代学术的焦点从解释世界转移到改变世界上，由此马克思主义也就成为一个实践性极强的学术体系。马克思对于实践的理解也突破了亚里士多德为代表的西方传统思路，将实践与人的劳动联系起来，实践由此而不限于传统的伦理和政治领域，开始有了新的内涵。人的劳动和实践过程本质上是在一定生产力水平和生产关系下展开的，因此实践总是具体而非抽象的，即受一定生产力水平和生产关系之制约。具体的生产力水平以及生产关系也正是在人们的实践过程中通过社会交往乃至斗争而逐渐生成的。具体的实践又在根本上与人的自由和解放联系在一起，它不仅改变了外在的世界，也改变了人的自身存在，最终指向的是整个人类的自由与解放。

受马克思主义的影响，吉登斯将人的微观实践与宏观社会结构联系在一起，在其看来，实践一定是在既有的社会结构下展开的，社会结构对人的实践起到一定的约束和指导作用。但是微观的实践也不是完全被动的，也在通过对规则和资源的运用不断改变、创造着新的社会结构（谢立中，2019）。而布尔迪厄通过对当代资本主义社会复杂现象的分析，提出了由习性、资本与场域等概念构成的实践思想。他认为当代资本主义社会人们所从事的实践活动，实质上就是以个人习性为基础，凭借一定的资本争夺在场域中的位置的过程（杨生平，2008）。场域中的斗争就是为了维护或颠覆特殊的资本分配结构。

  国内学术界认为实践最基本的形式是物质生产，同时阶级斗争、政治生活以及科学、教育、管理和艺术等领域的活动也都属于实践的范畴。可以看出国内对于实践的理解是非常宽泛的。

  总之，中西方关于实践的研究都有着很长的历史，对于实践的理解在不同时代和学者那里也有着不一样的内容，主要体现为西方传统实践观和马克思主义实践观之间的区别。尽管如此，两者对于实践的理解本质上还是存在一致性，这种一致性揭示了实践作为一种人类行动的一些基本特征。

  首先，实践与人的目的和意识相联系（杨国荣，2013）。马克思主义认为，实践本质上是一种对于现实状态的否定，体现了人类改造现状的期望和理想。这样一个本质说明脱离行动的单纯意识和目的虽然称不上是实践，但是行动离开目的和意识的指导往往也谈不上是实践。实践之所以不同于其它意义上的活动，在于它与人的存在联系在一起，是在人的具体目的和意识指导下展开的。现实世界中实践的形式繁杂多样，但不论形式如何，总是体现了行动者的某种存在目的和意识。无论是亚里士多德意义上的善、幸福，抑或康德意义上的自由，乃至马克思所强调的自由和解放，都体现了这样一个根本特点。

其次，实践展开于具体的、复杂的自然和社会背景之中，体现出一种具体性（朱葆伟，2013）。无论是马克思还是亚里士多德、康德，实际上都强调了实践的具体性，认为所谓实践本质上就是行动者在具体的自然和社会背景下选择应该做什么、可以做什么及具体如何做的一系列行动过程。这些情境和条件可以体现为现实的资源约束、组织和商业规则，也可以体现为人与人之间的社会关系，甚至还可能是某一种强制性的政治力量等。作为一种客观存在，它们共同构成了实践选择和具体实施的背景，影响了实践者行动的选择范围、方向和具体内容等。由此使得实践不再抽象，而是具有了一种现实、多变而又具体的特征。其本质乃是一种现实、具体条件下的人的创造性行为。

再次，实践与道德伦理密切相关。实践是人在一定社会情境下展开的集体行动，这种行动不仅涉及行动者本人，还涉及其他人及自然世界。既然如此，实践过程必然涉及人与人、人与自然之间的伦理关系问题。实践者需要妥善处理各种伦理关系，求得一种具体情境下的行动正当性或合理性，否则实践之有效性必然会大受影响。由此出发，实践与人对社会规则的理解和运用联系在一起，特别是与人的道德判断密切联系在一起。包括康德哲学在内的西方哲学已经对此有过广泛的研究。康德的实践理性本质而言就是指向道德伦理的。马克思哲学关注斗争，在这方面没有太多的论述，但是其对生产社会性、异化等的强调也说明关注伦理道德是实践的应有之义。

最后，人的存在是在实践中形成的。唯物主义世界观认为，实践是检验真理的唯一标准，也是一切认识的最终根源与根本动力，从根本上塑造了人的意识和存在。人的身体、技能、道德、社会关系、理想等作为构成人的内在本质的重要因素并不是生来就有的，而是在社会实践中经由不断学习、反思和修正而逐步形成和发展出来的。通过实践，人不仅不断改造着客观世界,也在不断矫正、发展自己的主观意识世界,由此形成了具体的社会存在。

实践的类型是多种多样的,包括了政治、伦理、科学研究、阶级斗争等多种不同的形态。所谓的管理实践也是实践的一种具体形态,本质是指管理者一系列有意识地改造组织和社会的管理性行动。管理实践虽只是实践的一种具体形态,但实践的一些基本特点依然体现于其中。体现为:管理实践是管理者在主观意识和一定目的主导下的自觉行动,并非无意识、无目的的自发产物;管理实践基于一定的现实情境与条件而展开。它不是抽象的,而是非常具体的。每一实践活动都有着自己的独特性;管理实践与道德伦理和道德判断力密切相关;管理实践不仅影响了外在的社会和物质世界,也反过来塑造了员工、消费者以及管理者自身的存在。

以上简单讨论了实践以及管理实践的内涵。由此出发,可以发现所谓管理理论有效指导实践至少包含了以下几个方面的内容。

首先,帮助组织以及管理者确立正确的、反映管理本质的目的,特别是管理的根本目的。如前所述,管理实践是一种有意识的管理者行动,体现出无可或缺的目的性。目的是一切管理行动的指南,从根本上决定了管理者的行动选择以及内容,对于管理实践来说意义重大。谢尔登认为"无论从科学还是伦理的角度看,工业方向的确定——这被看作是广义管理的职能——主要是一种关系到原则的事情,而应用这些原则之后所产生的细节则是第二位的"(谢尔登,2013)。这意味着学术研究应该优先对管理目的进行讨论,特别是要帮助组织和管理者树立正确的、反映管理本质的根本目的。不如此,就谈不上有效指导实践。

何为正确的、反映管理本质的管理目的呢?不少观点认为管理的目的应该是组织利润最大化,或者是股东权益最大化等。在强调利润和金钱的今天，这一目的看似天经地义，实则值得商榷，因为其本质上建立在一种个人原子论的基础之上，即割裂了管理者与被管理者、组织与他人之间的社会关系，把包括管理者在内的所有他人仅仅当成了工具而非目的。这与当前社会化生产条件下人与人之间相互依赖的现实状况在根本上是冲突的，长期而言必然会激起组织内外各种冲突与矛盾，组织会在根本上缺乏市场竞争、合作生产所必需的凝聚力和社会合法性。而且，一味的利润和金钱导向在短暂满足人之物欲的同时也很容易使被管理者和消费者，甚至包括管理者自身的精神世界被金钱异化和扭曲，使得人与人之间的关系异化为赤裸裸的金钱关系，从而影响到每一个人的生活与生存。前面的论述说明，实践本质上是与人对"善""幸福""自由"等的追求联系在一起的，金钱至多是实践追求的一个方面或者达成"善"与"幸福"的工具而已。单方面强调组织利润最大化或者是股东权益最大化等，显然不符合实践内涵的此种精神，因此将之作为唯一目的显然不能算是真正有效地指导了实践。

按照亚里士多德、马克思等对实践的理解，真正的管理应融合"真""善""美"，不但要包含经济发展的要求，更要促进社会整体的和谐以及人的全面发展和解放。这种发展和解放包括几方面的含义：不但要帮助人在物质上获得发展和解放，还要帮助其在技能、健康以及精神上获得发展和解放。人要从各种束缚人的全面发展的自然关系、社会关系及意识形态下解放出来，成为一个真正的、大写意义上的"人"。不但管理者要得到全面的发展和解放，被管理者及消费者等也要得到全面的发展和解放。唯有如此才能体现管理实践对真、善、美的终极追求。正如相关研究所指出的，社会科学的根本使命不只是对"社会事实"进行说明，而且是对人类社会关系和社会状况的叙述以及对"明智""行动逻辑"的体悟与诠释。其根本目标用传统的术语来说是"善"，是明智、合理、公平与"和谐",而不仅仅是"真"(朱红文,2007)。

从另外一个角度看,组织本质上是社会的一个组成部分,其合法性源于社会的肯定与需要。而社会本质上又只能以人的解放和全面发展为目的,因此作为社会的一部分,组织也必须服务于这样一个目的,否则就意味着违背社会的需要,自然也就得不到社会的认可。因此,将人的全面发展和自由作为管理实践之根本目的不仅仅是求善之需要,还在于其反映了管理的本质与真相,是求善与求真、求美有效融合之表现,也是管理实践不可违背的最根本原则。

总之,有效指导实践意味着管理学术要能够帮助组织和管理者切实认清自己的责任和历史使命,牢固树立一个以人为本、为人的全面发展和解放服务的管理目的,如此方能谈得上有效指导实践,才能避免学术与实践的脱节。

其次,能够有效帮助具体情境和条件下的管理者正确决策"应该做什么"。管理的根本目的很重要,但其实现需要经过一系列具体的战略决策和实践行动选择方能实现。实践行动的意向性特点决定了,对于管理者来说,首先需要解决的就是具体情境下"应该做什么"。这非常重要,因为它直接决定了组织的发展方向、过程与最终结果。

但是对于管理者来说,"应该做什么"是一个不容易解决的问题,其解决依赖于对组织内外复杂的政治、经济、人文背景等的正确认识与解读,依赖于对事物内在主要矛盾以及发展趋势的正确判断。作为一个过程,它融道德判断力、人心向背判断、利害分析等于一身,而这往往是非常复杂的,也是管理者们往往难以做到的。他们在这个问题上经常犯下错误,非常需要来自学术的帮助。学术也确实应该在这一点上有所贡献,否则难以算是有效指导实践。

本质而言,"应该做什么"意味着管理者需要尽最大可能地建构自身决策和行动选择的合理性，否则就谈不上"应该"二字。这种合理性具体来说包括两个层面的内涵。一是价值判断意义上的合理性，即管理者相关选择需要符合既有道德和规范的要求（杨国荣，2013）。不如此，相关行动在政治、伦理上就很难具有合法性。二是效率意义上的合理性与可行性，即所做选择要符合组织内外形势之客观情况，做到效率上的合理化，不如此，就是在效率层面上缺乏合理之根据。前者意味着学术要有助于管理者具体情境下形成正确的是非与价值判断；后者则意味着帮助管理者准确识别具体情境，设计效率意义上的各种可选方案并帮其做出正确的选择。这其中包括了要能够帮助管理者识别影响组织实践的"势"与"几"（杨国荣，2013），即识别组织内、外部情境之现实情况与未来可能的发展趋势，同时还要帮助管理者客观、准确地认识自身的优势劣势，帮助其做到审时度势等。

再次，帮助管理者解决具体"怎么做"的问题。作为一种行动，管理实践不仅涉及"应该做什么"，还涉及具体情境下"怎么做"的问题。只有解决了"怎么做""应该做什么"，构思才会变成现实，才会对现实世界形成影响。然而在此过程中，管理者也面临很多不容易解决的问题，处置不当可能导致组织效率和竞争力的不断丧失。

对于组织来说，"怎么做"意味着制定各种具体的原则、计划、人事安排或者行动步骤等。对于学术来说，对实践的有效指导往往被理解为构建各种理论。例如，研究计划如何制订，组织结构的类型以及不同类型的优缺点等。"怎么做"确实与理论相关，但本质上又不限于此，在理论之外更要求管理者从具体情境和条件出发，灵活运用各种理论，与实际情况有机结合，在行动上恰到好处。即管理者需要超越理论，准确把握事物发展之"分寸"或"度"。做不到这一点，就意味着管理者没有真正解决好"怎么做"的问题。所谓"度"，表现为通过比较、权衡、判断等做出的合乎当然之则与必然之理的选择（杨国荣，2012），使得实践过程所涉及的各种关系获得一定境域中最为合适的定位，由此达到理想的实践效果。"度"的把握直接关系到行动的过程和效果，对于实践而言意义重大。因为"在实践中，把可能引导我们行动的不同价值倾向结合在一起进行思考，以熔铸成一个整体的概念，是一件必需的事情"（王南湜，2005）。然而"度"也是不容易把握的，它本质上取决于管理者对具体背景下事物之间错综复杂关系的准确理解与判断。特别是管理者需要认清组织内外的客观条件与约束，准确把握事物发展的临界状态，认清量变与质变之间的关系。这对人的思维能力提出了非常高的要求，也导致现实中很多实践或者"过"了，或者"不及"，或者"左倾"，或者"右倾"，难以达到一种合适的状态。因此，"如何做"实际上是一个普遍存在的实践问题。学术应该在这个问题上对管理者们有所帮助，否则也难算是有效指导实践。

最后，有效指导实践还意味着需要解决实践中常见的"知行分离"之问题。具体的实践中广泛存在着"知行分离"的问题，很多情况下管理者不乏高明的理论认识，但是难以转化为现实的行动。例如很多管理者都知道以身作则的重要性，但能够以身作则的却少之又少。如此一来，"知"和"行"就被打为两截，"知"停留在口头上，不能转化为实实在在的"行"，从而成为一场空谈。这一问题广泛存在，成为影响管理实践的一个重要问题。而管理者之所以"知行分离"，往往根源于其自身的意志薄弱（杨国荣，2013）。具体表现为其自身之理性或者对于问题的认识受到欲望的干扰和控制，容易为红尘世界中的名利和表面现象所迷惑，由此形成动机、意志的薄弱，这直接导致管理者知与行的分离，使很多组织和管理者深受困扰。这类问题的普遍存在说明学术应该在"知行合一"方面有所贡献和帮助，否则，学术本身就只是一门"口耳之学",对于实践的意义会大打折扣。

以上简要讨论了实践以及有效指导实践之内涵。可以看出,实践本身有着自己内在的结构。它包含了"目的是什么""应该做什么""怎么做""知行合一"等问题。而所谓的指导实践实际上也就体现为在"目的是什么""应该做什么""怎么做""知行合一"等诸方面给予实践提供足够有效的帮助。其中,重点在于"目的是什么""应该做什么"等方面的指导,因为这些从根本上决定了组织的方向,也规定了具体如何做的内容。需要说明的是,本文所理解的有效指导实践有着比较丰富的内涵,与一般意义上的指导实践有着不小的区别。后者更多体现为一种单纯的工具理性意义上的指导和帮助,主要体现为面向一些实际问题为组织提供具体的理论依据,例如通过研究为企业技术创新提供新的理论等。而前者则面向整个实践过程提供全方位的指导和帮助,体现为需要帮助管理者在目的和道德判断等问题上建立自己的合理性,解决实践中常见的"知行分离"问题,使其能够灵活应对各种复杂的环境以及相应问题等等。一般意义上的指导实践重在提升管理者的知识和理论水平,本研究所强调的指导实践则强调提升管理者的道德判断力与精神境界。一般意义上的指导实践是组织本位的,汲汲于为企业获得利润最大化做贡献,本文所强调的指导实践则是社会本位与组织本位兼顾的,不仅要为企业本身做贡献,长远来说也要有利于社会。表1展现了两种不同"指导实践"的内涵与特点。相比较于既有的对指导实践的理解,本研究对有效指导实践的理解虽有一定的异质性,但实际上也更加完整和深入。学术只有在以上诸方面都做到了有所贡献和帮助,方算是真正可以指导、帮助实践,方能够使得管理者真切感受到学术的价值与魅力。

表1 两种不同指导实践的内涵与特点

分类	第一种指导实践	第二种指导实践
理性形式	工具理性	价值理性与工具理性
目标导向	企业利润最大化	社会与企业利益兼顾
内涵	狭隘，只关注具体应该怎么做	宽阔，除了关注怎么做，还关注应该做什么，目的是什么等问题
突出重点	理论知识	道德判断力与精神境界

3.2.3 国内管理学为什么难以有效指导实践

学术脱离实践是国内管理学长期以来面临的一个重要问题。郭重庆认为中国管理学术研究长期以来面对现实的管理实践"插不上嘴"，处于一个"自娱自乐"的尴尬境地（郭重庆，2008）。孙继伟认为国内管理学研究长期存在实践迷失和客户迷失之问题（孙继伟，2010）。韩巍将本土管理研究脱离实践的原因归结为对实证主义研究方法的迷信和过度崇拜，呼吁将其请下神坛并采纳质性研究、情景研究为代表的多元研究范式（韩巍，2011）。这样的研究并不少见，这里不再一一转述。笔者尊重、认可已有研究和观点的价值，但同时也认为造成学术脱离于实践的原因是多方面的，而学界并没有在此问题上形成有效的共识，因此仍需要就此问题进行探索。笔者认为，管理学术之所以与实践脱节、对实践帮助不是很大与学科定位关系密切。具体来说，国内管理学受西方学术之影响，将自身单一定位为一门科学，执着于建构各种理论模型或者概念性知识，是造成学术与实践两分的一个重要原因。

作为国内管理学的哲学基础，实证主义的一个重大的特点是排斥形而上的哲学式思考，缺失对宇宙及人生之本质所做的整体贯通之思考，主张的是将局部与整体切割开来，然后进行客观研究以构建科学化的概念与理论模型。在其看来，只有科学化的概念和理论才是可靠、有效的知识，其他知识类型或者思维方式都是不可靠的。由此在事实上形成了一种科学主义，这一点在孔德时代就已经形成，后来的社会科学严格地继承了这一点。实事求是地说，对于科学的信仰应用于自然科学领域是比较合适的，但不加辨别地推广应用于管理研究则似乎欠妥，因为管理的核心是管人、管社会，而人和社会则是极为复杂的。特别是人有着自己的自由意志和情感，并不同于一般意义上的自然物。科学化的管理学擅长的是解释现象背后隐藏的规律或者理论，即其擅长的是解释"是什么"，但这并不等于其能够有效解决实践内涵的"目的是什么""应该做什么""知行分离"等问题。正如杨国荣先生所指出的："科学的数学化、符号化趋向对超越混沌的直观、达到认识的严密性，无疑具有不可忽视的意义，但它同时也蕴含了科学的世界图景与生活世界相互分离的可能"（杨国荣，2018）。"与生活世界相互分离"意味着科学化的学术难以对社会实践提供足够的帮助。具体来说这体现在以下几个方面。

首先，难以帮助管理者切实确立管理实践应有的根本目的。如前所述，有效指导实践意味着学术需要帮助管理者在内心深处确立起以人的全面发展和解放为内容的根本目的，唯有如此才能从根本上帮助组织建立自己的合理性，才能凝聚人心，支撑组织充满激情、不知疲倦地奋斗下去。这样一个目的乍看起来是一个常识，实际上却是与形而上的思考密切联系在一起的，与对"我是谁""我应该成为什么样的人""人是什么"等问题的思考密切相关，是对宇宙和人生本质哲学通盘思考和体悟的结果，体现了一种人生境界的升华。没有这种通盘思考和切身体悟，没有人生境界的升华，不可能真正建立起以人的全面发展和解放为内容的管理目的。而国内管理学受西方主流管理学及其科学主义之影响，很早就放弃了形而上的哲学式思考，重在各种概念和理论模型的构建。如此一来也就不可能帮助管理者和组织切实建立起以人的全面发展和解放为内容的管理目的，因为目的和理想在本质上不是理解了概念和理论就能够有效达成的，概念和理论只是对现象之间的关系提供了解释说明，属于纯理性的范畴，而目的和理想并不属于纯理性的范畴。从另外一个角度讲，概念和理论本质上张扬的是人的工具理性，意味着与人文价值的分野。这使得利润最大化、竞争力最大化等自然被视为管理的根本目的所在。这种目的当然具备价值，但本质上也问题多多，它会在短期内刺激组织发展、营利，但长期来看却可能使得组织从根本上失去立足社会的合法性与凝聚人心的力量，导致组织内部、组织与社会之间出现越来越多的冲突与矛盾，而这又必然会从根本上降低组织的效率和竞争力。同时，它也使得管理者们在企业发展到一定水平、个人财富积累到一定程度后茫然不知所措，找不到支撑自己奋斗下去的力量。正如相关研究所指出的，社会科学实证主义的致思倾向和路径造成了对人类基本生活目的和文化母题的遗忘，造成了社会科学与大众生活的隔膜，使其无法真正履行其应该肩负的社会与文化使命（朱红文，2007）。因此这实际意味着国内管理学术与实践的一种重大脱节，因为它不能使得管理者们感受到学术应该有的、穿透性的批判力量。

其次，学术的困境表现为难以有效帮助管理者解决"应该做什么"的问题。前面提及有效指导实践意味着学术需要帮助管理者有效解决"应该做什么"的问题，否则就难以说是有效指导实践。国内管理学之所以与实践脱节，很大程度上还因为其在此问题上难以提供切实有效的帮助。国内管理学术追求科学化，本质是在解释实然性的"是什么"。这虽不无价值，但从根本上来说确实无助于解决具体情况下的"应该做什么"。"应该做什么"首先意味着价值是非上的判断，与管理者对复杂情境下具体行动的利害关系以及道德判断密切联系在一起。而概念和理论模型虽然重要，却代替不了这些，从而也就无助于解决具体而又复杂情境下的价值是非判断。

另外，"应该做什么"还与管理者的审时度势、其对组织内外环境的认识以及发展趋势的判断联系在一起。在这一点上，科学化的理论和概念不能说毫无价值，但总体而言还是作用有限。因为它以解释规律"是什么"为目的，并不能帮助管理者从根本上把握组织内外环境之现状以及影响事物发展的主要矛盾，无助于管理者认识事物发展的大"势"和有可能对组织未来带来重大影响的"几"，从而也就很难在"应该做什么"这一问题上对管理者提供足够有效的帮助。例如对主要矛盾的把握往往依赖于管理者内在的价值序列认知，依赖于管理者对相关主体内在情感和态度变化的把握。这不是一个理论知识能够解决的问题。所以概念和理论知识往往无助于管理者应对"应该做什么"这类问题。

再次，难以帮助管理者有效解决具体"怎么做"的问题。前面提及"怎么做"意味着管理者需要从自身条件出发，设计出能够完成目标的有效手段和方法，就其本质而言是一个技术问题而不是一个理论问题。国内管理学术重在理论的构建，虽然有助于理解管理世界，但对于有效行动的设计则是意义有限的。因为理论总是追求普遍性的"真"，而实践则总是追求具体情景下的有效性。在理论之外，手段的有效设计还依赖于管理者能否将相关理论与现实情境灵活结合。这非常关键，也是很不容易做到的，需要管理者全面、深刻地认识自己所处的情境以及条件约束，意味着对各种理论适用边界的理解以及灵活应用，意味着复杂多变情境中对"度"的合理把握。离开这些，"怎么做"就无法得到圆满的解决。正如对员工积极性的激发，不仅依赖于领导者的身先士卒和道德示范，还可能依赖于组织的文化建设，乃至依赖于对物质奖惩的运用。有效的领导本质上是领导者根据复杂而又具体的情况对各种不同领导理论的有机融合与运用,目的在于实现彼此间的相互配合与补充以达到一个合适的"度"。组织权力的分配也是如此,领导者需要根据任务本身的特点以及自身可支配的资源等,灵活运用权力分配模式使其达到一个合适的状态。因此复杂而又具体的情境下把握"度"的能力对于管理实践来说是非常重要的,但它本身却不属于概念和理论的层面,而是体现为对理论的融合与灵活运用。理论本身虽有价值,但却解决不了理论的灵活运用与融合问题。如此一来,以理论建构为核心的国内管理学就在"怎么做"的问题上存有种种的不足和缺陷,难以形成对实践足够有效的帮助和支持。

另外,按照科学化的要求,目前的管理学研究追求建立在大样本基础上的、普遍化的规律和理论,认为样本越大、研究方法越客观,所得出的规律和理论就越有普适性,就越具有实践价值。然而,这往往意味着相关研究的常识化。而一个规律和理论越是常识化,就越缺乏新意和价值。这反过来会导致管理者失去对学术应有的尊敬。正如陆亚东指出的,由于西方管理学过分强调科学性,相关理论严重缺乏思想性和哲理性,导致生命力不强,实践影响性较低(陆亚东,2015)。

最后,难以帮助管理者做到"知行合一"。前面提及管理实践经常面临知行分离、意志软弱的问题,学术需要帮助管理者做到知行合一,克服欲望、名利等带来的负面影响。否则,所谓的学术就变成一种口耳之学,只能培养各种高谈阔论而不能做实事的人。但是国内管理学意在构建各种概念和理论,在这一点上难以提供有效的帮助。因为概念和理论属于纯理性的范畴,而意志和动机本质上属于非理性的层面。理论知识不能自动导致足够的动机和意志,只能用来解释各种现象,无助于人对名利等根本问题的正解,也难以帮助人们认识并控制自己的欲望。合理控制欲望、正解名利本质上来说是一个形而上的哲学问题，只能依赖于管理者对"什么是人""什么是幸福""人应该如何生活"等根本问题的哲学化思考，和人的道德境界与智慧水平密切相关。国内管理学将自身定位为一门纯科学，秉持一种单纯的理性主义，不认可形上思考、直觉以及体悟等非理性因素的价值，实际上是摒弃了对智慧和道德境界的追求，后果则是任由名利和欲望削弱和控制管理者的意志和动机。这样一种定位造成了其对管理实践中普遍存在的"知行分离"问题的忽略，必然会导致学术与实践的重大脱节。

以上从有效指导实践的内涵出发，讨论了国内管理学术与实践脱节的原因。本土管理学术之所以难以提供足够的现实帮助，根本原因在于其受西方学术之影响，将自身单一地定位为一门科学，将理论建构作为自己的全部目的，忽略了道德、理想、情感等与实践之间的密切联系，因此在很多情况下也就难以灵活、有效地应对管理实践内含的"目的是什么""应该做什么""怎么做"等问题，也无法解决管理实践中常见的"知行分离"问题，由此必然造成学术和实践之间的脱节。这一点国内管理学者也有所察觉。在《论"实证研究神塔"的倒掉》一文中，韩巍就发出了"科学外衣的诱惑还要持续多久"的疑问与慨叹（韩巍，2011），体现了国内管理学者对管理学科学化的一种反思。

3.2.4 实践智慧与有效管理实践

管理学是一门社会科学。包括管理学在内的社会科学如何发展，学术界、特别是哲学界已经有着比较深刻的思考，认为要理解人文科学究竟是一种什么样的科学，就必须"透彻了解古希腊人提出的'实践智慧'这一概念"（洪汉鼎，1997）。

实践智慧作为一个概念少见于管理学，但有着久远的历史。亚里士多德在《尼各马可伦理学》中将实践智慧理解为人类最重要的知识类型之一，认为它区别于思辨的、以求真为目的的理论知识和技术知识，而与"善"或"好"的实践紧密相关（黄志军，2015）。这种"善"或"好"不仅仅是对某个个体有益之事，还是对更大范围乃至整个社会生活的有益。实践智慧不是一门单纯追求知识的学问，它注重的是践行，是一种关于人类践行的知识并以具体事物中的践行作为自己的目的。也就是说实践智慧是一种与正确计划相联系并坚持正当行为的践行能力，而这种践行的对象是那些对人善或不善的事物（洪汉鼎，1997）。

由于西方社会有着理性主义和科学主义的传统，因此实践智慧虽在古希腊时期得到过短暂的重视，但在随后相当长的一段历史时期内并没有得到足够的关注。特别是近代以来，科学主义的兴起更是造成对实践智慧的彻底遗忘。进入20世纪以后，随着传统哲学和社会科学在应对实践问题时日趋困顿，实践智慧又开始获得学术界的重视和关注。后现代主义、诠释学等分别从不同的视角出发，对实践智慧之内涵与价值进行了研究。实践智慧被认为能弥补实证主义范式下各种科学理论之不足，代表了社会科学未来的根本发展方向。西方哲学界也开始了一个由理论知识向实践智慧的转型。逻辑实证主义的退场以及存在主义、诠释学等的兴起就是这样一个转变的重要表现。

中国传统文化一直强调实践智慧的重要性。《论语》有"择不处仁，焉得知""知者不惑，仁者不忧，勇者不惧"等一系列与"知"相关的论述。根据历代学者之研究，这些论述中"知"通"智"讲，并非如今天所认为的对理论知识的理解与把握，而是主要体现为一种行动选择上的明智与合理，即指向实践智慧。而这种智慧与价值意义上对"仁"的选择紧密联系在一起，内含了对真、善、美的坚持与追求，其核心内容是道德判断力。

总之,"实践智慧"是指与人的审慎明辨的行为有关的个体德性,是人们在实践中形成的处事能力、技巧和方法,其本质也是一种知识类型。不同于一般理论知识的是,"实践智慧"的重心不在于给出事物"是什么"的解释,而是要探讨"应当如何"或"怎么做"的理性判断和价值关切。杨国荣认为,实践智慧以观念的形式内在于人并作用于其具体的实践过程,其中既凝结着体现价值取向的德性,又包含关于世界与人自身的知识经验,二者又同时融合于人的现实能力。以成己与成物(成就自我与成就世界)为指向,实践智慧联结了对世界的本质解释与对世界的变革,展现为"应当做什么"的价值关切与"应当如何做"的理性追问的统一(杨国荣,2012)。"实践智慧"在赋予智慧以实践品格的同时,又使实践获得了智慧的内涵。根据这样一个定义,可知实践智慧的核心内容包含了人的精神境界、道德判断能力及思维能力。

实践智慧之所以重要和广受重视,根本原因在于它不仅仅以解释世界为目的,还面向对现实世界的行动和改变。作为一种解决现实问题的知识类型,它在本体意义上体现为管理者对宇宙整体及人生本质的认识。这种认识以精神境界或者思维的形式内在于人并作用于人的实践过程,影响着人们对各种实践问题的理解和解决。基于此,笔者认为,在现有科学范式之外建立面向实践智慧的新型管理学术范式是国内管理学走出学术困境的一个必要选择,理应开启培养管理者实践智慧的新阶段,而非仅仅将提升理论知识水平作为管理学术研究的根本目的。具体理由体现为以下几个方面。

首先,实践智慧能够帮助管理者建立起以人的自由发展和解放为内容的根本目的。前面已经提及,管理的根本目的是管理实践需要面对和解决的一个重大问题。很多管理之所以失败或者无效,根本原因就在于不能设定应有的管理目的。而目的的本质是一个组织或者管理者所要追求的人生理想问题，本质上只能依赖于管理者对人生意义与宇宙本质等的深刻把握与领悟，与对"什么是人""什么是幸福""我应该成为什么样的人"等问题的思考密切相关。如果管理者在这些问题上确实有所心得，就会领悟到天人本是一体以及人生天地间的最终意义和价值所在，摒弃主、客二元对立的思维，自觉树立起"成己、成物"的理想，将包括自身在内的相关人等的全面发展和解放以及自然万物的各得其所作为管理的根本目的（即实践智慧内在包含了"成人、成物"的指向（杨国荣，2012）。相反，如果管理者缺乏这种形上思考，缺乏对"什么是人""什么是幸福""我应该成为什么样的人"等问题的关注与心得，就无法认识到人生终极意义与价值所在，就容易为物欲所遮蔽而导致自我主义。此时无论口号喊得多么响亮，组织的目的也只能是效率和利润的最大化。因此，管理的根本目的在本质上是一个智慧层面的问题。管理者对相关哲学问题越是有思考和体悟，管理的根本目的问题就越可能得到妥善的解决。相应地，管理实践也就自然呈现为"真""善""美"的完美融合：管理不但会促进人类社会整体的全面发展和解放，组织自身也会同时获得长远的发展；不但现实中常见的剥夺、控制被管理者的现象会大为减少，消费者心灵被异化、被控制的现象也会大为减少，管理者自己也会有一个更加健康、自由的精神空间。正如冯契先生所强调的，"智慧给予人类以自由而且是最高的自由。当智慧化为人的德性，自由个性就具有本体论的意义"。

其次，"应该做什么"也与管理者实践智慧密切相关。"应该做什么"本质上是一个管理者为达到总体目的，联系自身所面临的具体情境而做出设计、判断和选择的过程，这一过程本质上也与管理者的实践智慧密切相关，管理者的思维方式、价值观等都将影响这一过程的有效性。如果管理者在价值观和道德伦理上存有缺陷，其在具体选择"应该做什么"时将很可能会走向看似聪明、实则愚蠢的自我中心主义,从而丧失管理实践所必需的"合理性"。唯有在决策选择时秉持合理的价值观与道德伦理,做到不但关心自己的合理利益,也照顾他人和社会的合理利益,相关决策才能得到绝大多数人的认可与服从。因此管理者的价值观和道德判断能力对于管理实践而言极为重要,不但意味着求善,实际上也关联着求真,其本身是实践智慧的重要体现或组成部分,本质上建立在其对宇宙、人生本质的深刻体悟之上,是"化理论为德性"的结果。一个有实践智慧的人,也就拥有了全部德性。实践智慧作为伦理品德的正确的"逻格斯",其目的是使人达成一种理想的品德或者善(王南湜,2005)。从这个意义上说,具体的"应该做什么",本身就和实践智慧联系在一起。

复杂多变的管理情境还决定了管理者思维方式的重要性。"应该做什么"与管理者审时度势的能力密切相关,与其对"势"与"几"的把握能力密切相关。而对于"势""几"的把握往往涉及对众多要素及其相互之间错综复杂关系的理解与判断,不仅涉及对过去历史和现在形态的把握,更涉及对未来的预测。整体而言,这一过程无固定的程序、规则可供遵循,不是单纯的理论思辨和逻辑推理可以解决的,实际上包含了经验观察、逻辑推论、情感直觉等多种思维方式的交互作用(杨国荣,2013),本质上与管理者的思维方式联系在一起。思维方式正确,能用辩证的、发展的、普遍联系的思维透过现象看本质,能够体察、识别人心之向背变化,就能有效识别"势"和"几";用静止、孤立、片面的思维分析问题,则不能够体察、识别人心之向背,更不能透过现象看本质。如此一来既难以识别"势",也难以识别"几"。任正非先生因为自身所具有的辩证思维而能够在IT行业的一片繁荣时看到即将到来的萧条,通过管理变革使得华为有效应对了"IT的冬天"。这种辩证思维作为一种认识论，本质上仍然建立在对客观世界复杂性及其本质规律的深刻把握之上，体现的依然是管理者的实践智慧。

从另外一个角度讲，事物发展之大"势"在本质上体现的是宇宙、人生运转之根本规律。王夫之强调："迨得其理，则自然成势，又只在势之必然处见理"。所谓"理"者，即是事物蕴藏的宇宙、人生之根本规律。世界、社会之发展变化虽不乏偶然，但偶然之中又蕴含必然，本质上仍受宇宙、人生之根本规律支配，反映的是"天理"之必然。因此对于宇宙、人生本质的把握必然会体现在对"势"的理解与把握之中。这也进一步说明实践智慧在根本上与具体情境下的"应该做什么"密切联系在一起。

再次，实践智慧还能在"如何做"的问题上提供有效帮助。"怎么做"就是从具体情境和条件出发，设计、选择达成目标的方案和方法，本质上则是把握分寸、追求一种合适的"度"。对"度"的有效把握则体现为管理者在具体情境和规则下灵活应用各种理论和规则的能力，体现为对事物正、反两方面及各事物之间复杂关系的辩证分析能力。只有牢固地建立了这样一种辩证思维，管理者才能够对事物之正反两面有充分的认识，才不会在处理问题时走极端，才会根据具体的情景灵活运用各种理论，才有可能达成相关利益群体都能接受和认可的方案，即合适的"度"。而且，"度"的把握不仅表现为一种思维上的"合理性"，还与道德情感联系在一起，表现为情感显发的"合理性"，因为人的行动是在情感驱动下展开的。这样一种"合理性"本质上与管理者的道德、价值观等联系在一起。依托于正确的价值观和道德等，管理者才会自觉做到"己所不欲，勿施于人"，才会喜怒哀乐皆中节，才会有具体行为上的恰到好处。

无论是辩证思维还是正确的价值观与道德判断力，本质上都是实践智慧的一种表现形式或者组成部分,都体现了管理者对宇宙、人生的本质的体悟与把握。这也说明"怎么做"之解决根本上来说还是依赖于管理者的实践智慧,管理者解决实际问题的能力是其实践智慧在具体情境下的外化和表现。

最后,实践中的"知行分离"之有效解决,本质上也依赖于实践智慧。前面提及,意志软弱、知行分离是管理实践中一个经常需要面对和克服的问题。其表象是人的动机不足和意志薄弱,本质则是人心为名利等所迷惑、不能自拔之故(杨国荣,2013)。因此有效解决知行分离从根本上来说依赖于对"名利"的正解,而这种正解又与管理者对人生、宇宙万物的体悟,与对"什么是人""什么是幸福""我应该成为什么样的人"等的思考紧密联系在一起。对这些根本问题如果思考不透彻、不能有所心得,就会心生妄念、认假为真,执着于追求名利等身外之物。所知所学就会止于口耳而不能走入内心,必然会在实践中出现心不正、意不诚等问题,也就必然会出现知行分离。相反,管理者若对宇宙、人生的体悟足够深刻,对"什么是人""什么是幸福""我应该成为什么样的人"等问题有足够的心得,就会有所"定"、有所"止",所学所知就会化作人的内在精神世界,面临问题时自然会有如"好好色、恶恶臭"般的心正意诚,不会有所谓的意志软弱、知行分离等问题。因此,"知行合一"本质上也是与实践智慧联系在一起的,是后者遇事时一种必然的外在表现。

以上讨论了实践智慧与管理实践之间的关系。从中可以看出,纷繁复杂的实践问题之解决很大程度上(甚至可以说本质上)依赖于管理者的实践智慧。而实践智慧之所以重要,在于其提升了人的精神境界和道德判断力,提升了人的辩证思维能力,保证了人的行动在根本上合乎自然世界以及人心人性之根本特点,最终实现"真""善""美"的完美统一。正如相关研究强调的，"实践智慧能将具体知识和普遍知识结合起来，在具体处境中通过对具体事务的感知来决定如何做才合乎总体的善"（邵华，2013）。正因为实践智慧被忽视，以实践智慧为本质内容的人文科学在今天日益丧失了古希腊人曾赋予它的那种尊严（洪汉鼎，1997）。这些都说明了国内管理学要想做到进一步指导实践，就必须在已有的科学化范式之外进一步探索面向实践智慧的新型学术范式。即在提供各种概念理论知识的同时，也要切实提升管理者的实践智慧，提升其道德判断力、道德境界与辩证思维能力等，否则本土管理学就很难弥合与实践之间的裂痕。

目前，很多学者已经就解决本土学术与实践之间的脱节问题提出了各种各样的对策。这些研究和探索都是很有价值的，不足在于未对何为实践、何为有效指导实践进行必要的讨论，由此也就跳脱不出科学主义带来的种种局限。以情境化研究为例，不少学者认为忽略中西方社会在政治、经济、文化等情境方面的区别而片面引入西式理论，是国内管理学术脱离实践的根本原因，因此主张开展基于中国情境的研究。笔者认为，忽视情境因素的重要性确实容易导致学术脱离实践，但很难说是根本之原因。所谓的情境化研究，本质上仍是意在追求各种科学化的概念和理论，只不过其不再像主流管理学那样认为自己的理论放之四海而皆准，而是认为自己的理论在中国范围内是普遍有效的，依然很难有效解决实践中无处不在的"目的是什么""应该做什么""具体怎么做"等问题，更无法解决实践中普遍存在的"知行分离"问题，学术与实践相脱节的局面也就很难得到有效的改善。

美国管理学术研究与实践相脱节的现状也在很大程度上说明了这一点。美国的管理学研究不像国内管理学那样用外国的概念、理论研究其本国的问题，并不存在忽视情境差异的问题，结果依然是学术与实践相脱节的现象普遍存在，难以得到有效解决。这也从另外一个角度说明，国内管理学不可对情境化研究等寄予过高的期望，在此之外仍需要新的范式拓展。

后现代主义的兴起已经说明了，以概念和理论为指向的、科学化的管理学范式在指导实践方面存在着诸多问题。后现代管理学强调了道德、情感、意志、理想等传统理性以外的因素，代表了一个全新的学术范式。近年来国内也有学者认识到了拓展新的管理学范式的必要性，强调在既有科学范式之外建立第四代管理学，并强调中国传统智慧在其中的基础性作用（陈劲，2019）。

传统儒家管理思想的长盛不衰则从另外一个角度显示了实践智慧在实践上的重大价值。传统儒家管理思想对于管理者的培养，本质上以求"道"为目的，所谓"志于道，据于德，依于仁，游于艺"是也。儒家认为道是宇宙万事万物的终极本源，把握了道也就把握了有效应对万事万物的核心密码。所以王夫之强调"故善言道者，言其宗而万殊得；善言治者，言其纲而万目张。循之而可以尽致，推之而可以知通"（《宋论》卷十）。

儒家意义上的"道"实际上对应了现代意义上的实践智慧（陈来，2014）。传统管理思想几千年长盛不衰从一个侧面说明，国内管理学如果想要真正立足于"社会"，回归于"社会"，就需要在根本的哲学观念和方法上进行彻底的变革（朱红文，2007），建立面向管理者实践智慧的新型学术范式。

3.2.5 总结

以上对实践及有效指导实践的内涵进行了详细的分析，并由此出发对国内管理学脱离实践的原因以及未来出路进行了讨论。笔者认为，国内管理学受西方管理学之影响，将自身单纯定位为一门科学，将概念和理论的建构作为自身的目的，这是造成学术与实践相脱节的根本原因。而实践智慧则能够有效应对管理实践内含的"目的是什么""应该做什么""怎么做"及"知行分离"等问题。这意味着国内管理学需要在科学化之外寻求一种新的、面向实践智慧的学术范式。学术界需要认识到管理学与物理学等自然科学之区别"不应仅仅体现在研究对象和内容的不同上，还应体现在研究方法和思维方式的根本不同上"（胡伟希，2018）。

相对于以往研究，本文创新之处在于对实践以及有效指导实践的内涵进行了详细的理论分析，并以此为基础分析了国内管理学脱离实践的原因，提出了建立面向实践智慧的新型管理学范式的主张。已有的相关研究尽管对于学术脱离实践的原因及解决对策进行了多方面的讨论，但都忽视了对于何为实践、何为有效指导实践的讨论，这使相关讨论在理论上不够深入，将有效指导实践简单地理解为工具意义上的指导，因此很难从根本上解决管理学术脱离实践这样一个复杂的问题。相对于以往研究，本文的理论基础更加扎实，也更加系统化。当然笔者只是提出了建立面向管理智慧新范式的观点，并未具体讨论如何建立这样一种新范式，这是未来需要努力的方向。但可以肯定的是，我们可以汲取传统文化中蕴含的思想营养，因为其本质上就是指向实践智慧的，而且几千年来一直卓有成效。

本文对于国内管理学的科学化定位进行了批判，这样一种批判对于大多数管理学者来说是不太容易接受的。近代以来，西方文化的强势影响使得"科学"一词在中国学术界取得了至高无上的地位。反映到管理学界，管理学的科学化也就是无须证明和无须反思的，批判管理的科学化很可能被贴上离经叛道、哗众取宠的标签。实际上"科学"本身也不是万能的，科学化的概念和理论知识只是人类所需知识的一种而已，也有其无法克服的局限性。因为相信、崇拜科学而拒绝对科学本身进行批判恰恰是一种有违科学精神的表现。尼采以后，西方哲学已经对科学的本质及其存在的问题进行了深刻的反思和讨论。例如胡塞尔在著名的《欧洲科学危机和超验现象学》一书中就对科学本身的局限以及给欧洲社会带来的危机进行了极为深刻的反思。后来的伽达默尔也认为，"科学概念是西方文化的特征，但如果我们把西方文化与伟大的、高度发展的亚洲文化做比较，则它的厄运也许就在于这种科学概念之中"（伽达默尔，2007）。因此对管理科学化的批判不应被简单地贴上离经叛道、哗众取宠的标签，而应被看成本土管理学在日益明显的冲突和混乱中自我寻找出路的一种尝试。

　　需要指出的是，本文虽然指出了管理学概念、理论在应对管理实践时的诸多不足，但并不意味着对管理学科学化的排斥。实际上管理学科学化是必要的，特别是在物的研究层面上。我们反对的是管理学的唯科学化，主张的是在现有基础上的范式进阶。相信此种变迁对国内管理学之发展有积极的促进作用。

主要参考文献

本书写作过程中所参考的相关书籍

[1] 陈来. 宋明理学[M]. 北京：北京大学出版社，2020.

[2] 陈来. 朱子哲学研究[M]. 北京：北京大学出版社，2023.

[3] 伽达默尔. 真理与方法[M]. 洪汉鼎，译. 北京：商务印书馆，2007.

[4] 胡伟希. 中国古代哲学散论[M]. 北京：北京大学出版社，2018.

[5] 雷恩. 管理思想史[M]. 北京：中国人民大学出版社，2012.

[6] 刘遒强. 中国与西方的管理学比较[M]. 北京：中信出版社，2018.

[7] 刘长林. 中国象科学观：易、道与兵、医[M]. 北京：社会科学文献出版社，2007.

[8] 楼宇烈. 中国文化的根本精神[M]. 北京：中华书局，2018.

[9] 潘德荣. 西方诠释学史[M]. 北京：北京大学出版社，2016.

[10] 钱穆. 论语新解[M]. 北京：九州出版社，2011.

[11] 斯蒂芬，罗宾斯. 管理学[M]. 毛蕴诗，译. 7版. 北京：中国人民大学出版社，2007.

[12] 王树人. 中国传统智慧与艺魂[M]. 武汉：武汉出版社，2006.

[13] 文一. 科学革命的密码——枪炮、战争与西方崛起之谜[M]. 北京：东方出版中心，2021.

[14] 谢尔登. 管理哲学[M]. 北京：商务印书馆，2013.

[15] 徐复观. 中国人性论史：先秦篇[M]. 北京：九州出版社，2014.

[16] 杨国荣. 科学的形上之维：中国近代科学主义的形成与衍化[M]. 北京：北京师范大学出版社，2018

[17] 杨国荣. 人类行动与实践智慧[M]. 上海：上海三联书店，2013.

[18] 翟玉忠. 斯文在兹：中华文化的源与流[M]. 北京：中央编译出版社，2014.

[19] 詹姆斯，马奇. 马奇论管理[M]. 丁丹，译. 北京：东方出版社，2010.

[20] 赵汀阳. 惠此中国：作为一个神性概念的中国 [M]. 北京：中信出版集团，2016.

[21] 赵汀阳. 论可能生活 [M]. 北京：中国人民大学出版社，2010.

[22] 朱熹，吕祖谦. 近思录 [M]. 上海：上海古籍出版社，2020.

[23] 朱熹. 四书章句集注 [M]. 北京：中华书局，2011.

[24] 朱熹. 朱子语类 [M]. 北京：中华书局，2020.

本书写作过程中所参考的相关文献

[1] 白彤东. 韩非子人性说探微 [J]. 哲学研究，2021（4）：56-66.

[2] 蔡家和. 王船山对程朱学派《论语·予欲无言》诠释的批评 [J]. 船山学刊，2019（3）：28-34.

[3] 陈春花，吕力. 管理学研究与实践的脱节及其弥合：对陈春花的访谈 [J]. 外国经济与管理，2017，39（6）：12-22.

[4] 陈代波. 儒家命运观是消极宿命论吗 [J]. 上海交通大学学报（哲学社会科学版），2004（2）：59-64.

[5] 陈德明. 儒家死生之道的形而上学构建：基于"朝闻道，夕死可矣"的三重解释进路 [J]. 江西社会科学，2002（8）：20-28.

[6] 陈劲，尹西明. 范式跃迁视角下第四代管理学的兴起、特征与使命 [J]. 管理学报，2019，16（1）：1-8.

[7] 陈来. 关于宋明理学的几点认识 [J]. 河北学刊，2021（5）：55-61.

[8] 陈来. 论儒家的实践智慧 [J]. 哲学研究，2014（8）：36-42.

[9] 陈来. 论中国文化的价值理念与世界意识 [J]. 船山学刊，2013（3）：62-68.

[10] 陈来. 略论《论语》的传承与训解 [J]. 东岳论丛，2021（10）：121-131.

[11] 陈来. 孟子论性善与性命 [J]. 现代哲学，2017（6）：115-119.

[12] 陈来. 儒家伦理与"人权"价值 [J]. 北京大学学报（哲学社会科学版），1998（5）：59-61.

[13] 陈来. 宋明儒学的仁体观念 [J]. 北京大学学报（哲学社会科学版），2014（3）：5-15.

[14] 陈来. 周文化与儒家思想的根源 [J]. 现代哲学，2019（3）：118-126.

[15] 陈祖为. 儒家思想与人权 [J]. 学术月刊, 2013 (11): 32-40.
[16] 崔大华. 人生终极的理性自觉: 儒家 "命"的观念 [J]. 孔子研究, 2008 (2): 4-11.
[17] 邓晓芒. 作为"大科学"的人文科学: 一种"正位论"的思考 [J]. 哲学分析, 2016, 7 (1): 111-120.
[18] 丁为祥. 命与天命: 儒家天人关系的双重视角 [J]. 中国哲学史, 2007 (4): 11-21.
[19] 丁为祥. 儒家的"自由"遗产及其"主义"追求 [J]. 学术月刊, 2013 (3): 57-66.
[20] 董平. "亲亲"而"仁民", "仁民"而"爱物": 儒家道德哲学之"伦理生态"系统的形成 [J]. 哲学研究, 2006 (6): 41-48.
[21] 董宇宇. 孔子天人观辨正: 以"天何言哉"章为中心 [J]. 海岱学刊, 2020 (3): 91-101.
[22] 段重阳. "诚意"与"正心": 致良知工夫的两种路径 [J]. 中国哲学史, 2019 (6): 55-62.
[23] 方遥. 朱熹的社会经济思想及其实践 [J]. 2019 (2): 22-34.
[24] 冯晨. "执中": 成就儒家一种自由 [J]. 东岳论丛, 2017 (10): 62-68.
[25] 冯达文. 曾点气象异说 [J]. 中国哲学史, 2005 (4): 28-34.
[26] 冯琳. 王船山经权观中的实践智慧 [J]. 哲学动态, 2018 (1): 57-63.
[27] 郭萍. 儒家的自由观念及其人性论基础: 与西方自由主义的比较 [J]. 国际儒学论丛, 2016 (2): 65-78.
[28] 郭重庆. 中国管理学界的社会责任与历史使命 [J]. 管理学报, 2008, 5 (3): 320-322.
[29] 韩巍. 管理学在中国: 本土化学科建构几个关键问题的探讨 [J]. 管理学报, 2009 (6): 711-717.
[30] 韩巍. 论"实证研究神塔"的倒掉 [J]. 管理学报, 2011, 7 (8): 980-989.
[31] 韩中谊. 孔孟"权"观念的类型学分析 [J]. 孔子研究, 2010 (3): 25-34.
[32] 何怀宏, 赵占据. 将无同? 岂无异: 先儒论人性的共同性与差别性 [J]. 孔子研究, 2023 (2): 36-45.

[33] 何怀宏. 儒家生态伦理思想述略[J]. 中国人民大学学报, 2000 (2): 32-39.
[34] 洪汉鼎. 论实践智慧[J]. 北京社会科学, 1997 (3): 4-12.
[35] 黄建武. 儒家传统与现代人权建设：以张彭春对《世界人权宣言》形成的贡献为视角[J]. 中山大学学报（社会科学版）, 2012 (6): 167-176.
[36] 黄建武. 儒家传统中的人权因素探析[J]. 人权, 2022 (2): 155-179.
[37] 黄启祥. 论法家学说的反噬现象[J]. 北京社会科学, 2016 (4): 113-121.
[38] 黄勇. 为什么不该转过你的左脸：孔子论如何对待作恶者[J]. 杭州师范大学学报（哲学社会科学版）, 2013 (4): 1-12.
[39] 黄志军. 走向理论智慧和实践智慧的辩证法[J]. 学术研究, 2015 (10): 9-13.
[40] 孔祥来. 思想的"自由放任"倾向[J]. 孔子研究, 2021 (3): 18-32.
[41] 乐爱国. 孔颜之乐是"乐道"，还是"自乐"：以朱熹的解读为中心[J]. 武汉科技大学学报（社会科学版）, 2021 (5): 573-579.
[42] 黎红雷. "天地君亲师"：儒家精神信仰思想的现代转化[J]. 现代哲学, 2015 (5): 97-106.
[43] 李景林. "民可使由之"说所见儒家人道精神[J]. 人文杂志, 2013 (10): 1-11.
[44] 李万刚. 论孔子"乐"的人生境界[J]. 东岳论丛, 2011 (1): 152-155.
[45] 李巍. "性"指什么：孟子人性论的起点[J]. 现代哲学, 2016 (5): 109-114.
[46] 李友广. 政治的去道德化努力：韩非对政治与道德关系之思考[J]. 哲学动态, 2019 (2): 63-70.
[47] 练亚坤. "愚民"与"不可使知"之间：论清末民初学人对"民可使由之"章的解释[J]. 开放时代, 2020 (4): 114-125.
[48] 廖名春. 《论语》"朝闻道，夕死可矣"章新释[J]. 清华大学学报（哲学社会科学版）, 2009 (6): 151-155.
[49] 林桂榛. 儒家思想与人权观念的交汇[J]. 当代儒学, 2016 (10): 39-61.
[50] 刘海龙. 儒家仁爱思想的生态伦理价值：兼与西方生态伦理思想比较[J]. 孔子研究, 2010 (6): 31-36.

[51] 刘亮. 被忽视的性善说：《韩非子·解老》篇人性观探微［J］. 天津社会科学，2019（1）：156-160.

[52] 刘云超. 生命的延续与荀学之"乡愿"：兼论荀学人性论起点是生命意识［J］. 东岳论丛，2016（8）：112-120.

[53] 刘泽亮. 生生之道与中国哲学［J］. 周易研究，1996（3）：57-64.

[54] 卢涵. 《孟子·天下之言性章》再诠释：兼论孟子人性论的思想史意义［J］. 中国哲学史，2002（1）：11-18.

[55] 鲁洪生.《论语·侍坐》曾点之志本意考辨［J］. 学术论坛，2008（3）：158-160.

[56] 陆亚东. 中国管理学理论研究的窘境和未来［J］. 外国经济与管理，2015，37（3）：3-15.

[57] 罗文豪，章凯. 源头创新与中国管理研究的未来发展方向［J］. 学术研究，2018（4）：88-97.

[58] 罗运鹏. 论古代权变思维［J］. 学术界，2011（9）：175-183.

[59] 罗运鹏. 论国学的两种管理价值［J］. 学术界，2014（6）：184-193.

[60] 吕力. 管理学如何才能"致用"：管理学技术化及其方法论［J］. 管理学报，2011，8（6）：796-804.

[61] 蒙培元，任文利. 儒家哲学中关于"命"的学说［J］. 齐鲁学刊，1998（4）：4-9+21.

[62] 彭国翔. 论儒家"万物一体"的生态观：重读《大学问》［J］. 河北学刊，2013（3）：35-38.

[63] 彭新武. "王霸杂用"的思维理路与历史反思［J］. 中国人民大学学报，2022（1）：46-54.

[64] 彭新武. 先秦法家的治国理念及其现代性［J］. 孔子研究，2023（1）：14-25.

[65] 平飞. 守经善道与行权合道：儒家经权思想的伦理意蕴［J］. 江海学刊，2011（2）：60-65.

[66] 乔清举. 儒家生态文化的思想与实践［J］. 孔子研究，2008（6）：14-19.

[67] 任健峰，袁刚. "国家政治"与儒法之争［J］. 学术界，2019（7）：45-53.

[68] 任蜜林. 一身与天下：论早期道家"治身"与"治天下"关系的演变［J］. 河北师范大学学报（哲学社会科学版），2018（5）：63-68.

[69] 邵华. 马克思与实践智慧［J］. 马克思主义与现实，2013（3）：85-93.

[70] 宋立林. 孟子性善论的五重层次［J］. 燕山大学学报（哲学社会科学版），2022（1）：1-10.

[71] 孙继伟. 论管理学界的价值迷失：实践迷失和客户迷失的深化研究［J］. 管理学报，2010，8（7）：1117-1122.

[72] 谭力文，宋晟欣. 管理学本土化问题研究的分析与再思考［J］. 管理学报，2015（7）：962-969.

[73] 田海平. "实践智慧"与智慧的实践［J］. 中国社会科学，2018（3）：4-26.

[74] 王春梅. "孔颜之乐"："苦中作乐"还是"乐中之乐"？［J］. 孔子研究，2016（2）：64-69.

[75] 王剑. 论先秦儒家解决道德两难问题的经权智慧：中西比较的视域［J］. 孔子研究，2013（3）：111-117.

[76] 王南湜. 辩证法与实践智慧［J］. 哲学动态，2005（4）：3-8.

[77] 王青. 《论语·侍坐》章正读［J］. 浙江社会科学，2010（2）：92-98.

[78] 王树人，喻柏林. 论"象"与"象思维"［J］. 中国社会科学，1998（4）：38-48.

[79] 王文华. 儒家与康德形而上学体系的区别［J］. 国际关系学院学报，1998（3）：50-54.

[80] 王耀辉. 宋儒非老思想研究［D］. 武汉：华中师范大学，2019.

[81] 王逸之. 贵在知礼，因文求义："浴乎沂"新解［J］. 孔子研究，2017（6）：58-66.

[82] 魏义霞. "安于义命"：二程的性命哲学及其道德旨趣［J］. 齐鲁学刊，2012（3）：15-19.

[83] 文碧方. 张载、康德与道德形而上学［J］. 哲学研究，2011（12）：57-63.

[84] 吴劲雄. "民可使由之"新诠：基于郭店楚简［J］. 求索，2015（4）：90-93.

[85] 伍龙. "以德报怨"还是"以直报怨"：论道德行为中的情感因素［J］. 哲学研究，2022（12）：73-80.

[86] 谢立中. 主体性、实践意识、结构化：吉登斯"结构化"理论再审视[J]. 学海，2019（4）：40-48.

[87] 谢佩洪. 基于中国传统文化与智慧的本土管理研究探析[J]. 管理学报，2016（8）：1115-1124.

[88] 杨国荣. 曾子思想探微[J]. 中国哲学史，2021（5）：5-11.

[89] 杨国荣. 论实践智慧[J]. 中国社会科学，2012（4）：4-22.

[90] 杨国荣. 以人观之、以道观之与以类观之：以先秦为中心看中国文化的认知取向[J]. 中国社会科学，2014（3）：64-79.

[91] 杨生平. 复杂关系下的个人实践：布尔迪厄实践理论探析[J]. 首都师范大学学报（社会科学版），2008（13）：203-208.

[92] 乙小康. 命与知命：先秦儒家命论探析[J]. 浙江社会科学，2020（10）：108-115.

[93] 余治平. 经权、常变的智慧：中庸之道的哲学根据[J]. 中山大学学报（社会科学版），2008（1）：120-127.

[94] 袁子悦. 儒家经济思想的现代诠释：以《孔门理财学》为中心[J]. 孔子研究，2020（2）：60-70.

[95] 张波. 人本主义、国家秩序与经济增长：试论孔子、孟子、荀子经济思想中的"人本经济学"研究范式[J]. 经济评论，2009（3）：95-100.

[96] 张分田. 儒家愚民思想的经典依据：略论"民可使由之，不可使知之"的句读之争[J]. 人文杂志，2009（6）：131-137.

[97] 张丰乾. "家""国"之间："民之父母"说的社会基础与思想渊源[J]. 中山大学学报（社会科学版），2008（3）：127-135.

[98] 张丰乾. 早期儒家与"民之父母"[J]. 现代哲学，2008（1）：109-116.

[99] 张汝伦. 以西释中，还是以西化中：以康德自律道德哲学为参照[J]. 哲学研究，2020（1）：11-20.

[100] 张卫红. 朱子的心性论与工夫进路之关系[J]. 哲学研究，2020（7）：69-78.

[101] 张再林. 康德二元论哲学与儒家天人合一哲学：中西本体论本质之辨析[J]. 江苏社会科学，1997（1）：95-101.

[102] 赵金刚. 孔颜乐处与宋明理学的展开[J]. 世界宗教研究，2002（4）：10-17.

[103] 赵金刚. 孟子与诸侯：经史互动当中的孟子思想诠释［J］. 中国哲学史，2019（4）：21-27.

[104] 赵金刚. 朱子论"命"［J］. 中国哲学史，2015（3）：103-110.

[105] 赵金刚. 主宰谓之帝：朱子哲学中"理"的主宰作用［J］. 哲学动态，2016（3）：63-69.

[106] 周光庆. 孔子创立的儒学解释学之核心精神［J］. 孔子研究，2005（4）：90-104.

[107] 朱葆伟. 实践智慧与实践推理［J］. 马克思主义与现实，2013（3）：72-78.

[108] 朱汉民. 《四书》学的忧乐情怀与宋儒的内圣之道［J］. 清华大学学报（哲学社会科学版），2021（1）：136-143.

[109] 朱红文. 走向一种作为实践智慧的社会科学［J］. 学习与探索，2007（5）：35-38.

[110] 朱云鹏. 论董仲舒经济思想的政治性与层次性［J］. 衡水学院学报，2018（6）：37-40.

[111] Tsui A S. Contributing to Global Management Knowledge: A Case for High Quality Indigenous Research［J］. Asia Pacific Journal of Management，2004，21（4）：491-513.